中国城市规划设计研究院学术研究成果

引领高质量发展

广东省新型城镇化发展
道路、形态和机制

杨保军　罗彦　邱凯付　等著

中国建筑工业出版社

图书在版编目（CIP）数据

引领高质量发展　广东省新型城镇化发展道路、
形态和机制／杨保军，罗彦，邱凯付等著. —北京：
中国建筑工业出版社，2018.10
　ISBN 978-7-112-22709-9

　Ⅰ.① 引… Ⅱ.① 杨… ② 罗… ③ 邱… Ⅲ.① 城市
化−研究−广东　Ⅳ.① F299.276.5

　中国版本图书馆CIP数据核字（2018）第215254号

责任编辑：石枫华　兰丽婷
版式设计：锋尚设计
责任校对：芦欣甜

引领高质量发展　广东省新型城镇化发展道路、形态和机制
杨保军　罗彦　邱凯付　等著
*
中国建筑工业出版社出版、发行（北京海淀三里河路9号）
各地新华书店、建筑书店经销
北京锋尚制版有限公司制版
天津图文方嘉印刷有限公司印刷
*
开本：787×1092毫米　1/16　印张：18¼　字数：313千字
2019年1月第一版　　2019年1月第一次印刷
定价：196.00元
ISBN 978-7-112-22709-9
（32803）

序

走中国特色新型城镇化发展道路，是党中央在我国城镇化水平超过50%的历史关键时期，高瞻远瞩、审时度势提出的新的国家战略。2013年底中央召开了城镇化工作会议，习近平总书记和李克强总理做了重要讲话，对做好新型城镇化工作进行全面部署，随后又出台了《国家新型城镇化规划（2014~2020年）》。中央城镇化工作会议特别是习近平总书记的重要讲话精神，是指导当前和今后一个时期我国城镇化工作的纲领性文献。我们要认真学习贯彻中央城镇化工作会议精神，切实把思想和行动统一到中央要求上来，结合广东实际，抓好贯彻落实，努力开创广东省城镇化工作新局面。

改革开放以来，广东省城镇化发展取得了巨大成就，城镇化与工业化一道，成为推动广东经济社会发展和现代化建设的主要动力。1978年至2017年，广东省城镇化率从16.3%提高到69.85%，珠三角城市群已成为我国三大城市群之一，城镇化实现了历史性跨越。但广东省城镇化依然是未完成的任务，全省城镇化发展还很不平衡，城乡公共服务和基础设施建设滞后、欠账仍然较多，人口"市民化"任重道远，土地过度开发和开发不足并存，城镇化面临的土地资源约束日益严重，此外，地方在推进城镇化过程中还存在路径偏差和观念滞后等一系列问题。经过近40年的高速发展，广东所积累的各种问题逐步显现，各类历史遗留问题错综复杂，牵一发动全局，严重制约着城镇化的持续平稳发展。加快推进新型城镇化，实现从"初级城镇化"向"深度城镇化"的跨越和转型，正是广东在实现高质量发展的崭新命题。

同时，广东也是最能代表和反映中国改革开放近40年城镇化的成就的地区，未来应继续发挥全国城镇化的先锋和示范作用，这是广东作为改革开放先行地的国家责任所在。

本书是由中国城市规划设计研究院在其与国内

多家研究单位共同完成的《广东省新型城镇化规划（2016～2020年）》和一系列专题研究、重大科研课题的基础上，经过总结梳理、扩展研究形成的，本书梳理了城镇化的相关实践和理论，系统总结了广东城镇化发展成就、历史经验和突出问题，结合广东发展实际，落实国家新型城镇化战略要求，构建了广东新型城镇化发展的总体框架，明确了推进新型城镇化的发展路径、空间形态、体制机制与实施路径。本书针对广东城镇化发展的瓶颈和面临的深层次问题，提出城镇化发展路径、体制机制改革的主要方向和重要举措，具有一定的创新性、前瞻性和可操作性。希望本书的出版可以为广东省乃至全国新型城镇化的各项改革提供互相交流学习的平台和有参考价值的经验借鉴。

俗话说，"行百里者半九十"，这本书对于广东省新型城镇化的关注和研究只是开端，未来希望能有更多的有识之士以及社会公众关注并参与广东省城镇化发展事业，形成全社会合力推动新型城镇化发展的良好氛围。也希望中国城市规划设计研究院和全国规划系统工作人员大胆探索、勇于实践，重点围绕中央和广东省的城镇化工作开展发展战略、重大课题及政策研究，为广东省政府推进城镇化工作提出政策建议和智力支持，为广东实现"四个走在全国前列"贡献行业力量。

王芃

深圳市政协党组成员

2018年4月20日

本书是在《广东省新型城镇化规划（2016～2020年）》和中国城市规划设计研究院科技创新基金重点研究项目"粤港澳大湾区空间组织和区域治理研究"课题基础上，经过扩展研究和修订完善后集结出版的。其中，《广东省新型城镇化规划（2016～2020年）》由广东省住房和城乡建设厅、广东省发展和改革委员会组织，中国城市规划设计研究院承担技术总牵头，广东省城乡规划设计研究院、中山大学、广州地理研究所、深圳市建筑科学研究院股份有限公司、国家海洋局南海海洋工程勘察与环境研究院、华东师范大学、华南理工大学、同济大学等多家单位共同参与，"粤港澳大湾区空间组织和区域治理研究"课题由中国城市规划设计研究院科技委员会委托，中国城市规划设计研究院深圳分院具体承担。

推进新型城镇化是党中央、国务院按照建设中国特色社会主义"五位一体"总体布局、加快全面建成小康社会、加快社会主义现代化建设进程、实现中华民族伟大复兴的中国梦，所作出的一项重大战略部署。对广东省而言，也是广东省转变经济发展方式、实现高质量发展的客观需要，对实现"四个走在全国前列"[1]、继续为全国探索中国特色新型城镇化经验，具有重大现实意义和深远历史意义。

本书首先对城镇化的基本概念进行了理论回顾和溯源，对新型城镇化的具体内涵进行了系统梳理，对国家新型城镇化规划和省域新型城镇化规划的重点任务、编制内容和技术特点进行了初步总结，认为省域新型城镇化规划需要在充分把握、准确理解国家新型城镇化战略内涵的基础上，结合省域各自发展基础和条件进行重点突破、适度创新，力求切合实际、重点突出、务实管用。在此基础上，本书以广东省为对象，回顾了广东省城镇化发展的历程和经验，总结了改革开放近四十年广东城镇化发展取得的成就和存在的突出问题，并从广东

[1] 习近平总书记2018年3月7日参加十三届全国人大一次会议广东代表团审议时，对开创广东工作新局面提出了在构建推动经济高质量发展体制机制、建设现代化经济体系、形成全面开放新格局、营造共建共治共享社会治理格局上"四个走在全国前列"的明确要求。

省推进新型城镇化的发展路径、空间形态、体制机制创新等方面进行了具体阐述和分析，课题中提出的"珠三角城市群以大都市圈为主体、推动大中小城市和小城镇协调发展，粤东西北地区以粤东城市群、粤西沿海城市带、粤北生态发展区为重点，推进产城人融合，广大农村地区以自然环境和美丽乡村为基质，促进城镇化和新农村建设协调发展"的发展路径为广东新时期新型城镇化发展指明了方向。

参与本书撰写的同志有：中国城市规划设计研究院院长杨保军，中国城市规划设计研究院深圳分院总规划师罗彦，中国城市规划设计研究院深圳分院规划师邱凯付、樊德良、杜枫、孙文勇、张俊等。总体框架制定由杨保军、罗彦完成，各部分内容分工如下：

第一篇第一章"城镇化与新型城镇化"，由罗彦、邱凯付撰写；第二章"国家新型城镇化规划解读"，由邱凯付撰写；第三章"广东省推进新型城镇化的国家意义"由罗彦、邱凯付撰写。

第二篇第四章"人口城镇化和市民化"由杜枫撰写；第五章"城镇化空间布局优化"由樊德良撰写；第六章"陆海统筹发展"由杜枫撰写；第七章"岭南地域文化保护与乡村振兴"、第八章"新型城市建设与城乡一体化"、第九章"绿色基础设施和低碳发展"由张俊撰写。

第三篇第十章"珠三角城市群：提升全球能级"、第十一章"粤东西北中心城市：提质扩容"由樊德良撰写；第十二章"小城镇：特色发展"由孙文勇撰写。

第四篇第十三章"创新体制机制"、第十四章"创新实施机制"由孙文勇撰写。

"广东省新型城镇化工作测评指标体系"和"广东省新型城市建设项目指引"两个附表，由孙文勇、邱凯付、罗彦撰写。

广东省住房和城乡建设厅原厅长王芃、副厅长蔡瀛、规划处朱国鸣处长以及主任科员苏西超、周丹，广东省城乡规划设计研究院邱衍庆院长（原广东省住房和城乡建设厅规划处处长），中国城市规划设计研究院原院长李晓江，中国城市规划设计研究院深圳分院常务副院长范钟铭，规划师刘昭、邹鹏、徐培祎、陈莎、李昊、邓宇等为规划及课题的组织、编制研究付出了大量心血，在此表示感谢。

本书撰写过程中，采纳和引用了《广东省新型城镇化规划（2016～2020年）》的多项专题研究成果，分别是：同济大学承担的"珠三角世界级城市群国际竞争力研究"，中山大学承担的"广东省人口流动与市民化研究"，深圳市建筑科学研究院股份有限公司承担的"生态系统与低碳生态城市建设研究"，中国城市规划设计研究院和国家海洋局南海海洋工程勘察与环境研究院承担的"广东省海岸带发展与海陆统筹规划研究"，广州地理研究所承担的"广东省城市空间政策体系研究"，华东师范大学承担的"基于新型城镇化的广东省行政区划战略研究"，华南理工大学承担的"广东省地域文化与城市形态研究"，在此表示衷心的感谢。

本书在撰写过程中还参考了中国建筑工业出版社出版的《珠三角新型城镇化与城乡统筹规划》、《广东省住房和城乡建设厅调研组完成的全国城镇体系规划广东调研报告》、《全省城市工作会议专题调研报告》等相关内容。此外，本书还参考了国内外相关领域的最新研究成果，由于篇幅有限不能——列出，在此，谨向他们一并表述诚挚的谢意。

全书由杨保军、罗彦、邱凯付负责最后的修改和审定。由于结集和出版较为仓促，书中必定存在不足和错误之处，还请同行与读者批评指正。

作者

2018年4月10日

目录

第一篇

城镇化概论：
理论与回顾

第一节　城镇化

一、城镇化的概念

由于中国城市化过程中，大量的中小城镇发挥了重要作用，相对于城市化，中国学者倾向于使用"城镇化"一词。早在1991年，辜胜阻在《非农化与城镇化研究》中使用并拓展了"城镇化"的概念。

学术界对于城市化和城镇化至今没有统一的概念。人口学家认为城镇化或城市化是农村人口转变为城镇人口的过程；地理学家认为是农村地区转变为城镇地区的过程；社会学家认为是农村生活方式转变为城镇生活方式的过程；经济学家认为是由农村自然经济转化为城镇社会化大生产的过程。地理学家胡序威认为城市化内涵应至少包括：①农村劳动力和农村人口的转移，即农村劳动力由第一产业向第二、第三产业的就业转移和农村人口向城镇的空间转移；②与城市建设有关的地域扩展；③包括城市文明、城市意识在内的城市生活方式的传播（胡序威，2000）。从内涵上来讲，城镇化应包括以下内容：

城镇化是现代化的必由之路。城镇化是人类从农业文明发展到工业文明和城镇文明的必然产物，城镇化更能实现对生态环境的有效保护、土地的集约节约利用，让人类获得与自然更为和谐的相处方式。同时，城镇地区作为先进技术与文明的空间载体，不断促进人类生活与生产方式的现代化发展，包括现代化的交通与信息技术、现代化的居住小区与公共服务设施等。

城镇化是解决"三农"问题的重要抓手。通过吸引农业人口逐渐向城镇地区转移，可以提高农村地区的人均资源占有率，促进农业的现代化大生产，提高农民人均收入，有利于推进"美丽乡村"的建设。

城镇化是一种双向的要素扩散运动。从本质上讲，城镇化不仅指由于人口向城镇地区的转移带来的城镇规模和数量的增加，应该包括城镇的结构与功能的提升，同时，更应包括城镇的现代化、文明的生活与生产方式向农村地区的扩散，使得整体城乡的发展更为和谐，城乡地区均获得城镇化的发展机会，是一种双向的城镇化过程，即所谓"化"的作用。

城镇化是实现天人合一、人地和谐的重要途径。由于生态环境的敏感性、耕地保护与粮食安全的重要性、人均耕地与可建设用地资源的有限性，使得城镇化成为促进土地集约、保护生态环境与耕地、实现人地和谐的重要途径。城镇化的过程通过人类聚落形式从分散走向适度集聚，构建人地和谐的聚落空间，解决大量人口的居住与生产问题，并实现了人与生态的和谐相处。

二、城镇化的特征

从地域上来讲，不仅各个国家由于各自国情、发展阶段的差异性导致城镇化发展水平和模式相差巨大，即使在一个区域内部，也由于区位条件、资源条件、发展机会等多方面的原因存在明显的差异。

从城镇化发展水平的考量角度来讲，包括城镇化水平、城镇化速度、城镇化质量等几个不同的特征。城镇化水平多以城镇化率来衡量，至今为止，城镇化率仍然是表征一个地区城镇化发展水平的重要标志。在计算方法上根据实际情况可采用多种方式，如以户籍或就业的非农化计算的非农人口比重，以居住地计算的城镇地区居住人口的比重等。根据城镇化率可以判断城镇化发展所处的阶段，我国目前的城镇化率已经超过56%，进入城镇化较快发展阶段。城镇化速度一般指每年能够提升城镇化率几个百分点，这主要取决于城镇化发展的阶段。城镇化质量的衡量较为困难，包括城镇对周边乡村地区的辐射带动作用是否明显，城乡发展的系统性是否健康，生态环境是否保护得良好，产业结构是否合理并具有竞争力，用地是否集约高效，各项基础设施与公共服务设施配套是否完善，社会管理与制度体系是否完善等等，其核心是围绕着可持续发展（生态优先）与人的需求的角度来进行衡量。

从城镇化的动力机制方面来讲，城镇化与工业化关系密切，工业化是推进城镇化的主要动力，但并非唯一的动力机制。这主要取决于城镇的发展条件与发展机会等，如有的县城通过教育、医疗、养老等公共服务设施可以吸引周边农村人口迁入，有的城镇通过旅游、农业服务等带动自身的发展，推动周边农村地区农业现代化发展和旅游特色化发展。

第二节　新型城镇化

　　从根本上讲，如果客观地认识城镇化的内涵，并按其去指导城镇的发展与建设，并不存在传统城镇化与新型城镇化之说。因此，新型城镇化的说法主要是针对我国目前城镇化发展中存在的问题和现有的较为粗放低效的城镇化模式而言的。

　　由于过度地强调经济发展与城市建设，导致我国城镇化存在以下明显的三个特点：①城乡二元结构特征。长期以来的城乡二元体制，包括以户籍为核心的教育、医疗、就业、社保、财政等制度，导致人口、用地、资金等要素无法在城乡之间充分自由流动，虽然国家陆续采取了一些促进城乡统筹和扶持农村地区发展的政策，但城乡之间的政策与制度壁垒仍未消除，城乡差距仍然较大。②以土地扩张为主导。大多数城镇通过大量低成本征用农民土地获取建设用地来源，实现城镇用地的扩张以及城镇建设的资金，由此导致了政府与被征地农民之间的利益冲突与矛盾，政府与农民对土地的高度路径依赖，影响了城镇的健康持续发展。③以政府为主导。城镇化被作为拉动经济增长的重要手段，政府对于推进城镇化有着较强的积极性，在其中起着决定的主导地位，包括我国的城镇化发展政策（如控制大城市规模等）。以政府主导推进城镇化对于保证城镇发展方向以及统筹区域资源具有重要意义，但由于重速度轻质量、重硬件轻软件、重城市轻农村等，也导致城乡之间、城镇之间资源分配不合理，城乡发展矛盾突出，甚至在某种程度上大大影响了市场与农村参与发展的积极性，制约了城镇化发展的动力。

　　因此，经过多年的城镇化发展，虽然目前我国的城镇化率已经达到了56%以上，但仍然存在着很多问题。根据习近平总书记2013年12月16日在中央城镇化工作会议上的讲话，我国的城镇化主要存在以下五个方面突出问题：一是2亿多进城农民工和其他常住人口还没有完全融入城市，没有享受同城市居民完全平等的公共服务和市民权利。二是一些地方城镇建设规模扩张过快、占地过多，盲目"摊大饼"问题突出，对保护耕地和保障粮食安全构成威胁。三是在城镇化刚刚步入中期阶段的时候，许多城市资源环境承载力已经减弱，水土资源和能源不足、环境污染等问题凸显。四是相当一部分城市建设规模和速度超出财力，城市政府债务负担过重，财政和金融风险不断积累。五是城市社会治理体制和水平滞后于人口流动、社会结构变化、利益诉求多样化的趋势，一些地方城市病的兆头比较明显，社会稳定面临许多挑战。

正是在这样的背景下，我国进一步明确新型城镇化的战略意义。早在2003年，中央在党的十六大报告中就提出了"走中国特色城镇化道路"，到十八大与中央城镇化工作会议，新型城镇化的战略意义与发展思路日渐清晰。

新型城镇化，从模式上讲，应该是改变目前"重城轻乡"、"重物轻人"、"重经济轻环境、社会、文化"、"重速度轻质量"等等的这种"见物不见人"、用地扩张大过人口集聚、城乡矛盾突出的城镇化模式，回归城镇化的本质。

从概念上讲，新型城镇化是指坚持以人为本，以新型工业化为动力，以统筹兼顾为原则，推动城市现代化、城市集群化、城市生态化、农村城镇化，全面提升城镇化质量和水平，走科学发展、集约高效、功能完善、环境友好、社会和谐、个性鲜明、城乡一体、大中小城市和小城镇协调发展的城镇化建设道路。新型城镇化是以城乡统筹、城乡一体、产城互动、节约集约、生态宜居、科学发展为基本特征的城镇化，是大中小城市、小城镇、新型农村社区协调发展、互促共进的城镇化。新型城镇化的核心在于不以牺牲农业和粮食、生态和环境为代价，着眼农民，涵盖农村，实现城乡基础设施一体化和公共服务均等化，促进经济社会发展，实现共同富裕。

从本质上来讲，新型城镇化的关注点在于以下几个方面：

第一，关注可持续发展与人地和谐。新型城镇化归根结底是为了让整个人类发展得更健康、更持久，因此，其前提是对自然的尊重与保护，创造一个良好的生态环境，在城镇建设中首先保护的是生态环境与安全格局、耕地与粮食安全，通过空间的优化实现人与自然更为和谐的发展状态。

第二，关注城乡统筹发展。城市与乡村本身就是一个不可分割、相互补充的人地系统，城镇的发展离不开乡村对其生态安全与粮食的保障，离不开广大乡村地区提供的源源不断的人口以及生产材料，离不开广大乡村地区提供的休闲旅游场所。同样，乡村地区也离不开城市提供的消费市场、技术与服务支持等。两者只有相互促进、相互融合，才能共同构建一个人地和谐的人类聚居场所。

第三，关注以人的发展和提升城镇化质量为核心。无论是城镇的建设还是新型农村社区的建设，都应以人的发展为核心，努力为人提供一个更好的生态、生活、生产环境，为城市和乡村居民、为本地和外来人口提供一个相对公平、和谐共处的发展空间。因此新型城镇化强调城乡基本公共服务设施的均等化、农民工的市民化、现代农民的培育、城乡一体化的社会保障体系等内容，通过促进人的发展，实现城乡和社会经济的发展。因此，城镇化质量是否提升则以是否以人的发展为核心来进行考量，即是否提升了人的生态、生活和生产环境，提供了更为宜居、宜业的发展空间与配套设施。

第四，关注对历史文化的保护与合理利用。历史文化是一个地域的灵魂，新型城镇化必须对历史文化提出合理的保护与利用策略，通过保护历史文化物质与非物质遗产，延续历史文化风貌与特色，避免在城镇化过程中造成城镇与乡村的干城一面、干村一面。

第五，关注多元城镇化路径与发展主体。除传统的工业化推动城镇化外，要根据大中小和不同类型的城镇和乡村的实际需要，通过农业现代化、旅游特色化、服务现代化等协同推动城镇化发展。尤其是通过农业现代化和旅游特色化等推进广大农村地区的经济发展和生活与生产方式的转变，改变城强乡弱的发展格局，形成城乡一体与互补的发展状态。通过相应政策的引导、集体经济的自治等充分调动市场与集体的力量，形成与政府相互补充的多元发展主体，共同参与和推进城镇化进程。政府通过转变职能，最关键的是要制定市场准入的条件与门槛，保护生态环境与粮食安全等，同时为市场提供更为高效的服务。

第六，关注制度改革创新。为确保生态环境、耕地与历史文化资源的保护，调动多元发展主体的积极性，激励多元的城镇化路径，应改革和完善现有的相应的制度，尤其是改变目前的城乡二元分割的制度设计，建立城乡一体的制度体系，并根据生态保护等土地用途管制要求建立完善空间差异化的考核机制。

改革开放近40年，我国形成了以沿海城镇密集地区和内陆中心城市为引导，以产业与就业为带动，以人口大规模跨区域流动为特征的城镇化发展模式。1978～2017年，我国城镇化率从17.9%上升至58.5%，年均增加1.04个百分点。然而，我国城镇化在起点较低的情况下经过多年的快速发展，积累的矛盾和问题越来越突出，传统的城镇化路径已难以为继。2014年3月《国家新型城镇化规划（2014～2020年）》（以下简称《规划》）正式发布，明确地指出城镇化快速发展进程中的突出矛盾和问题，系统地阐述了推进新型城镇化的重大意义、指导思想、目标原则以及实现路径，成为新时期指导全国城镇化健康发展的宏观性、战略性和基础性规划。

第一节　国家新型城镇化的原则和目标

一、国家新型城镇化规划提出的基本原则

《规划》提出，过去30年我国城镇化进程积累的矛盾和问题主要表现在以下方面：一是大量农业转移人口难以融入城市社会，市民化进程滞后；二是大量农业转移人口难以融入城市社会，市民化进程滞后；三是城镇空间分布和规模结构不合理，与资源环境承载能力不匹配；四是城市管理服务水平不高，"城市病"问题日益突出；五是自然历史文化遗产保护不力，城乡建设缺乏特色；六是体制机制不健全，阻碍了城镇化健康发展。

《规划》提出紧紧围绕全面提高城镇化质量，加快转变城镇化发展方式，以人的城镇化为核心，有序推进农业转移人口市民化；以城市群为主体形态，推动大中小城市和小城镇协调发展；以综合承载能力为支撑，提升城市可持续发展水平；以体制机制创新为保障，通过改革释放城镇化发展潜力，走以人为本、四化同步、优化布局、生态文明、文化传承的中国特色新型城镇化道路。具体内容阐述如下：

（1）以人为本，公平共享。以人的城镇化为核心，合理引导人口流动，有序推进农业转移人口市民化，稳步推进城镇基本公共服务常住人口全覆盖，不断提高人口素质，促进人的全面发展和社会公平正义，使全体

居民共享现代化建设成果。

（2）四化同步，统筹城乡。推动信息化和工业化深度融合、工业化和城镇化良性互动、城镇化和农业现代化相互协调，促进城镇发展与产业支撑、就业转移和人口集聚相统一，促进城乡要素平等交换和公共资源均衡配置，形成以工促农、以城带乡、工农互惠、城乡一体的新型工农、城乡关系。

（3）优化布局，集约高效。根据资源环境承载能力构建科学合理的城镇化宏观布局，以综合交通网络和信息网络为依托，科学规划建设城市群，严格控制城镇建设用地规模，严格划定永久基本农田，合理控制城镇开发边界，优化城市内部空间结构，促进城市紧凑发展，提高国土空间利用效率。

（4）生态文明，绿色低碳。把生态文明理念全面融入城镇化进程，着力推进绿色发展、循环发展、低碳发展，节约集约利用土地、水、能源等资源，强化环境保护和生态修复，减少对自然的干扰和损害，推动形成绿色低碳的生产生活方式和城市建设运营模式。

（5）文化传承，彰显特色。根据不同地区的自然历史文化禀赋，体现区域差异性，提倡形态多样性，防止千城一面，发展有历史记忆、文化脉络、地域风貌、民族特点的美丽城镇，形成符合实际、各具特色的城镇化发展模式。

二、国家新型城镇化规划提出的发展目标

国家新型城镇化规划提出的发展目标是：

（1）城镇化水平和质量稳步提升。城镇化健康有序发展，常住人口城镇化率达到60%左右，户籍人口城镇化率达到45%左右，户籍人口城镇化率与常住人口城镇化率差距缩小2个百分点左右，努力实现1亿左右农业转移人口和其他常住人口在城镇落户。

（2）城镇化格局更加优化。"两横三纵"为主体的城镇化战略格局基本形成，城市群集聚经济、人口能力明显增强，东部地区城市群一体化水平和国际竞争力明显提高，中西部地区城市群成为推动区域协调发展的新的重要增长极。城市规模结构更加完善，中心城市辐射带动作用更加突出，中小城市数量增加，小城镇服务功能增强。

（3）城市发展模式科学合理。密度较高、功能混用和公交导向的集约紧凑型开发模式成为主导，人均城市建设用地严格控制在100m²以内，建成区人口密度逐步提高。绿色生产、绿色消费成为城市经济生活的主流，节能节水产品、再生利用产品和绿色建筑比例大幅提高。城市地下管网覆盖率明显提高。

（4）城市生活和谐宜人。稳步推进义务教育、就业服务、基本养老、基本医疗卫生、保障性住房等城镇基本公共服务覆盖全部常住人口，基础设施和公共服务设施更加完善，消费环境更加便利，生态环境明显改善，空气质量逐步好转，饮用水安全得到保障。自然景观和文化特色得到有效保护，城市发展个性化，城市管理人性化、智能化。

（5）城镇化体制机制不断完善。户籍管理、土地管理、社会保障、财税金融、行政管理、生态环境等制度改革取得重大进展，阻碍城镇化健康发展的体制机制障碍基本消除。

第二节　国家新型城镇化规划主要内容与特点

国家新型城镇化规划与以往更注重空间扩张、经济增长的规划内容不同，而是强调人与自然的协调，经济发展与生态环境保护、社会文化发展的协调。城镇和乡村的一体化发展，区域的相对均衡等，是将城市与其区域环境作为一个整体，城市的社会、经济与人的发展作为一个整体来系统考虑。因此，新型城镇化是对城镇化本质的回归，新型城镇化规划则是对城镇功能——为人服务的回归，以为人服务构建一个完整的系统和规划的内容框架。

从内容上看，国家新型城镇化规划主要包括有序推进农业转移人口市民化、优化城镇化布局和形态、增强城市可持续发展能力、推动城乡发展一体化、改革完善城镇化发展体制机制等内容，强调的不仅仅是空间结构与布局的优化，更重要的是城乡作为物质空间的质量的提升以及人在其中的更好的发展，强调制度的改革配套与相应政策的完善。具体来看，国家新型城镇化规划具有以下特点：

（1）将推进农业转移人口市民化作为《规划》的重要抓手。按照尊重意愿、自主选择、因地制宜、分步推进，存量优先、带动增量的原则，以农业转移人口为重点，兼顾高校和职业技术院校毕业生、城镇间异地就业人员和城区城郊农业人口实现市民化。《规划》提出到2020年要让1亿左右有能力、有意愿的农民工及其家属在城镇落户，主要是已经在城镇长期务工经商和举家迁徙人员；落户的重点主要在县城、地级市和部分省会城市，此外对于超过500万以上规模特大城市还要控制人口。

（2）严控土地增长和城市无序扩张。随着资源环境瓶颈制约日益加剧，主要依靠土地等资源粗放消耗推动城镇化快速发展的传统模式是不可持续的。《规划》牢固树立资源节约、环境友好、可持续发展的理念，提出了包括科学划定城镇开发边界、改变无序蔓延的城市建设方式，严格土地资源供给、创新存量发展机制等一系列旨在落实中央关于优化布局、集约高效等要求的内容。将环境容量和城市综合承载能力作为确定城市定位和规模的基本依据，把创造优良人居环境作为中心目标，努力把城市建设成为人与自然和谐共处的美丽家园。

（3）注重调整空间资源配置，优化城镇化布局和形态。《规划》阐明以城市群为主体形态，促进大中小城市协调发展。优化提升东部地区城市群，培育发展中西部地区城市群，构建"两横三纵"城镇化发展战略格局。在发挥中心城市辐射带动作用基础上，强化中小城市和小城镇的产业功能、服务功能和居住功能，把有条件的县城、重点镇和重要边境口岸逐步发展成为中小城市。

（4）强化城市发展模式的全面转型，要求提高城市可持续发展能力，增强公共服务和资源环境对人口的承载能力。《规划》阐明，加快转变城市发展方式，有效预防和治理"城市病"。加快产业转型升级，强化城市产业支撑，营造良好创业环境，增强城市经济活力和竞争力。优化城市空间结构和管理格局，完善基础设施和公共服务设施，增强对人口集聚和服务的支持能力。提高城市规划科学性，健全规划管理体制机制，提高城市规划管理水平和建筑质量。推进创新城市、绿色城市、智慧城市和人文城市建设，全面提升城市内在品质。完善城市治理结构，创新城市管理方式，提升城市社会治理水平。

（5）破解土地财政、发挥投融资的拉动作用，放大城镇建设的规模效应和集聚效应。随着城市土地出让金收入大幅减少，城市建设亟待吸引社会资金进入，要建立新的多元化资金保障体系，发挥财政资金"四两拨千斤"作用，鼓励社会资本参与城市建设、经营、管理。中央城镇化会议指出，推进新型城镇化，要注意处理好市场和政府的关系，要建立多元可持续的资金保障机制。《规划》充分把握国家推动以PPP模式加快城乡建设的政策窗口期，大力扶持、加强引导，充分激发市场活力，调动社会资本投入城镇化建设，以期优化城镇化资金来源，破解融资难题。提出要加强城市建设金融综合服务平台建设，支持各地方政府灵活运用多样化的投融资模式和金融工具开展城市建设。

（6）大力推动城乡发展一体化和农业现代化，让广大农民平等分享现代化成果。《规划》阐明，坚持工业反哺农业、城市支持农村和多予少取放活方针，着力在城乡规划、基础设施、公共服务等方面推进一体化。完善城乡发展一体化体制机制，加快消除城乡二元结构的体制机制障碍。

第三节　省域新型城镇化规划的重点与任务

国内学者通过对河南、山东、湖北、广东省域新型城镇化规划内容的梳理总结，认为省域新型城镇化规划的主要内容总体上应包括两个方面：其一，整体延续、呼应国家新型城镇化发展要求，承接《规划》的基本脉络与重点内容；其二，结合省域各自独特的发展基础、条件和诉求，在与新型城镇化相关的特定领域进行重点突破、适度创新（罗震东等，2015）。

一、承接国家新型城镇化规划的基本脉络与重点内容

归纳《规划》关注的核心问题，主要有五个：市民化主导的人口发展、城市群主导的空间发展、交通产业公共服务主导的支撑体系、城乡统筹主导的农业农村发展以及制度创新主导的政策配套。五个核心问题分别对应《规划》中"有序推进农业转移人口市民化"、"优化城镇化布局和形态"、"提高城市可持续发展能力"、"推动城乡发展一体化"与"改革完善城镇化发展体制机制"五个篇章。五方面的问题既是新型城镇化规划的基本框架，也是省域新型城镇化规划必须深入解答、落实的重点内容（罗震东等，2015）。

在市民化主导的人口发展方面，提出按照尊重意愿、自主选择、因地制宜、分类推进、存量优先、带动增量的原则，明确以农业转移人口为重点，统筹户籍制度改革和基本公共服务均等化，把有序地实现有能力在城镇稳定就业和生活的常住人口的市民化作为首要任务。

在城市群主导的空间发展方面，分别提出需要优化和培育的城市群类型，构建城镇化的空间战略格局；并对城市群内部城镇的发展和综合交通运输网络的建设提出指导意见。

在交通、产业、公共服务主导的支撑体系方面，针对性地提出增强城市经济、基础设施、公共服务和资源环境对人口的承载能力，完善基础设施、公共服务设施和城市治理结构。

在城乡统筹主导的农业、农村发展方面，强调在城乡规划、基础设施与公共服务等方面推进一体化，完善城乡一体化发展体制机制，并对耕地红线保护、农业现代化等方面作出规划引导。

在制度创新主导的政策配套方面，明确若干政策领域创新发展的基本原则，形成一个以实践逐步检验和完善的开放的制度配套体系，为下一层级的制度创新奠定良好的基础。

二、结合省域特征的重点突破与适度创新

结合省域各自独特的发展基础、条件和诉求在特定领域内进行重点突破、适度创新，是省域新型城镇化规划的重要动作。分析目前已经发布的具有代表性的省份，如河南、山东、湖北、广东等省的规划文本，可以非常清晰地看到当前省域新型城镇化规划的特征。

河南省根据自身产业发展相对滞后、农民工数量众多且外流现象严重、城乡二元结构和城市内部二元结构矛盾突出等特点，重点提出"强化城镇产业就业支撑"、"建立健全农业人口转移促进机制"、"提高城市建设和管理水平"三个方面的创新内容。尤其将"强化城镇产业就业支撑"和"建立健全农业人口转移促进机制"置于优先位置，与"有序推进农业转移人口市民化"内容相结合，在体现河南特色的同时，丰富了"以人为本"的核心理念。

山东省根据省域鲜明的本地城镇化特征，重点提出"促进县域本地城镇化"的创新内容，旨在明确城镇化的基础性空间载体，促进县（市）

进一步发挥就地、就近吸纳农村剩余劳动力的重要作用。同时结合黄河三角洲生态保育、淮河流域污染治理等生态文明建设需求，提出"推进城镇生态文明建设"的创新内容；依托齐鲁文化、儒家文化、黄河文化、运河文化、沂蒙文化等丰富的传统文化资源，提出"加强城市文化建设"的创新内容。

湖北省基于省域城镇化发展的特点，提出"促进各类城市协调发展"的创新内容，明确了省域中心城市、区域性中心城市、县级城市以及小城镇的分类发展路径。同时基于"九省通衢"的重要交通区位与地位，提出"强化综合交通运输网络支撑"的创新内容，以提升交通骨干网络支撑力、推进城市群交通一体化、建设城市综合交通枢纽、改善中小城市和小城镇交通条件等为目标，将交通建设作为带动省域城镇化发展的战略支点。

广东省根据省域城镇化发展水平相对较高，市场化、民主化进程相对较快的社会、经济发展特点，结合社会治理体系和治理能力现代化的战略目标，提出"提升城镇化管理与现代治理水平"的创新内容，在城镇群协同治理机制、区域协调与跨区域合作机制、城市社会治理、乡村治理和管控等方面提出规划要求和创新思路，为省域新型城镇化的推进提供制度保障。

《江苏省新型城镇化与城乡发展一体化规划（2014~2020年）》则将新型城镇化与城乡发展一体化融合在一起，重点强调了有序推进农业转移人口市民化、优化城乡空间布局和形态、提升乡社会发展水平、增强城乡可持续发展能力、体制创新等方面内容。着重体现了新型城镇化以人为本、四化同步、优化布局、生态文明、文化传承的总体要求。

第一节　发展历程与经验

改革开放以来，广东省积极稳妥推进城镇化，在提升城镇化发展质量、促进城乡一体化和区域协调发展等方面开展了大量卓有成效的工作，城镇化发展取得了巨大成就，整体态势良好，但也存在一些突出问题。

一、广东城镇化发展阶段划分[1]

回顾广东城镇化发展历程，可以大致分为四个阶段。

1. 1978～1992年：农村和城市改革起步，特区城市加快发展

1978年起，以"包产到户"和"家庭联产承包责任制"的农村改革为标志，释放了大批农村剩余劳动力，为乡镇企业的建立、发展和繁荣奠定了基础。1979年，广东省深圳、珠海和汕头等国家经济特区设立，标志着广东成为国家改革和开放的"先行者"和"排头兵"。沿海开放城市和经济技术开发区的设立，成为拉动广东城市发展的进一步动力。期间，国家出台了《关于经济体制改革的决定》、《关于农民进集镇落户问题的通知》、市管县制度、建制镇和设市标准修订等制度，在改革开放制度红利下，广东省特区城市和开放城市加快发展。至1992年，广东省的非农业人口达到1640.80万人，城镇化率达到25.39%，比1978年分别增加817.58万人和9.14%。这一时期，深圳经济开始起飞，工业化进程加快，城市建设突飞猛进，本地生产总值以年均30%左右的速度增长，深圳只用了六七年时间在一个边陲小镇、荒滩秃岭基础上夯实出一个新兴城市的雏形，创造了人类城市发展史上的"奇迹"。

2. 1992~2002年：全面推进社会主义市场经济，大量工业城镇加速崛起，珠三角城市群初显雏形

1992年小平同志的南巡讲话进一步推动了思想解放，经济体制实现从改革开放初期"有计划的商品经济"到"社会主义市场经济体制"的重大转变，城市发展的多元投资主体的积极性被调动起来，开始呈现外资、民间资金和政府投资多重力量推动城市发展的格局。这一阶段广东工业快速发展，大中城市的劳动密集型传统产业的调整及香港、

1　全省城市工作会议专题调研报告《尊重城市发展规律，研判广东城市发展趋势》，广东省住房和城乡建设厅调研组，2016年。

台湾产业转移填补了镇域经济的空白，镇域经济已从农村工业化跃上了城市现代工业发展阶段，东莞、佛山、中山形成电子信息、服装、毛织和家具制造等产业集群，大量工业城镇加速崛起。工业化带动省内农业人口和外省人口向城市集聚，2000年广东的总人口数已达到8650万人，其中居住半年以上的常住人口达到3104万人，常住人口城镇化率达到55%；珠三角地区的城镇化率达到69%，第三产业占GDP比重达46.95%。珠三角9市中，城镇间平均距离不到10km，以广州和深圳为双中心的珠三角城市群初显雏形。这个时期广东城镇化仍处于粗放发展阶段，暴露出环境污染加剧、土地利用粗放、区域差距扩大等问题。

3. 2002～2012年：确立科学发展观，城市数量和规模继续扩大，城市之间协调力度加大

2003年党的十六届三中全会提出了"坚持以人为本，树立全面、协调、可持续的科学发展观"，坚持"五个统筹"，促进经济和社会全面发展。广东省针对上一阶段城市发展暴露的问题，加大产业结构调整和区域协调力度，先后制定实施《珠江三角洲城镇群协调发展规划（2004～2020年）》、《珠三角改革发展规划纲要》、《关于广东省山区及东西两翼与珠江三角洲联手推进产业转移的意见》，珠三角地区从劳动密集型产业向先进制造业和现代服务业转型，并通过加快产业转移，带动粤东西北欠发达地区城市发展。到2012年，广东省设市城市（地级以上市和县级市）44个，中心镇278个，常住人口城镇化率达67.40%，其中珠三角城镇人口达4770.19万人，城镇化率达83.84%，GDP占全省的83.72%。全省中心城区规模急剧扩大，地级以上市建成区面积从2002年的1929km^{2}增长到2012年的3715km^2，几乎翻了一番，出现了广州、深圳等超大城市以及佛山、东莞、珠海等大城市，同时交通拥堵、房价虚高、环境污染、资源短缺等"城市病"日益突出。

4. 2012年以来：确立以人为本的新型城镇化战略，珠三角部分城市进入成熟完善阶段，粤东西北城市继续加快发展

2012年，党的十八大明确提出新型城镇化与新型工业化、农业现代化和信息化"四化"同步发展战略。2013年，中央城镇化工作会议进一步明确了以人为本的新型城镇化战略。在新型城镇化战略指导下，广东省进入以提升质量为主的转型发展关键时期，2015年城镇化率达68.71%，

工业化率44.65%，第三产业增加值占GDP比重为50.80%。高铁和城际轨道的加快建设，推动珠三角地区城市一体化发展，其中广州、深圳、珠海、佛山、东莞、中山等6个城市已进入城市发展的成熟完善阶段，城镇化率均达85%以上，以服务业为代表的第三产业成为城市发展的主要动力。惠州、江门、汕头、潮州的城镇化达到63%以上，进入城镇化发展中后期，工业化水平较高，第三产业比重逐渐增加。肇庆以及其他粤东西北城市仍处于快速成长阶段，城镇化发展水平较低，经济发展处于工业化中期，工业化进程还有较长的路要走。

二、广东城镇化取得的发展成就

改革开放以来，广东通过承接国际资本、技术和产业转移，吸引大量外来务工人员，推动经济社会与城乡建设的迅速发展。城镇化水平快速提高，城镇体系不断完善，要素集聚能力不断提高。1978年至2017年，广东省城镇化率从16.30%提高到69.85%，城镇化率年均提高约1.37个百分点，地级以上城市数量从1984年的12个增加到21个，建制镇数量从336个增加到1131个。全省逐步形成了以珠三角城镇群为核心，以汕潮揭城镇群、湛茂沿海城镇带和韶关都市区为增长极，省域中心城市、地区性中心城市、地方性中心城市、县（市）域中心城市和中心镇协调发展的城镇体系格局。

区域城镇化发展格局不断优化，世界级城市群建设取得显著进展。近年来，面对国际经济环境的变化和传统发展模式的局限，广东率先开展城镇化模式的探索创新，认真组织实施《珠江三角洲地区改革发展规划纲要（2008～2020年）》（2008年12月），并先后出台了《关于提高广东省城市化发展水平的若干意见》（2011年12月）、《关于促进粤东西北地区振兴发展的决定》（2013年8月）、《关于促进新型城镇化发展的意见》（2014年7月）等重要文件，推进珠江三角洲世界级城镇群建设和粤东西北地级市中心城区提质扩容。目前广东省已初步形成珠江三角洲地区优化发展、粤东西北地区加快振兴的区域城镇化格局。特别是珠三角地区经济要素高度聚集、内部联系高度紧密、城镇体系网络化发展的国际化大都市连绵区已初具雏形，成为国家三大城镇群之一，世界级城市群建设取得初步成效。

　　城乡统筹步伐加快，城乡一体化格局初步形成。近年来，广东省大力推进城乡公共服务设施建设，基本建成覆盖城乡、功能完善、分布合理、管理有效、水平适度的基本公共服务体系。率先实施积分制入户政策，引导农民工有序落户、融入城镇。建立了城乡统一管理的户籍制度和外来人口居住证制度，加强对外来务工人员的管理和服务。基本实现城乡居民养老保险制度一体化和全覆盖，建立和完善被征地农民就业和社会保障制度。全面推行"户收集、村集中、镇转运、县处理"的农村生活垃圾处理模式，农村环境明显改善。城乡建设用地增减挂钩试点有序开展，城乡综合改革加快推进。

　　生态文明建设取得成效，城镇化质量明显提高。《珠江三角洲城镇群协调发展规划（2004～2020年）》在全国率先划定了区域绿地，并通过立法和行政等手段进行强制性监督控制，对守住生态底线发挥了积极作用。共建成国家级自然保护区11个、国家地质公园8个，森林覆盖率达57%，广州、深圳、珠海等16个市被评为国家园林城市。绿道建设取得瞩目成就，全省累计建成绿道上万公里，基本形成省立—城市绿道有机衔接、综合功能完善的绿道网络。同时，在全国率先部署开展生态控制线划定工作，推进宜居城乡、宜居湾区、优质生活圈建设，人居环境得到明显改善，城镇化质量得到明显提高。

　　体制机制不断改善，城镇化发展活力持续增强。改革开放以来，通过自上而下的放权和市场经济体制改革，大力发展民营经济，广东成为我国市场经济培育最为成熟的地区，为城镇化发展注入了强大动力。在城乡规划建设领域，广东省城乡规划管理制度不断完善，建立了省、市、县三级城乡规划委员会制度，城乡规划的公众参与度不断提高，增强了规划决策的科学性和民主性；并在全国率先建立城市总体规划实施评估制度，开展广州、云浮、河源"三规合一"试点工作，推动规划体制机制创新。同时，在全国率先实现了城镇住房制度市场化和引进房地产物业管理及中介服务，推进住房保障制度的改革创新，为促进国民经济健康发展、改善人民群众住房条件发挥了重要作用。

第二节　突出矛盾与问题

一、外来人口众多，中小城市和小城镇发展不足，面临外来务工人员落户难的问题

广东省是全国外来人口最多的省份。通过对第五次和第六次全国人口普查人口变化情况分析，可以看出，人口流入广东最多的流出省份，例如湖北、湖南、广西等，省内流往广东的人口比重在下降。而四川、江西、湖南等人口流出大省，尽管流入广东省的人口数量仍在增加，但是流向长三角的人口增速快于珠三角（图3-1、图3-2）。

2010年第六次全国人口普查显示，广东省流动人口数量达3108万人，位居全国之首，占省常住人口的30%；省外流动人口达2150万人，其中有接近80%的省外流动人口集中在深圳、东莞、广州、佛山四个城市。由于外来人口高度集中，且中小城市和小城镇发展不足，无法吸引大量人口落户和就业，极大地加剧了大城市的公共服务压力，使得外来务工人员市民化程度不足，未能享受与城市居民平等的公共服务，出现了就业地与安家地长期分离、家庭成员分居各地的状况。

广东目前有将近2000万外来农民工，约占全国农民工总数的1/10。2014年，广东外来人口占常住人口比例为17.71%，相比浙江（12.21%）、

图3-1
2000年、2010年广东省人口流入变化情况
▼

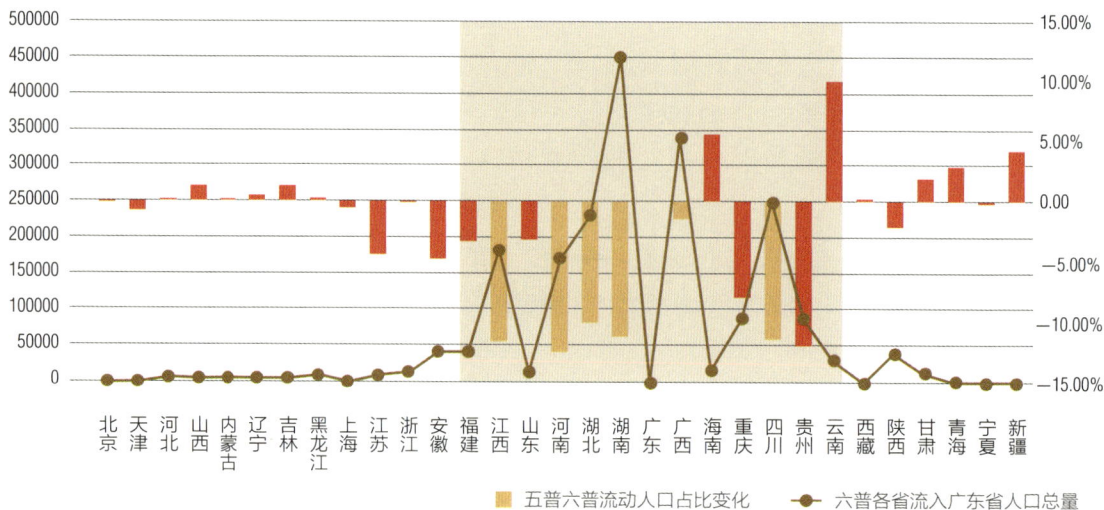

五普六普流动人口占比变化　　六普各省流入广东省人口总量

图3-2
2000年、2010年 周 边 省份流入广东省的人口数量变化情况

▶

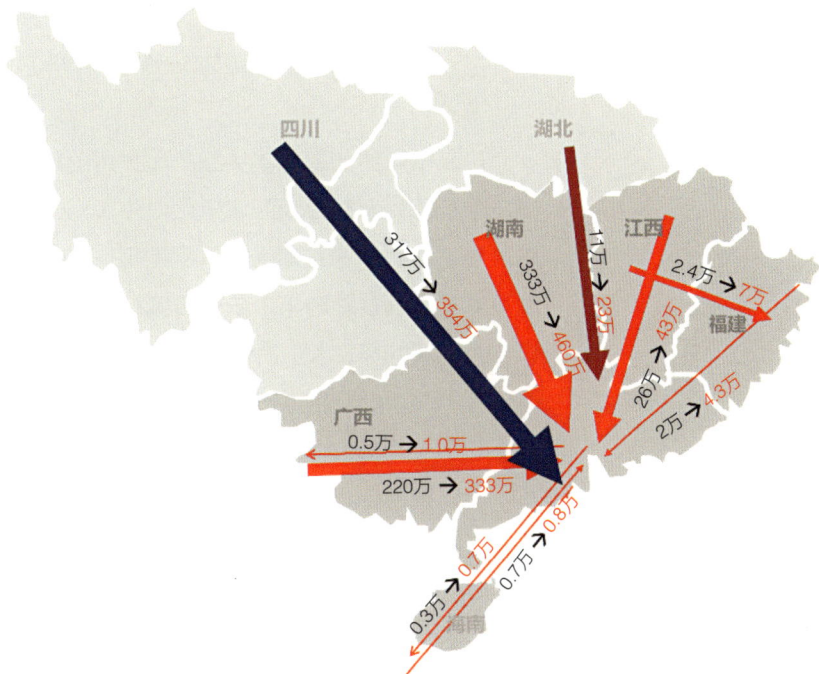

图3-3
2014年广东、江苏、山东、浙江四省外来人口情况
资料来源：《广东省新型城镇化蓝皮书2014年》（征求意见稿）

▼

江苏（4.06%）、山东（1.58%）分别高出5.5个百分点、13.65个百分点、16.13个百分点（图3-3）。浙苏鲁等省份本地人口城镇化是城镇化水平提高的主要动力，新增城镇人口以户籍人口居多，而广东的新增城镇人口主要是外来人员，"半城镇化"现象尤为突出，给城市服务供给、社会保障等方面带来了巨大压力。

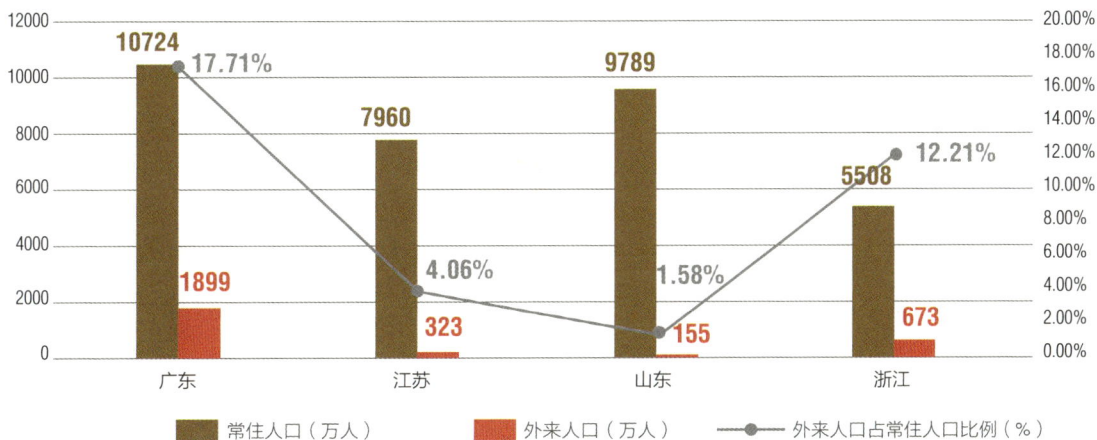

常住人口（万人）   外来人口（万人）   外来人口占常住人口比例（%）

二、区域城乡发展极不平衡，差距不断扩大

广东省城镇化率基本达到中等发达国家水平，但城镇化发展质量不高，粤东西北大部分地区城镇化率和人均GDP都低于全国平均水平。广东省粤东西北与珠三角经济水平差距正逐步扩大。受资源要素、区域政策等多方面因素影响，广东省区域经济发展不平衡，各地市人均GDP差异较大。2014年广州、深圳、珠海、佛山四市人均GDP突破万元大关，而梅州、河源、云浮等市人均GDP仅为0.2万元左右，远低于广东省及国家平均水平。2014年珠三角人均GDP达到10.04万元，高于广东省平均水平；东翼地区人均GDP达到2.94万元，西翼地区人均GDP达到3.68万元，山区地区人均GDP达到2.8万元，与珠三角、广东省平均水平以及国家平均水平都存在较大差距（图3-4）。

分析近年来东翼、西翼、山区与珠三角人均GDP差值情况，可得出粤东西北与珠三角的差距正逐步扩大，珠三角与东翼、西翼、山区的差值由2000年的1.3万元、1.31万元、1.49万元增加到2014年的7.11万元、6.37万元、7.24万元（表3-1、图3-5）。

图3-4
2014年广东各地市人均
GDP情况（元）
资料来源：广东省住房
和城乡建设厅、广东省
城乡规划设计研究院
▼

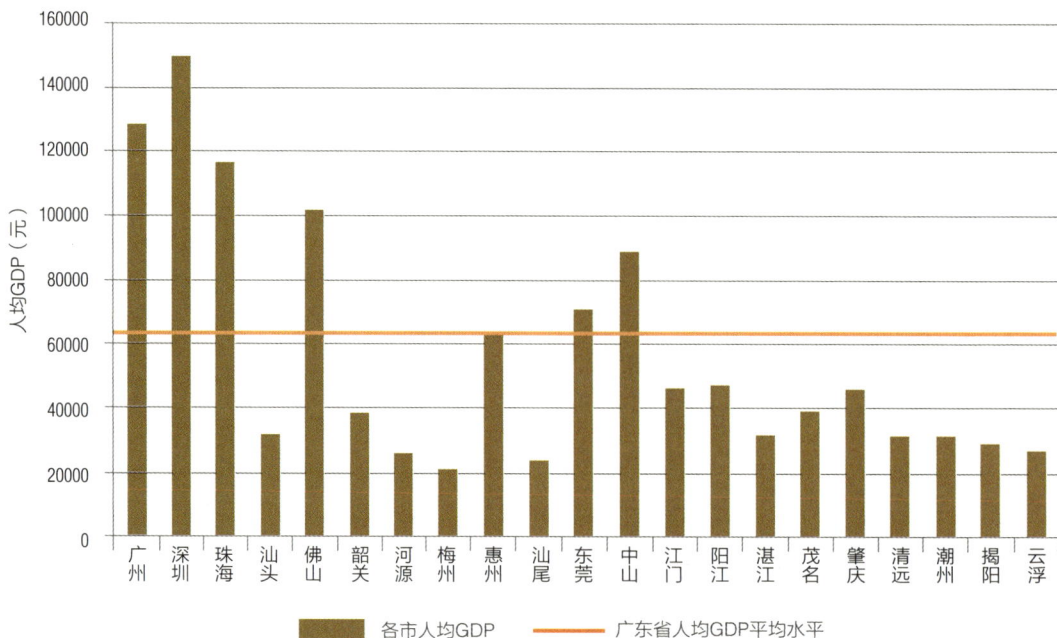

粤东西北与珠三角人均GDP差值情况（元）　　　　　　　　　　　　表3-1

地区	2000年	2005年	2010年	2011年	2012年	2013年	2014年
珠三角人均GDP	20280	40336	69002	77689	84434	93548	100448
东翼人均GDP	7294	9729	18829	21792	24327	27070	29393
西翼人均GDP	7099	11608	23060	27446	30231	33908	36770
山区人均GDP	5344	8838	18872	21882	23530	25745	28047
东翼与珠三角地区人均GDP差值	12986	30607	50173	55898	60106	66478	71055
西翼与珠三角地区人均GDP差值	13181	28728	45941	50244	54203	59640	63678
山区与珠三角地区人均GDP差值	14936	31498	50130	55807	60904	67803	72401

注：珠三角地区指广州、深圳、珠海、佛山、惠州、东莞、中山、江门和肇庆。东翼指汕头、汕尾、潮州和揭阳四个市。西翼指阳江、湛江和茂名三个市。山区指韶关、河源、梅州、清远和云浮五个市。（下同）
资料来源：广东省住房和城乡建设厅、广东省城乡规划设计研究院。

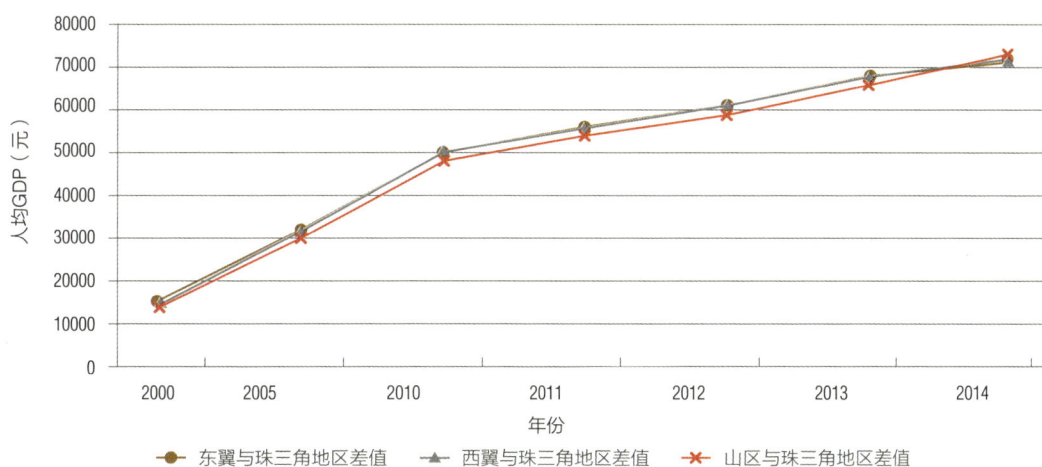

▲
图3-5
粤东西北与珠三角人均
GDP差值
资料来源：广东省住房
和城乡建设厅、广东省
城乡规划设计研究院

三、城乡公共服务和基础设施建设滞后，欠账较多

　　与江苏等其他发达省份相比，广东省在城乡基础设施建设、居民生活及农村现代化发展水平等方面相对滞后。2014年广东省农村自来水普及率为89.5%，低于江苏省99.1%的平均水平，农村垃圾收集体系也落后于全国平均水平（表3-2）。此外，管网配置相对不足，供气网络建设滞后，末端建设进度滞后于实际需要。

2014年广东省与江苏省城乡基础设施条件对比　　　　　　　　　　表3-2

项目	子项目	广东省	江苏省
	城镇化水平（%）	68	65.2
城乡基础设施	农村自来水普及率（%）	89.5	99.1
	城市燃气普及率（%）	96.6	99.5
	每万人拥有公共汽车（标台）	5.31	14.1
	每万人拥有床位数（张）	37.83	45.8
居民生活	城镇居民家庭人均可支配收入（元）	32148.11	34346
	农村居民家庭人均纯收入（元）	12245.56	14958
	城乡消费水平比	2.35	1.99
农村现代化	粮食产量（kg/hm²）	5414	6493
	农村家庭每百户拥有汽车	2.2	9.10

资料来源：《2015年广东省统计年鉴》、《2015年江苏省统计年鉴》、《广东医疗卫生事业发展情况分析》等。

四、土地过度开发和开发不足并存，城镇化面临的土地资源约束日益严重

一方面，部分地区特别是珠三角和汕潮揭地区土地过度开发，土地资源瓶颈制约日益突出，城乡建设较为粗放。根据卫星影像解译数据，改革开放初期珠三角城乡建设用地总量约1570km²，2013年已达到约8534km²，增加近5倍。快速的村镇工业化、城镇化，催生建设用地快速扩张，目前，珠三角核心区国土开发强度达到27.5%，部分城市国土开发强度超过30%，可开发土地与用地需求的矛盾十分尖锐（图3-6）。

另一方面，各市低效用地现象依然存在，新城新区建设和园区开发普遍粗放无序，用地效益不高。目前珠三角地区人均城市建设用地达到157m²，远高于发展中国家人均用地83.3m²的水平。从用地效益来看，各市地均产出有待提高且差距较大，珠三角除深圳外其他各市地均产出水平均低于10亿元/km²，江门、肇庆的地均产出水平更是不足2亿元/km²，与发达国家和地区的差距较大。

五、围填海造地缺乏有序推进，对生态冲击缺乏科学评估，环境问题突出

改革开放以来，广东省对海洋开发利用的规模和力度日益扩大，2008～2014年全省围海造地新增建设用地面积8511hm²，其中近一半未经海洋部门审批核发海域使用证，纳入国土部门管理的土地面积仅1/6左右。大规模的围填海造地已引发诸多海洋生态安全与环境污染问题。近岸海域特别是珠江口等河口海域污染程度不断加重；陆源入海排污尚未得到有效控制；海洋生物资源数量与质量不断下降；过度围垦和填海在消耗珍贵的海岸线和岛礁资源的同时，给当地的海洋生态系统造成难以逆转的破坏，海洋灾害和污染事故频频发生等。如何平衡海洋生态保护与资源开发的矛盾，切实贯彻国务院"保住生态底线、兼顾发展需求"的要求，是关系到国家安全的战略问题，也关系到广东省海洋资源的可持续利用和经济的健康发展。

六、环境治理初见成效，但依然面临较为严峻的挑战

珠三角局部地区灰霾天气依然严重，特别是珠江西岸受区域产业布

局和主导风向不利影响，灰霾天气较为突出。同时，由于珠三角产业向山区转移，但相应的环保措施跟不上，工业烟尘去除率偏低，导致山区新兴工业城市灰霾日突增。水环境方面，全省水质劣于Ⅲ类的河段占总评价河长的22.6%，水生生态受到不同程度影响，已出现水质型缺水问题。土地土壤环境方面，珠三角地区22.8%的土地土壤环境质量属于Ⅲ类和劣Ⅲ类，镉、汞、砷、氟等重金属超标，土地土壤污染情况不容忽视。此外，目前生态补偿机制不完善，区域共治任务艰巨。流域跨界污染问题严重，边界地区的生态建设、环境监测、水环境保护、污染防治等都缺乏协调，难以形成有效的区域协调与联合监管机制。

近岸海域污染方面，珠江水系广州段及珠江口水环境污染较为严重，陆源入海排污尚未得到有效控制，珠三角部分海域以Ⅳ类和劣Ⅳ类水质为主，导致珠江口、大亚湾大型底栖生物密度和生物量偏低，海洋生态系统受到破坏（图3-7）。

图3-7
2014年广东省近岸海域
水质状况
资料来源：广东省2014
年海洋环境状况公报

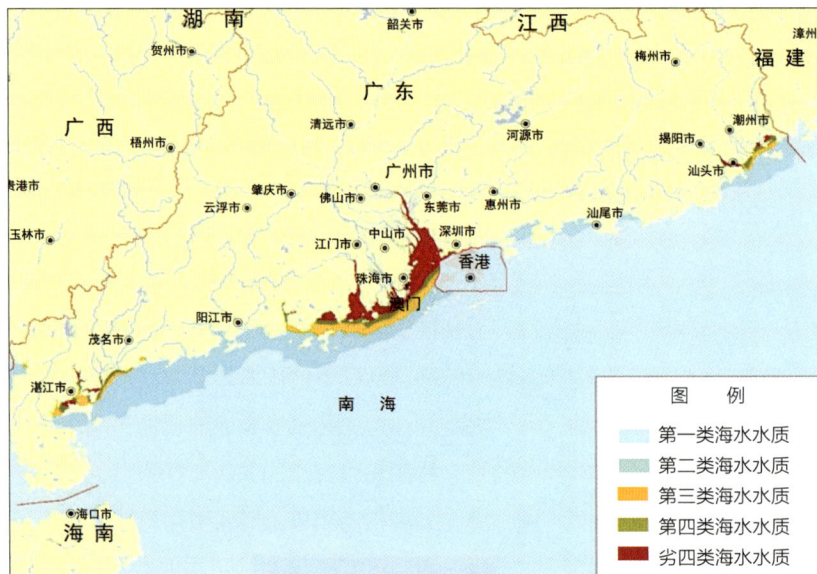

七、体制机制创新滞后，改革先行优势下降

随着内地与港澳联系的加强，广东省原有政策优势面临趋同化的挑战，与粤港合作的范围、内容和层次有待拓展。服务业政策创新、国际贸

易体制改革等落后于上海。民营经济、民间资本优势未能有效挖掘，制度瓶颈导致民间资本一直缺乏投资渠道。珠三角核心地区发展空间接近饱和，进入存量发展阶段，如何实现土地的二次开发、深入推进"三旧"改造、解决集体土地上盖的经营性用房等问题有待解决。粤东西北地区政策的边缘性亟须进一步突破，振兴发展的扶持性政策有待深化落实。此外，广大县域地区和小城镇面临的财政瓶颈约束明显，财政大部分依赖转移支付，事权与财权不对等，缺乏投资和发展动力，公共产品供给和公共服务能力有所下降。

第三节　引领高质量发展：新型城镇化的国家意义

新时代我国社会主要矛盾已经转化为人民日益增长的美好生活需要和不平衡不充分的发展之间的矛盾。为解决这一主要矛盾，我们要在习近平新时代中国特色社会主义思想指引下，在"创新、协调、绿色、开放、共享"五大发展理念全面引领下，切实推进高质量发展。党的十九大报告提出，我国经济已由高速增长阶段转向高质量发展阶段，正处在转变发展方式、优化经济结构、转换增长动力的攻关期，要完成向高质量发展的转换，需要实现从数量追赶转向质量追赶，从规模扩张转向结构升级，从要素驱动转向创新驱动三个转型。

一、"高质量城镇化"的要求和内涵

中国城镇化已经保持多年高速增长，2016年城镇化率达到56%，当前正处于同步提升城镇化水平与质量的关键期，经济发展态势不再支持城市的快速扩张模式；粗放外延的城市开发建设模式不可持续；城市基础设施投入不足，与地面建设扩张态势不匹配，影响城市安全有序运行，若再一味追求城镇化速度将诱发风险。总之，当前我国城镇化发展并未完全进入成熟阶段，还将维持一定的发展速度，必须抓住这一关键时机，既要弥补原有欠账，又要提升城镇化发展质量，有针对性地解决已经积累的突出矛盾和问题，否则在城镇化基本完成后则积重难返。

1. 发展模式：从以规模扩张和拉开城市框架为主，转变为以存量发展和结构优化为主

中国改革开放四十年，具备了整体转型的经济基础，但整体上资源和环境矛盾日益突出，房地产出现结构性和区域性过剩。未来中国的大部分城市，都处于工业化中期，仍将有一定时期和相当程度的规模扩张，但应"精明增长"，注重挖掘存量、优化结构、提升质量。

（1）超大城市发展重点：功能疏解与品质提升

以北上广深为代表的超大城市，普遍已进入到存量发展阶段，亟须借助产业升级提升城市竞争力、增强辐射功能、带动区域发展，规划的重点应突出功能疏解和品质提升。

以深圳为例，空间不足已经成为制约其各领域发展的普遍性问题，持续增长的发展需求与资源供给严重不足的矛盾日益尖锐，城市资源和环境的约束等问题持续困扰着城市的健康发展。在这一背景下，新一轮深圳城市总体规划把视野放到了区域，通过共建粤港澳大湾区，促进发展创新、增长联动、利益融合，形成最具发展空间和增长潜力的世界级经济区域。同时，建设深圳大都市圈，打破行政区划界线，将部分与经济特区职能无关的城市功能环节转移和疏解，提升深莞惠地区整体竞争力。

此外，除关注功能疏解外，深圳还重点关注品质提升，在强化底线管控的同时，提出生态保护要从原来的被动保护走向功能引领，通过生态空间的活化利用实现城市与生态的共生，并提出要建设儿童友好型城市和自然野趣城市。

北京则在新一版城市总体规划中坚持政治中心、文化中心、国际交往中心、科技创新中心的功能定位，把建设国际一流的和谐宜居之都作为战略目标，有所为，有所不为，着力提升首都核心功能，有效疏解非首都功能，把疏解功能与完善城市公共服务、提升城市发展水平、提升群众生活质量结合起来。可以看到，功能疏解、品质提升已成为当前特大城市发展的重要关注点，是供给侧结构性改革的重要体现（图3-8）。

（2）大中城市规划建设重点：城市修补与生态修复

对于大中城市而言，新时期空间需求已逐渐趋于平稳，城市规划重点应改变原有大工业、大新城的扩张模式，从粗放扩张走向精明调整，重点优化内部结构，通过空间结构调整和组织优化，协调各项城乡建设。要针对中等城市自身存在的生态退化、市政基础设施建设相对滞后、公共服

图3-8
北京首都职能体系
资料来源：根据《北
京市城市总体规划
（2016～2030年）》
相关资料改绘

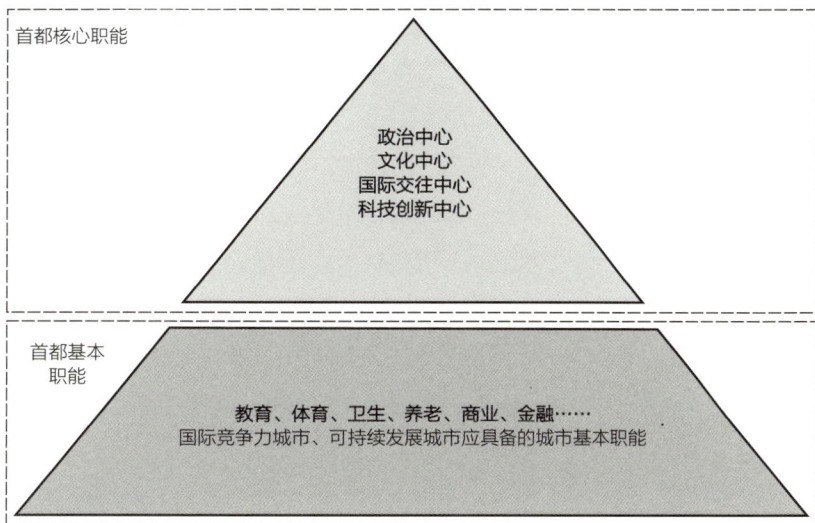

务供给不足、城市生活品质不高等问题，立足补短板，围绕"让人民群众在城市生活得更方便、更舒心、更美好"的目标，不断改善城市公共服务质量，改进市政基础设施条件，倡导城市修补、生态修复，发掘、保护、传承城市历史文化，使城市更加宜居、更具活力、更有特色。

　　"生态修复、城市修补"是标志着城市转型发展的城市治理新范式。2015年，住房和城乡建设部将三亚列为城市修补生态修复综合试点城市。随着城镇化飞速发展，三亚市出现土地资源快速消耗，生态环境遭到破坏，城市形态风貌失控，各类配套服务设施保障困难等突出问题，这与三亚建设国际热带海滨风景旅游城市的高端目标形成巨大反差。为此，住房和城乡建设部和三亚市委市政府开展了"双修"工作，开展了对山、海、河的修复，以及针对城市形态（天际线）、城市色彩、广告牌匾、绿地景观、夜景照明、违章建筑拆除的六大战役，取得了明显成效，不仅提升了城市形象和活力，对于提升城市治理水平、强化政府执政能力也具有重要意义。

　　（3）村镇与乡村规划重点：特色营建和美丽乡村建设

　　当前我国村镇发展面临着乡村经济发展乏力、社会结构失衡、基本公共服务缺失、环境污染严重、乡村特色风貌消失以及村镇规划管理供给不足等问题。随着消费时代和创新时代的到来，自然和人文资源特色突出的村镇将成为消费和大众休闲时代的重要目的地。乡村功能将全面转型，未来的乡村，将不仅仅是农业生产功能，而是兼具生态保护和游憩功能、文化传承和发展功能、绿色农产品的生产与供应功能等在内的一个重要空间形态。

在这一背景下，乡村建设需要积极适应"到乡村去"、"体验乡愁"等新形势，主动转变供给质量，挖掘乡村的多元功能和价值，通过打造一批高水平特色村镇群、推进农村人居生态环境综合整治、培育宜居宜业的田园综合体等农业新业态，培育农业农村发展新动能。

推动村镇规划转型，在规划内容上，要更加注重系统性乡村建设和"乡愁"的重塑，从目前以空间形态提升为主，向注重空间营造的同时强调乡村历史人文的传承、农村社会生态的重构、村民互助意识的提升、农村人居环境的整治等方面转变，注重系统性和实效性，编制更具实施性的县域乡村建设规划。

2. 建设方式：从大拆大建、挖山填湖，转变为生态优先、绿色发展、让城市望山见水

习近平总书记在中央城镇化工作会议中明确提出"要依托现有山水脉络等独特风光，让城市融入大自然；让居民望得见山、看得见水、记得住乡愁"。中共中央、国务院印发的《生态文明体制改革总体方案》也明确提出"绿水青山就是金山银山"。新一版全国城镇体系规划曾经提出要整合自然景观要素、文化景观要素、旅游城镇和乡村的集中连片地区，构建31个自然与文化双重属性的国家魅力景观区，为下一代营造山清水秀的魅力景观框架……留得住青山绿水，记得住乡愁——这是中国城镇化理想，也是每一个都市人的人居梦想。

可以预见，随着生态文明时代的到来，休闲需求不断兴起，生态空间和生态型地区的价值将得到发挥，生态空间的塑造将从简单地以生态保育为主发展到魅力塑造、多元功能培育，生态+休闲、旅游、文化、创新、新经济将层出不穷。未来城镇化发展要加强生态环境的保护，并善于将生态资源优势转化为生态经济优势；要追求从宏观到微观的规划设计，"结合自然"，包括：以资源承载力确定城市规模等级，保护地形特征形成绿楔和生态廊道，综合土地适宜性与径流结构确定布局开发、城市竖向设计与雨洪蓄滞区。要积极开展生态城市建设，因地制宜推广"低冲击开发"模式和绿色建筑应用等等。要正确处理好经济发展同生态环境保护的关系，牢固树立保护生态环境就是保护生产力、改善生态环境就是发展生

产力的理念，更加自觉地推动绿色发展、循环发展、低碳发展，决不能以牺牲环境为代价去换取一时的经济增长，切实让"绿水青山"转变为"金山银山"。

3．要素流动：从乡村到城市的单向流动，转变为城乡双向流动，实现乡村振兴

实施乡村振兴战略，是党的十九大做出的重大决策部署，是决胜全面建成小康社会、全面建设社会主义现代化国家的重大历史任务，是新时代"三农"工作的总抓手，为我们构建新型工农城乡关系指明了方向。

城市和乡村本来就是一个不可分割的有机整体，过去长期以来，我们带着以经济发展为中心、以工业化推动城镇化、城镇化就是城镇建设等传统观念来审视城乡关系，由于城市在创造GDP中的贡献远远大于乡村，工业推进城镇建设的速度更是远远大于乡村，城镇建设的速度也远远大于人口的集聚速度，由此形成"重城轻乡"、"重工轻农"的思想和具体行为。

新型城镇化背景下，农业和农村地区的角色和价值须进行重新认识。对于城乡关系，应该是一个完整的有机系统，乡村的价值将更主要地体现在生态本底、文化价值及城镇化重要动力等方面。乡村的功能，既是持续城镇化的基础和本底，是乡村居住、社会、文化和景观的载体，农业也将成为一个具有无限生机的美好产业。未来要从根本上改变乡村长期从属于城市的现状，明确乡村在全面建成小康社会和现代化建设中的突出地位和在城乡关系中的平等地位，从根本上改变以工统农、以城统乡、以扩张城市减少农村减少农民的发展路径，明确城乡融合发展是实施乡村振兴战略、推进农业农村现代化的有效途径。

未来的城乡应和而不同、各具特色、互补互促，共同确保土地资源的集约高效利用。新型城镇化要实现城乡之间、大中小城市之间、城市中各阶层和代际之间发展机会的均等，促进城乡要素双向流动、大中小城市资源公平配置、公共服务均等化和可持续发展。

4．资源配置：从以大城市为中心，转变为大中小城市公平配置、协同发展

目前我国区域发展存在的一个突出问题是核心城市要素过度集聚，大城市病日益严重，中小城市资源配置能力和服务配套远远落后于发展需求。以长三角、珠三角、京津冀三大城镇群为例，三大城镇群最高端的综合医院、重点初高中、体育场馆、大专院校、科研单位大多集中在核心城市的主城区，严重制约了郊区新城和中小城市的吸引力，并加大了主城区的人口压力。北京、上海、广州已经进入世界通勤时间最长城市之列，高端服务功能过度聚集，导致高房价、高租金，如京沪两地核心商务区租金水平已经列居世界前列。而与此同时，三大城镇群还存在小城镇数量过多、规模偏小和基本服务功能不健全的问题，不能有效吸引和疏解大城市的人口和功能。

未来推进新型城镇化要加快市县管理体制改革，赋予市县更大的自主权，要改变当前城市资源配置行政化、等级化的传统思路，把对特大城市的功能疏解与增加中小城市的发展机会有机结合。要对北京、上海、广州等都市圈核心城市中心城区的增长边界进行严格管理，防止城市继续摊大饼式的蔓延和交通拥堵面积的扩大。同时，立足都市圈各区域的资源环境条件，推动城镇群内核心城市制定产业转移和优化布局规划，特别依托主要区域性经济走廊有序引导产业外迁，形成竞争有序、错位发展的产业集群，实现与周边中小城市和小城镇以及产业集聚区的一体化发展。

5. 资金来源：从主要依靠土地出让，转变为更加稳定、可持续的地方收入来源

在中国的城镇化快速推进的阶段，地方政府面临基础设施建设等的重要任务，其收支结构相应地具有土地财政特征，也就是低价征地、再市场高价卖地，这中间的差价支撑着地方政府财政的运转和城市建成区面积的扩张。

但目前拆迁成本越来越高，政府在市场拍卖土地中获得的中间差价越来越小，许多城市可供出售的土地也在大幅减少，政府通过土地财政维持这种城镇化路径的难度在加大，土地财政模式已走到尾声。

推进城镇化平稳持续健康发展，需要推进财税体制改革，有序建立地方政府稳定、可持续的收入机制，逐步降低对"卖地"的依赖。要拓宽融资渠道，城市基础设施建设从相对单一的政府投资为主，转变为更加多元化的投资主体，拓宽投融资渠道，充分发挥市场和社会资本的作用。要适当提高中央、省级政府在城市基础设施建设中投资比例，重点强化对公益型和微利型基础设施的资金保障，形成财权事权更加匹配的财政体制。

6. 社会治理：从社会分化、结构失衡，转变为包容共享式发展

改革开放40年，我国人口社会结构发生着深刻变化，呈现出一系列

新的阶段性特征，外来流动人口不断涌入并成为城市人口增长的主体，以户籍为代表的城乡二元体制使进城务工人员难以实现以家庭为单位的永久性迁移，大量外来务工人员与城市本地居民之间难以融合，城市形成新的二元结构，这不仅加深了外来务工人员与城市的疏离，还加剧了社会矛盾。

当前，外来人口市民化的需求迫切，尤其是新一代异地务工人员融入城市的诉求更加强烈，社会治理模式亟待创新。与之伴随的是民众权利和平等意识的崛起、社会管理的扁平化和网络化，需要创新社会治理模式，倡导包容性城市发展政策，其主要内涵包括：在经济增长过程中保持平衡，推动宜居宜业环境建设，让更多的人享受经济发展成果；关注社会民生，关注弱势群体，重视社会稳定等。

二、广东省走"高质量城镇化"道路的必要性和意义

1. 广东省城镇化发展阶段的判断[1]

经验表明，城镇化和城市发展规律具有明显的阶段性。城镇化率在30%以下时，城市处于工业化初期，城市发展速度缓慢。城市以生活服务业和轻工业为主，建设用地规模增长缓慢，城市内部空间以单中心结构为主，各城市成散点式发展。城镇化率在30%~70%区间时，城市进入快速增长期。工业化成为这一阶段发展的重要动力，大量农村人口快速流入城镇，城市建设用地的持续扩张，建设用地增速超过人口增速，出现城乡混杂、风貌模糊等问题；资源大量消耗和排放使环境压力加大，出现交通拥堵、住房紧缺、无序蔓延等"城市病"。城镇化率达到70%以上时，城市发展进入成熟完善阶段。大部分城市发展由速度型向质量型转变，以服务业为代表的第三产业大规模发展，创新成为城市发展的主要动力，高端生产性服务业的作用不断凸显，城市建设用地增速下降，服务业和居住用地增加，多中心网络化的大都市区和城市群成为城市发展的主要形态。城市摒弃高污染、高排放的粗放发展方式，不断治理和修复生态环境，并通过资源环境约束型指标控制，促进城镇建设与资源环境承载能力趋于平衡。

当前，广东省城镇化率接近70%，城市整体上处于快速成长阶段的中后期，正向成熟完善阶段迈进（图3-9）。但是区域发展差异较大，从城镇化率来判断，可分为两个梯队：一是广州、深圳、珠海、佛山、东

1 广东省住房和城乡建设厅，《树立城市思维，践行城市模式，打造城市广东——以城市发展方式回归转型实现广东新常态新发展新优势研究报告》，2016年。

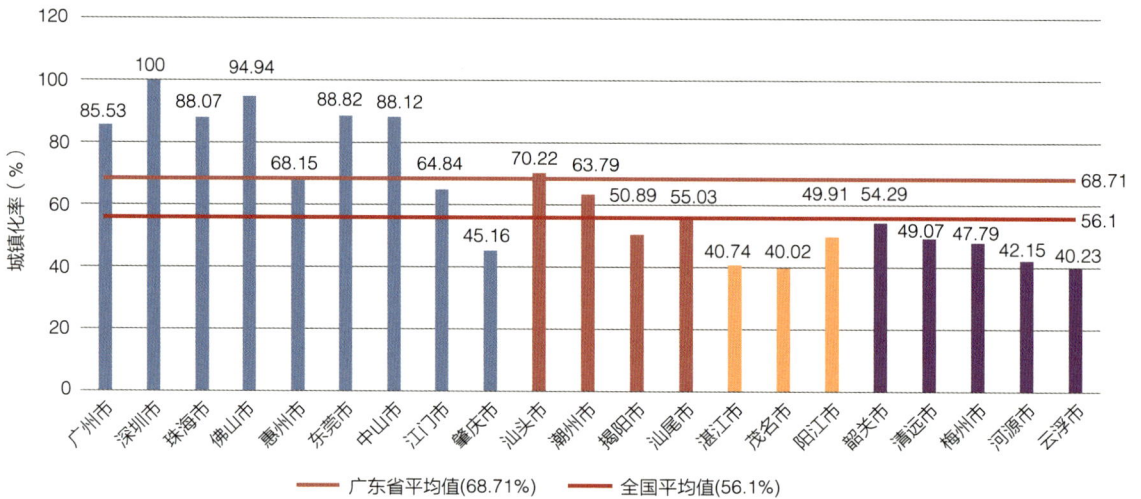

图3-9
2015年广东省各地级以上市常住人口城镇化率情况

莞、中山等6市的城镇化率已超过85%，处于成熟完善阶段，服务业加快发展，知识经济将成为城市发展的主要动力，城市需要创造一切有利条件吸引和培育人才，城市功能多元化，城乡进一步融合发展，城市设施逐步完善，城市建设增量空间有限，进入存量优化为主的发展阶段；二是惠州、江门、肇庆和粤东西北城市仍处于快速成长阶段，其中肇庆、揭阳、汕尾、湛江、茂名、阳江、韶关、清远、梅州、河源、云浮等11市的城镇化率仍落后于全省和全国平均水平，发展第二和第三产业、促进人口、产业向集聚仍是城市发展的主要动力，城市发展的投资需求高，需要加快扩大城市规模，提高城市的集聚度和带动能力，同时需要注重提高中心城市发展质量，增强人口吸引力。

2. "高质量城镇化"对于广东的意义

当前，广东省正处于稳增长、调结构、促转型和向率先全面建成小康社会、率先基本实现现代化迈进的关键时期，加快推进新型城镇化，是广东省转变经济发展方式的客观需要，对落实习总书记提出的"四个走在全国前列"的要求，继续为全国探索中国特色新型城镇化经验，具有重大现实意义和深远历史意义。

推进新型城镇化是广东探索"深度城镇化"，实现城镇化向高质量发展的内在要求。改革开放以来，广东省积极稳妥推进城镇化，在提升城镇化发展质量、促进区域协调和城乡一体化发展等方面做了大量工作，取得了显著成绩。然而，广东省原有的城镇化发展也带来了区域失衡、土地蔓延、协同不足、用地低效、生态环境恶化等问题，制约着产业结构升级和空间格局优化，缺乏对"以人为本"城镇化的关注，城镇化质量不高。广东要抓住当前转型的重要机遇，针对前期快速城镇化中存在的质量、结构和效益问题，提升城镇化的总体质量和水平，推进"深度城镇化"，达到城镇化均衡发展、高端发展、全面发展和协调发展。

推进新型城镇化是实现广东省现代化的必由之路。城镇化是现代化的必由之路，是我国最大的内需潜力和发展动能所在，对全面建设社会主义现代化国家意义重大。广东省未来城镇化发展空间仍然很大，面临的任务仍然很重，站在新的起点上，走广东科学发展的新型城镇化道路，是保持经济持续健康发展的强大引擎，加快产业结构转型升级的重要抓手，解决农业农村农民问题的重要途径，推动区域协调发展的有力支撑，是促进社会全面进步的必然要求，对全面建成小康社会、加快社会主义现代化建设进程、对广东省发展全局具有重要意义。

推进新型城镇化是广东省实现国家责任的重大战略。新时期广东省的经济社会发展与新型城镇化道路必须服从和服务于国家战略，要让广东省城镇化步伐与实现"四个走在全国前列"的目标相适应，与工业化、信息化、城镇化、农业现代化同步发展相适应，要紧密结合广东省实际，贯彻落实好中央的要求，在国家全面建设小康社会和推进现代化进程的大格局中寻求广东省在全国新型城镇化格局中的战略地位，走出一条具有广东特色的新型城镇化道路，努力让广东省的城镇化发展经得起实践和历史的检验，发挥在全国的引领示范作用。

三、广东省实现"高质量城镇化"的路径和方向

1. 从"粗放型城镇化"走向"品质型城镇化"

经过近四十年的发展，广东省人口和城市大的格局已基本形成，但各城市发展仍存在不少问题。广州、深圳两个超大城市"摊大饼"问题严重，城市边界绵延扩张，资源环境承载逼近极限；佛山、东莞、中山等市以镇村为单元"摊小饼"式发展，碎片化、同质化问题突出；粤东西北地区城市总体规模偏小、建设品质不高、人口集聚能力不足，难以满足人民群众对美好城市生活环境的要求。

未来广东推进城镇化持续健康发展，要从注重城市规模扩张，粗放式、外延式发展，走向注重城市质量提升，倡导集约式、内涵式发展。其

中，广州、深圳要解决"摊大饼"问题，优化城市内部空间结构、严格开发规模、开发强度、开发边界管控，进一步强化中心城市功能，着力提升综合辐射能力；佛山、东莞、中山要解决"摊小饼"问题，实施强心战略，做大做强主城区，带动城市功能板块优化整合；珠海、惠州、江门、肇庆也要加强市区建设，突出城市特色、延续传统文脉，提升城市品质和竞争力。粤东西北地级市中心城区进一步抓好新区建设和老城改造挖潜，增加公共服务功能，完善基础设施建设，通过新老城区协同发展，完善整体空间布局。

2. 从"跨省异地城镇化"走向"就近就地城镇化"

过去40多年来，广东的城镇化主要依靠外源经济动力，利用国家的人口红利，通过大规模地吸纳省外非农就业实现了快速发展。但随着我国人口发展拐点的到来，大规模的跨省人口流动趋势已基本终结，甚至已经出现负增长。在这一背景下，未来广东城镇化的主要任务，一是要推进外来务工人员向市民化和本地化转型，使稳定就业的异地务工人员获得与城镇户籍居民同等的社会身份和权利，让全体人员共享现代化成果。二是要大力推进粤东西北地区农村人口向所在的地级市中心城区、县城和小城镇就地转移，从农村就业向非农就业乃至"工农兼业"转型，实现就近就地城镇化。

但目前粤东西北大多数地级市中心城区规模和体量偏小，城市功能不突出，辐射带动作用不强，县城和小城镇的发展也参差不齐，作用不突出，难以吸纳和承载市域农业人口就近就地城镇化。未来要进一步推进粤东西北地级市中心城区提质扩容发展，提升城市的人口承载力，减轻珠三角压力，实现全省人口优化布局。要在做大做强中心城区的同时，加强县城和重点镇的建设，优化城镇规模结构，形成中心城市、县城和重点镇协调发展的城镇格局。通过加强县城基础设施和公共服务能力建设，强化对县域发展的服务功能，增加县城对本地人口的吸引力和承载力。

3. 城镇化动力从"单一工业化主导"走向"多元驱动"

随着城镇化和经济发展阶段的变化，城镇化动力将由单一的工业化主导向农业现代化、信息化、文化、创新、消费等多元动力协同驱动转变。要树立新的动力观，实施"多元发展"战略，打破原有单一经济主导的发展动力机制，丰富新型城镇化动力。

一是要坚持"外向"和"内需"并举，推动经济增长向消费、投资、出口协调拉动转变，培育内生和多元动力。二是要坚持制造业、服务业"双轮驱动"，兼顾发展，一方面，大力发展高端制造业，扶持实体经济，为现代服务业健康发展提供强大基础保障，另一方面，大力发展金融、科技信息服务、供应链管理等生产性服务，为制造业升级提供支撑。三是要积极促进消费、转型、创新"三者联动"，着力以消费、文化休闲升级带动产业升级，着力以供给创新促进需求扩大，增强发展的稳定性、协调性和可持续性。四是要坚持创新驱动，提升核心技术自主创新能力，广聚创新资源，优化创新环境，加快源头创新，推动经济发展从要素驱动向创新驱动转变。

4. 从"乡村凋敝"走向"乡村振兴"，实现城乡融合发展

广东城镇化发展的一个突出矛盾就是城乡发展不平衡不充分，城乡差距不断扩大，农村落后的面貌没有得到根本改善。未来，广东要立足发展全局，把实施乡村振兴战略作为解决广东发展不平衡不充分问题的根本之策，把农业农村优先发展要求落到实处，让乡村尽快跟上全省发展步伐。

要大力实施"头雁"工程，把农村基层党组织建设成为引领乡村振兴的坚强战斗堡垒。要大力发展"一村一品、一镇一业"，做强富民兴村产业。以增加农民收入为目标，着力做好"特"字文章，培育特色产业强镇强村，发展乡村旅游和休闲观光农业，推动一二三产业融合发展，走质量兴农之路。要实施"千村示范、万村整治"工程，全域推进生态宜居美丽乡村建设，全面提升农村地区人居环境。要积极引导资本下乡和人才"上山下乡"，发现、培养、树立"乡贤"，成为乡村振兴的重要力量。

5. 从"产城分离"走向"产城人融合"

随着产业园区的弊端日益显现和新生代农民工对于自我发展认识的提升，在未来的地区发展中，对包括农民工在内的各类人力资本的竞争必将进一步显现，产城融合发展势在必行。从实证调查来看，在"双转移"背景下，目前粤东西北地区大多延续传统工业园区建设模式，园区建设与城镇建设相分离，城镇化滞后于工业化进程，并没有摆脱珠三角劳动密集型加工工业和土地低成本扩张、资源快速消耗、"土地城镇化"快于"人的城镇化"的发展路子。此外，在湛江、茂名和惠州大亚湾等沿海地区出现了单一依靠央企和大项目集聚带动、产业结构单一、就业和人口集聚能力弱等一系列问题，产业与城市发展失衡，拉动本地城镇化不大。

　　未来广东城镇化必须改变现行"以物为本"、注重招商引资、经济建设、GDP增长而忽视人的幸福感和全面发展的城镇化模式，在未来产业经济发展过程中，要按照服务圈和通勤圈的概念，合理组织好产业区与城镇的关系，促进产城一体化建设，完善公共服务和社会福利，促进外来务工人员"安居乐业"和市民化。

第二篇

道路：策略与路径

广东新型城镇化的发展

第一节　人口城镇化的现状

　　改革开放以来，随着广东经济高速增长，封闭的城镇范围也逐渐松动，特别是乡镇集体企业、"三资企业"、个体企业如雨后春笋般不断涌现，吸引大量省内外劳动力，加大了人口集聚效应，广东城镇化进程突飞猛进。广东人口城镇化率从1978年的16.95%上升到2016年的69.20%，38年间提高了52.25个百分点，年平均提高1.45个百分点。

　　改革开放初期至南巡讲话期间，广东小城镇迅速发展，经历了1984～1986年的"撤社建乡"和1992～1994年的乡镇"撤、扩、并"两个时期，城镇数量迅速上升，推动人口城镇化发展。1992～2000年，随着全国改革与开放的层次从农村深入到城市，加之珠三角外向型经济的蓬勃发展，吸引全国流动人口迅速向珠三角聚集，珠江三角洲城镇人口数量和城镇规模迅速增加，2000年广东城镇人口首次超过乡村，人口城镇化率达55%，比全国平均水平高达18.78个百分点，广东省进入"城市时代"。2000～2010年，广东城镇化率提高10.52个百分点，城镇化率增长速度有所放缓，低于全国水平，进入相对稳定的调整时期。2010年后随着全国流动人口出现回流趋势，广东省在流动人口达到顶峰后，开始波动下降。2012年人口净流入达到1958.11万人，到2016年降到1834.10万人，下降了124.01万人。人口城镇化率也趋于稳定，从2010年的66.17%上升到2016年69.20%，广东省城镇化进入了后期发展阶段，从城镇化的数量增长进入城镇化的质量提升阶段（图4-1、图4-2）。

图4-1
广东省1978～2016年
人口发展历程
数据来源：中国统计出版社，《广东省统计年鉴2017年》

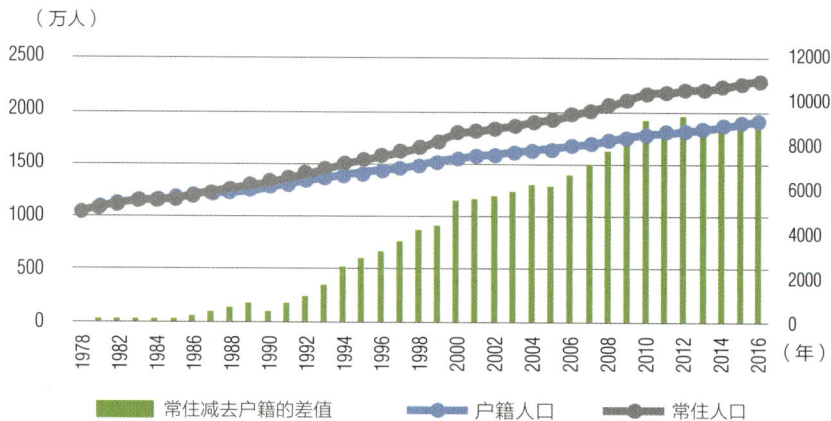

（万人）

常住减去户籍的差值　　户籍人口　　常住人口

图4-2
广东省城镇化率演变示
意图
数据来源：中国统计出
版社，《广东省统计年鉴
2017年》

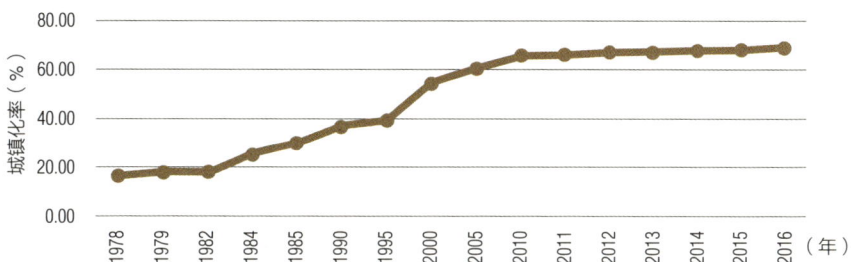

一、人口高度集聚，劳动力资源丰富

第六次全国人口普查数据显示，广东省2010年常住总人口1.04亿，是江苏的4.2倍、山东的3.6倍、浙江的2.3倍，成为全国人口第一大省，相比第五次全国人口普查时期人口增长1788万人。

如图4-3所示，广东省从人口规模上，可分为四大集团，第一集团是由广州和深圳组成的1000万俱乐部（常住人口超过1000万人）；第二集团是500万俱乐部，包括东莞、佛山、湛江、揭阳、茂名、汕头等6个城市；第三集团为300万俱乐部，包括惠州、江门、梅州、肇庆、清远、中山等6个城市；第四集团是100万俱乐部，包括河源、汕尾、韶关、潮州、阳江、云浮、珠海等7个城市。

在人口结构上，不断扩大的外来人口增加广东省劳动适龄人口数量及比重，成为广东经济发展的生力军。2010年，全省劳动年龄人口占总人口比重达到73.39%，排名全国第七，劳动力资源丰富，60岁以上老年

图4-3
2010年广东省各市常住
人口排名
数据来源：中国统计出
版社，《广东省统计年鉴
2011年》

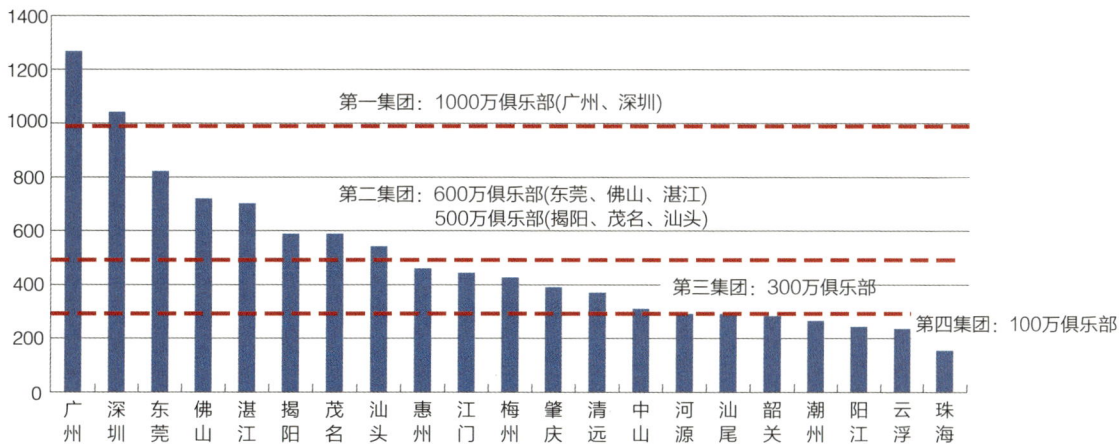

人口占总人口的9.73%，位居全国第28位。其中，珠三角地区表现更为突出，劳动适龄人口占区域总人口的比重达82.71%，65岁以上老年人口仅为5%。此外，全省人口素质也在不断提高，根据第六次全国人口普查，全省每万人中接受高等教育人数达到854人，相比"五普"时期提高140%，人口素质有较大提高。

二、跨省流入增长放缓，省内流动增长率超过跨省流动

广东省人口空间流动主要分为两个阶段，在20世纪八九十年代，广东省对省外吸引不足，省外流动小于省内流动（图4-4）。2000年至今人口空间流动类型转向以省外流动为主（图4-5）。

2010年广东省常住人口中有3600万来自于跨省流入，占总人口比重的36%左右，外来人口已成为广东省人口重要组成部分。对比跨省流动占总流动人口比重，从2000年的71.5%到2010年比重降至68%。未来省外流入增长放缓，大规模跨省流动的趋势已基本终结。

从增长率来看，广东省省内流动的增长（65%）大于跨省流动的增长（43%）。除了深圳、佛山、汕尾、河源、清远外，大部分城市省内流动增长都高于跨省流动，占总流动人口比重都上升，以粤东西地区为最（图4-6、表4-1）。

图4-4
20世纪80～90年代人口空间流动

▶

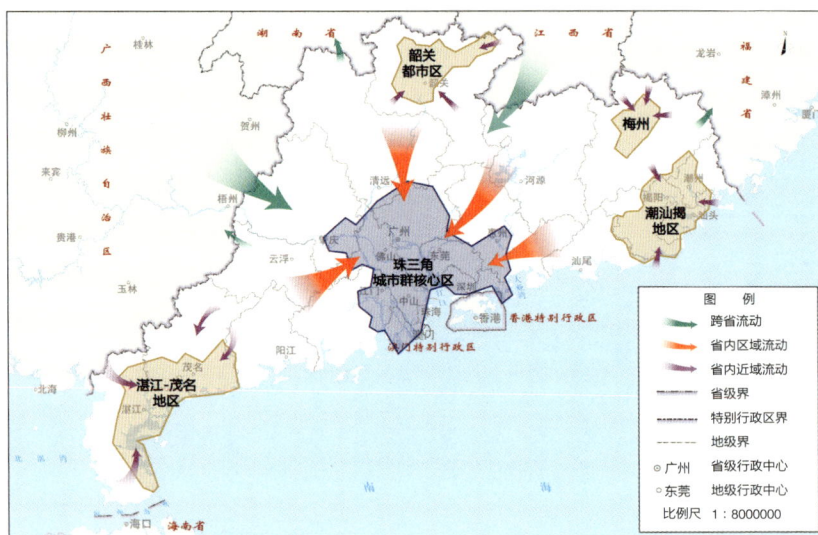

图4-5
2000年以来人口空间
流动

▶

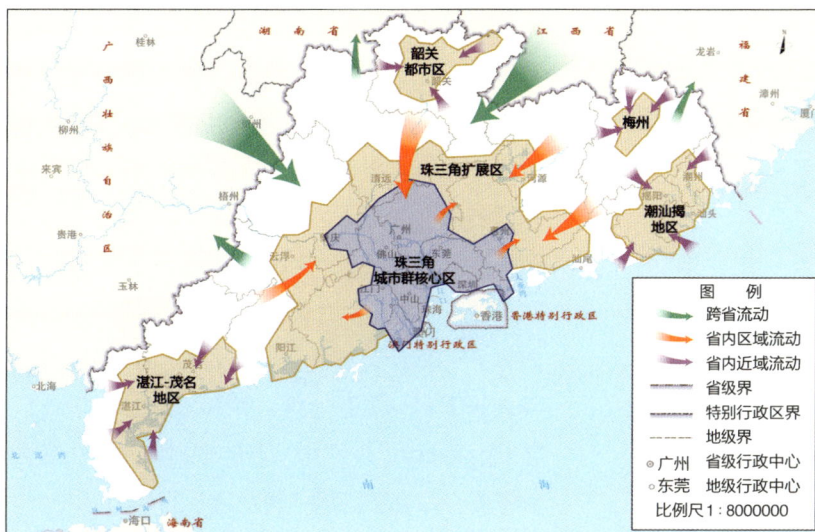

图4-6
2010年各市省内流动与
省外流动增长率的对比
数据来源：根据广东省
2000年第五次全国人口
普查和2010年第六次全
国人口普查数据整理而
成

▶

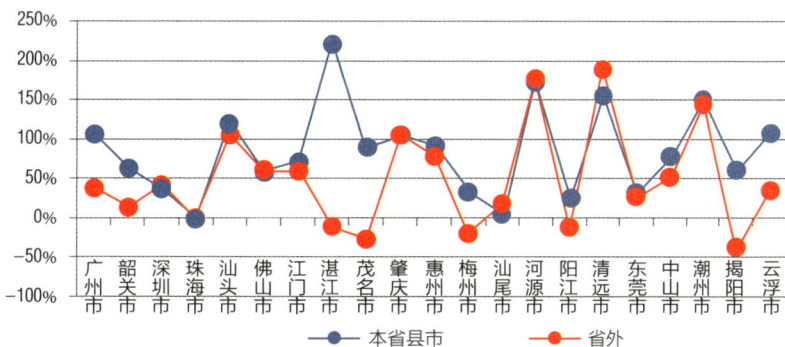

广东省各市主导流动类型　　　　　　　　　　　　　　　　　表4-1

主导流动类型		城市
省内流动增长>跨省流动增长		（16）
省内流动增长率减去省外流动增长率的差值	10%以下	珠海、肇庆、东莞、潮州
	10%～30%	汕头、江门、惠州、中山
	30%～50%	韶关、阳江
	50%～80%	广州、梅州、云浮
	80%以上	湛江、茂名、揭阳
跨省流动增长>省内流动增长		深圳、佛山、汕尾、河源、清远

三、区域城镇化差异巨大，动力参差不齐

2010年全省城镇化率达66.2%，在全国排名第四。在人口集聚与城镇化上，人口单极集聚，区域城镇化动力参差不齐。2011年珠三角地区人口净流入2573万人，而粤东西北地区均为人口净流出地区。21个地级市中接近一半的城市城镇化率低于全国水平。2011年珠三角地区城镇化水平达83.0%，相当于中等发达国家水平，高于粤东、粤北、粤西分别为24.8个、38.5个、44.7个百分点，区域差距巨大；同时珠三角相比2000年增长了11.4个百分点，粤东、粤北增加7.3个百分点，而粤西甚至下降了1个百分点。珠三角地区的辐射拉动作用有限，各片区的城镇化动力参差不齐，限制了区域平衡发展（图4-7）。

珠三角成为人口聚集的核心并不断趋于均衡化和多中心化。珠三角核心区城镇流动人口占总城镇人口的比例超过50%，是承载异地城镇化的主要区域，珠三角外圈层城镇流动人口占城镇人口的比例大于20%。此外，外围次中心地区人口吸纳能力也在增强，成为外围地区人口本地城镇化的载体。

图4-7
2010年城镇流动人口占城镇人口的比重
数据来源：根据广东省2010年第六次人口普查数据整理而成

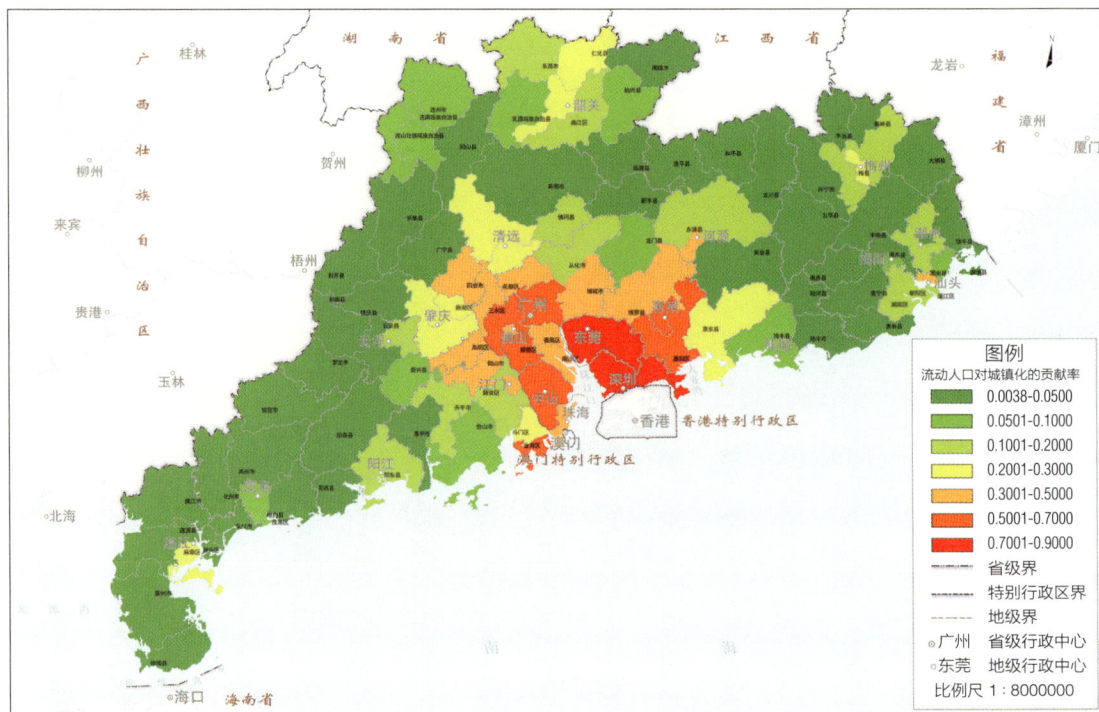

四、城市等级规模、行政建制级别决定人口吸纳能力的强弱

城市等级规模、行政建制级别决定了人口吸纳能力的强弱，规模越大、行政级别越高的城市，吸纳能力越强。100万以上的大城市和特大城市人口吸纳能力普遍增强，并呈现分散化和均衡化，多中心格局开始凸显。50万规模以下的县（市）人口已基本稳定、变化不大。人口向城镇体系顶端集聚的趋势增强（图4-8）。

对比城市、镇、乡村三级行政单位，城市是常住人口增长最快的单元，增长率高达72%，城市人口比重从36%增长到50%，成为人口增长的主体单元；"乡村、镇"两级行政主体人口变化不大，人口格局已基本稳定，未来可转移的空间不大（图4-9、图4-10）。

图4-8
广东省五普六普各等级
规模人口增量10年变化
数据来源：根据广东省
2000年第五次人口普查
和2010年第六次人口普
查数据整理而成

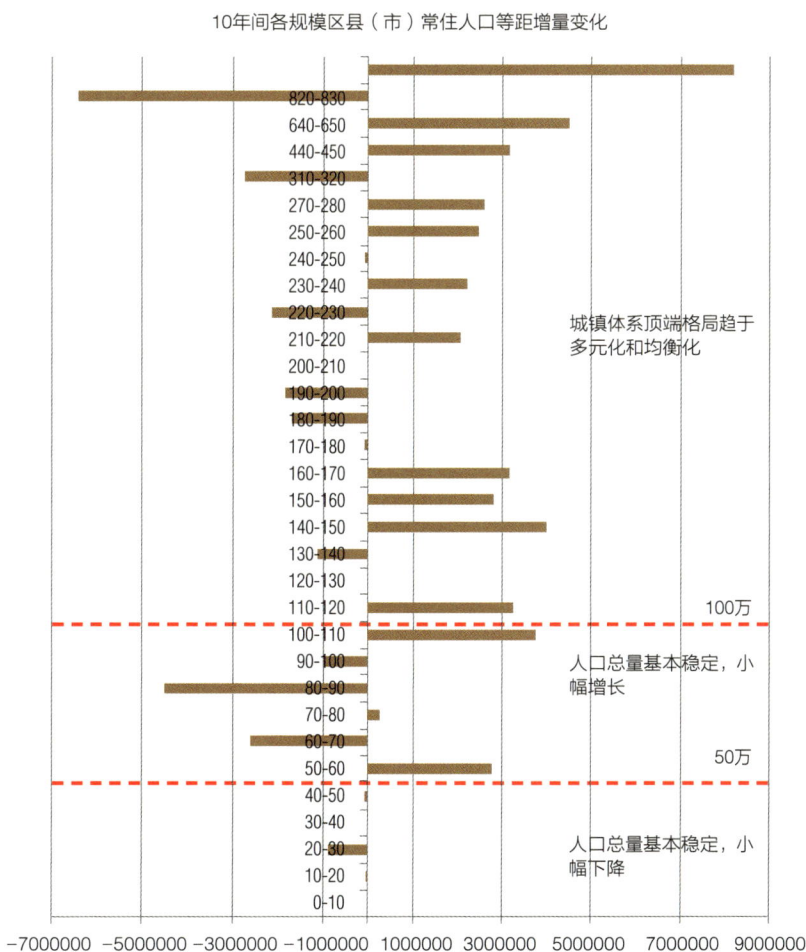

10年间各规模区县（市）常住人口等距增量变化

图4-9
第五次、第六次全国人口普查广东省城市、镇、乡村三级行政单位人口增长对比
数据来源：根据广东省2000年第五次人口普查和2010年第六次人口普查数据整理而成

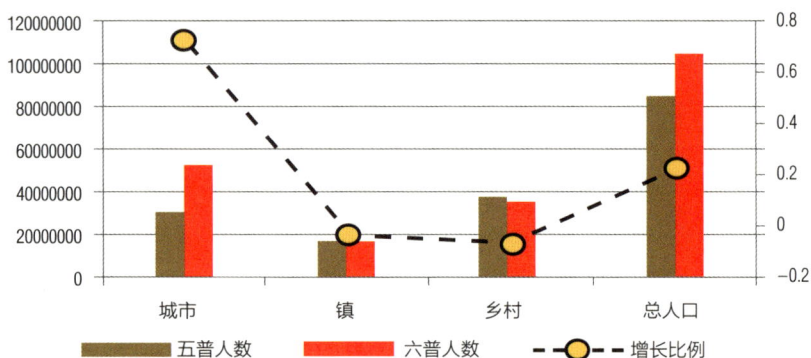

图4-10
广东省五普六普三级行政单位人口比重对比
数据来源：根据广东省2000年第五次人口普查和2010年第六次人口普查数据整理而成

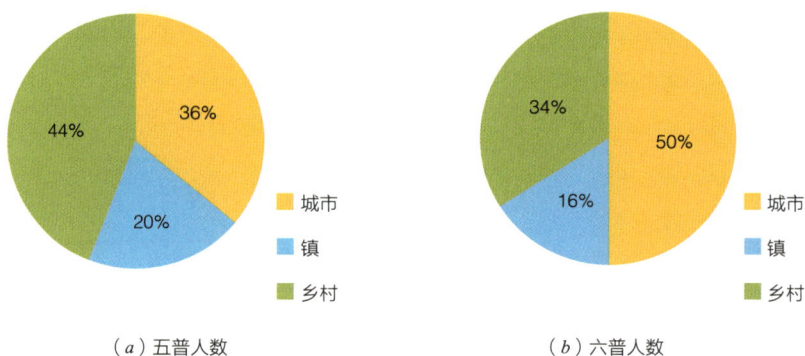

（a）五普人数　　　　　　（b）六普人数

五、人口城镇化质量有待改善，公共服务供给不足

　　广东省目前城乡差距过大、人口城镇化质量有待提升。第一，改革开放以来广东省城乡收入差异逐步提升，城乡收入比从1980年的1.72增加到2011年的2.87，已突破国际警戒线，高于江苏、浙江、天津、上海、北京等各省市。第二，广东省城乡消费差距不断加剧。城镇与乡村社会消费品零售总额的比值从1978年的0.93倍，扩大到2011年的5.98倍。第三，城乡之间的基本公共服务水平差距明显，基本公共服务设施、基础教育、社会保障水平、医疗卫生等资源配置滞后。农村公共产品不仅总量短缺、总体质量不高，供给不足，而且供求结构不合理、层次和优化度不高，总体功能、效率较低，供求矛盾突出。第四，城市反哺农村能力弱，对农村投入不足。不少村庄建设布局混乱，土地浪费严重，环境"脏乱差"的局面未得到根本改变。第五，一些地区因城市开发和园区建设征地，产生了"失地农民"问题，对农民利益的重视和保护不够，对解决失

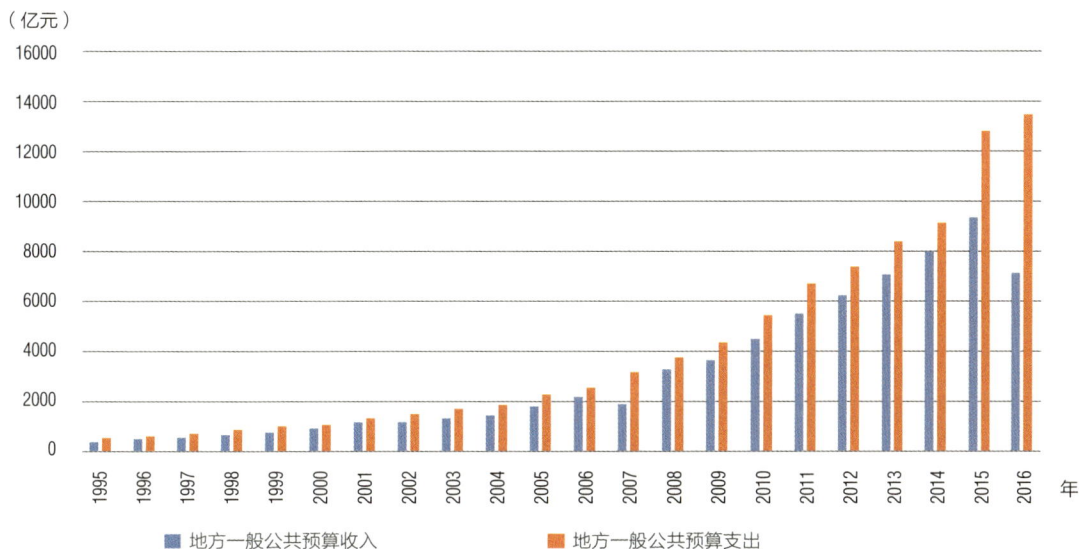

（亿元）

■ 地方一般公共预算收入　　■ 地方一般公共预算支出

图4-11
广东省财政收支差额情况
数据来源：中国统计出
版社，《广东省统计年鉴
2017年》

地农民就业出路问题的措施不够到位，耕地的过快过多耗散、利益分配失衡还导致了相互间的抗争和冲突。

另一方面，大规模外来人口流入加剧公共服务供给压力。近年来广东财政收支差额不断扩大，2016年达−3055.7亿元，自身财力保障水平逐年下降，公共服务财力更显不足（图4-11）。全省整体财力有限导致各级政府在公共服务领域投入不足，尚未满足本地人口对基本公共产品的需求，更无法满足外来人口的需求。同时，现行公共服务政策设计对象主要是本地户籍人口，缺少对外来人口的考虑。受公共服务体制的限制，外来人口在当地无法享有同等的基础教育、社会保障水平、医疗卫生资源等基本公共服务。

第二节　人口市民化的目标与布局

一、总体思路

中国特色社会主义进入新时代，我国社会主要矛盾已经转化为人民日益增长的美好生活需要和不平衡不充分的发展之间的矛盾。党的十九大报告提出，必须坚持以人民为中心的发展思想，把人民对美好生活的向往作为奋斗目标，不断促进人的全面发展，坚持在发展中保障和改善民生，提升人口城镇化质量，促进社会公平正义，在幼有所育、学有所教、劳有所得、病有所医、老有所养、住有所居、弱有所扶上不断取得新进展，深入开展脱贫攻坚，形成有效的社会治理、良好的社会秩序，保证全体人民在共建共享发展中有更多获得感。

作为我国重要的人口集聚区之一，广东省应继续发挥人口聚集优势，提高外来人员和劳动力的素质，从单纯地注重人口数量和人口红利，到优化人口布局、提升劳动力素质，释放人口结构红利。推进以人为核心的城镇化，积极稳妥地解决好本省流动人口和常住异地务工人员的城镇化问题，通过分区分类的市民化政策引导流动人口逐步成为城市居民，最终实现以下几个目标：

（1）数量平稳递增。坚持存量优先，因地制宜，分类推进的原则，有计划有序的解决流动人员落户问题。

（2）布局均衡合理。适应广东省产业布局调整的客观趋势，按照主体功能区和城镇化规划的布局要求，引导流动人口向适宜开发的区域集聚，提升中小城市、小城镇的产业支撑能力和人口吸纳能力，吸纳更多人口，逐步形成流动人口在珠三角地区、粤东地区、粤西地区和北部山区大中小城市合理分布的格局。

（3）公共服务均等。根据不同公共服务项目的轻重缓急，梯度推进基本公共服务均等化，逐步实现基本公共服务由户籍人口向常住人口扩展，保障流动人口与本地居民平等享有基本公共服务。

（4）社会融合顺畅。保障居民自由迁徙的基本权利，消除流动人口与户籍人口的身份差异以及附着的不平等待遇，促进流动人口自身融入企业、子女融入学校、家庭融入社区、群体融入社会。

二、人口市民化的目标与任务

重点解决进城时间长、就业能力强、可以适应产业转型升级和市场竞争环境、长期从事一线特殊艰苦行业人员的落户问题。进一步放宽集体户口设置条件，允许符合条件的人员向已在本地落户的亲友搭户，通过多种方式解决流动人员落户问题。到2020年，努力实现不少于600万本省和

700万外省农业转移人口及其他常住人口落户城镇，稳步推进城镇的义务教育、养老医疗、保障性住房等公共服务和社会保障覆盖城镇常住人口。

珠三角三大新型都市区：2020年完成约1030万转移人口的市民化任务，常住人口城镇化水平达到79%。

粤东城市群：2020年完成约182万转移人口的市民化任务，常住人口城镇化水平达到63%。

粤西沿海城市带：2020年完成约71万转移人口的市民化任务，常住人口城镇化水平达到62%。

粤北生态发展区：2020年完成约17万转移人口的市民化任务，常住人口城镇化水平达到63%。

三、优化人口布局

按照自愿、分类、有序的原则，科学促进人口与产业协同集聚（表4-2、表4-3）。

1. 珠三角地区

除广州、深圳市外，全面放宽农业转移人口落户条件。以农村学生升学和参军进入城镇的人口、在城镇就业居住5年以上和举家迁徙的农业转移人口以及新生代外来务工人员为重点，促进有能力在城镇稳定就业和

全省城镇规模等级结构（2020年） 表4-2

城市等级	规模等级（万人）	城市数量（个）	城市名称
超大城市	≥1000	2	广州、深圳
特大城市	501～1000	2	佛山、东莞
大城市	101～500	11	中山、惠州、珠海、江门、汕头、湛江、茂名、韶关、清远、揭阳、肇庆
中等城市	51～100	7	潮州、汕尾、阳江、梅州、普宁、河源、云浮
小城市	≤50	56	开平、四会、台山、恩平、鹤山、惠东、陆丰、海丰、饶平、阳春、高州、廉江、雷州、吴川、信宜、化州、遂溪、罗定、兴宁、龙川、英德、怀集、佛冈、博罗、陆河、惠来、揭西、南澳、徐闻、阳西、连州、南雄、乐昌、始兴、仁化、翁源、乳源、新丰、广宁、封开、德庆、丰顺、大埔、五华、平远、蕉岭、紫金、和平、连平、东源、龙门、阳山、连山、连南、新兴、郁南

转移人口市民化分区政策指引　　　　　　　　　　　　　　　　　　　表4-3

分区	主要目标	重点任务	政策指引
珠三角地区	人口结构和布局提升优化	（1）优化人口结构，提升城市服务和公共设施品质，吸引高素质人口； （2）鼓励和引导人口、就业向大城市外围新城、中小城市转移，疏解东岸、引导人口向西岸地区流动，调整人口布局，提升整体承载能力	（1）在中心城市全面推行"积分落户"与"一证通"制度，各市根据实际制订外来人口及随迁家属落户政策； （2）配套改革引进高技能人才的住房、子女教育、社会保障制度； （3）促进公共服务、住房、城市轨道向大城市中心城区周边潜力地区、小城镇等地区延伸和布局，均衡公共服务资源，合理引导农业转移人口向中小城市和小城镇转移。
粤东西北区域中心城市	提升对外来人口和本地农业转移人口的吸纳和集聚能力	（1）强化产业就业支撑，提升城市品质，重点吸纳大学生、职业技术人才就业落户； （2）着重吸纳依托珠三角地区产业转移带动的转出劳动力，以及本地转出的部分农村劳动力	（1）提升公共服务质量和城市建设品质，吸纳大学生、职业技术人员落户； （2）依托与珠三角地区配套的优势产业，大力承接产业转移，促进珠三角地区农业转移人口再转移； （3）完善吸引外来务工人员稳定性转移就业的服务体系，全面放开入户城镇条件，大力促进其落户当地城镇，提高城镇化水平。
粤东西北县域地区	农村人口的就近转移	（1）以县城、全国重点镇和部分中心镇为核心推进农业人口的就近转移和就近城镇化； （2）加强对返乡人口再创业的支持，吸纳外出劳动力回流	（1）提高县城、全国重点镇和部分中心镇公共服务发展水平，吸引农村转移人口向县城和重点镇集聚； （2）依托县城、全国重点镇和部分中心镇提供多产业、多门类、多形式的劳动岗位，形成灵活互补的就业体系； （3）重点支持涉农产业，鼓励外出劳动力回乡创业，在小额贷款、税收减免、创业培训领域提供支持； （4）建立应对老龄化的服务业和公共服务体系

资料来源：中国城市规划设计研究院深圳分院，《广东省新型城镇化规划（2016～2020年）》（研究总报告）。

生活的农业转移人口举家进城落户。其中广州、深圳等超大城市可以具有合法稳定就业和合法稳定住所（含租赁）、参加城镇社会保险年限、连续居住年限等为主要依据，区分城市主城区、郊区、新区等区域，重点解决符合条件的普通劳动者落户问题。户籍人口与非户籍人口比重低于1∶1的城市，要进一步放宽外来人口落户指标控制，加快提高户籍人口城镇化率。

2. 粤东西北地区

全面放开放宽重点群体落户限制，省内大中城市均不得采取购买房屋、投资纳税等方式设置落户限制。地级市中心城区和县城着力强化产业支撑，提升公共服务水平，鼓励本地农民进城创业、就业和居住，实现就近市民化。有序推进粤东西北地级市中心城区扩容提质，提升对外来人口和本地农业转移人口的吸纳能力，减轻珠三角压力，实现人口布局优化。加强粤东西北中心城市对高校毕业生、职业技术人才和本地农业转移人口的吸引力。培育2个300万左右的城镇群和若干城区人口超100万的中心城市，重点建设城区人口在20万～50万人的中小城市以及5万～10万人以上的小城镇，使其成为吸纳农业转移人口的重要载体。

第三节　提高人口城镇化质量

广东省已进入全面建成小康社会的决胜阶段，正处于经济转型升级、加快推进社会主义现代化的重要时期，也处于城镇化深入发展的关键时期。提高城镇化质量，以人的城镇化为核心，合理引导人口流动，有序推进农业转移人口市民化，稳步推进城镇基本公共服务常住人口全覆盖，不断提高人口素质，促进人的全面发展和社会公平正义，使全体居民共享现代化建设成果，提升人民群众获得感和幸福感。这是新时代广东省城镇化的重点。

一、提升基本公共服务均等化水平

根据不同公共服务项目的轻重缓急，依托居住证制度，梯度推进基本公共服务均等化，逐步实现基本公共服务由户籍人口向常住人口扩展，保障农业转移人口与本地居民平等享有基本公共服务（表4-4）。对暂不符合落户条件或没有落户意愿又有常住需求的农业转移人口，根据权利和义务对等原则，梯度赋权，优先解决子女教育、公共卫生、住房保障等基本民生问题，使他们在流入地居住期间享受与户籍居民同等的基本公共服务，并随社会贡献的增加享受到更多的市民权利。

到2020年，全省基本公共服务支出占一般预算支出的比重增加到27%。其中，珠三角地区为21.5%；欠发达地区为35.6%。全省基本实现

2012年广东省与全国公服设施支出占GDP比重（单位：%）　表4-4

	教育支出	医疗卫生支出	文化体育支出	社会保障和就业支出	住房保障支出
广东省	2.48	0.84	0.23	1.01	0.29
全国	4.28	1.39	0.43	1.11	0.86

高中教育普及化，到2020年主要劳动年龄人口（20～59岁）平均受教育年限达到12年；建立基本适应多层次医疗卫生需求的公共卫生服务体系和医疗服务体系；形成覆盖全社会多元化的公共文化服务体系和完善的体育服务体系。同时，构建多层次和普遍服务的全省城乡一体化公共交通网络体系；解决人均住房建筑面积15m²以下的城镇低收入住房困难家庭的住房问题，全面实行并完善政策性租赁住房制度；保障各类劳动者充分就业、建立覆盖城乡居民的社会保障体系、医疗服务体系、药品供应保障体系，实现公共服务保障均等化。

二、推进基本公共教育服务均等化

推动珠三角与粤东西北地区的教育一体化。本着"盘活存量、以强扶弱"的原则，鼓励各地采取一校多区、集团化学校、学区化管理等办法，加快推进优质教育资源共享。通过人员互访互派、信息互通、项目互动、资源成果共享等方式，促使珠三角有关教师培训资源向粤东西北开放，鼓励两地职业院校跨区域组建职教联盟，支持各区域共同开发优质教育网络资源。

保障异地务工人员随迁子女平等享有受教育权利。进一步完善提高异地务工人员随迁子女入读公办学校比例，建设新社区时要将居民教育配套设施与项目同步设计、同步建设、同步竣工验收。鼓励向符合条件的民办学校购买义务教育服务，有序实现符合条件的异地务工人员随迁子女接受义务教育与当地户籍学生享有同等待遇。继续做好异地务工人员随迁子女在粤升学考试工作。认真做好异地务工人员随迁子女高考报名工作，组织符合条件的异地务工人员随迁子女参加高职院校考试，加强对各地异地务工人员随迁子女参加中考工作指导，向教育部申请增加全省招生计划，逐步实现符合条件的随迁子女参加普通高等院校考试。

分类优化教育资源布局。完善高等教育设施布局，提升广州大学城和深圳、珠海、佛山、东莞等地大学园区建设水平，加强粤东、西、北地区高校建设。加快广东以色列理工学院的筹办建设。优化高中阶段教育结构布局，扎实推进薄弱普通高中改造提升工作，力争2018年全面普及高中阶段教育。积极推进义务教育均衡优质标准化发展，切实解决部分县（市、区）义务教育学校间综合差异系数不达标的问题，以及大班额、农村义务教育学校信息化建设较为滞后等问题。进一步加快"全面改薄"工程组织实施工作，大力改造薄弱学校，加快推进标准化学校建设，力争在2017年实现标准化学校全覆盖率。

进一步提升各级各类教育办学水平。加快推进乡镇规范化幼儿园建设，加强中职学校的基础设施和内涵建设，扩大潮州、阳江、汕尾、河源、茂名、湛江、梅州、汕头等市中等职业学校招生规模及深圳、佛山等市面向粤东西北招生中等职业学生规模，进一步促进职业教育优质协调发展。推动珠三角与粤东西北地区的教育一体化。鼓励各地采取一校多区、集团化学校、学区化管理等办法，加快推进优质教育资源共享。支持各区域共同开发优质教育网络资源。加强城镇新建住宅区教育设施配套建设，教育配套设施应与项目同步设计、同步建设、同步竣工验收，验收后无偿移交当地县级政府，县级政府应及时接受并将其办成公办学校。

三、改善基本医疗服务条件

优化医疗服务体系。建立覆盖城乡的三级医院2.5小时服务圈、二级医院1.5小时服务圈和基层卫生服务机构0.5小时服务圈。推动广州、深圳等珠三角地区城市的医疗服务资源向粤东西北地区外溢。推动城市医院服务向社区拓展，完善城市基层医疗卫生服务体系。完善农村县、镇、村三级医疗卫生服务体系，加强欠发达地区社区卫生服务和县级医疗卫生机构建设。推动全省卫生检验结果互认互通、双向转诊、通用病历、临床用血应急调配机制等方面的一体化合作。大力发展社会办医，加快形成以非营利性医疗机构为主体、营利性医疗机构为补充的社会办医体系。探索"医养结合"的康复养老服务新模式，推进健康养老事业发展。

改善农业转移人口基本医疗卫生条件。推进异地务工人员参加务工所在地社会保险。将异地务工人员及其随迁家属纳入社区卫生服务体系。鼓励有条件的地方将符合条件的农民工及其随迁家属纳入城镇医疗救助问题。大幅提升基本公共卫生服务的覆盖面，强化流动人口的重点传染病防控工作。

四、拓宽住房保障渠道

推动建立涵盖公租房、共有产权住房、限价商品房、棚户区改造住房等多层次的住房保障体系和包括货币化在内的多种形式的住房保障模式。探索将存量房作为保障房和棚户区改造安置房的方式方法。落实相关政策，确保新建普通商品住房或"三旧"改造用于商品房开发项目配建不低于10%公租房、土地出让净收益按不低于10%用于公租房建设。建立"以需定建"的住房保障供应模式，按"以需定建"的原则逐步增加保障性住房供应量。扩大保障性住房覆盖范围，把长期稳定就业的异地务工人员纳入城镇住房保障和公积金制度覆盖范围，采用公共租赁住房等多种方式改善异地务工人员居住条件，在异地务工人员较多的产业园区集中配套建设单元型或宿舍型公租房。探索将经过整治的城中村住宅规范化纳入住房保障体系，将城中村和棚户区改造与保障房建设结合起来，探索解决低收入困难家庭住房难问题的新途径。

第四节　提升新市民融入城市的能力

一、完善城镇就业支撑和服务体系

提高城镇就业支撑能力。加强省级专业镇建设，增强中小城镇产业承接能力。加快发展服务经济，扩大就业规模。以省级产业转移园区为载体，建设区域劳动力转移示范区。

实施更加积极的就业政策。大力发展吸纳就业能力强的产业，进一步扩充中小企业、民营企业、现代服务业的就业容量。大力发展与外来务工人员所熟悉或劳动技能相关联的行业发展，如农产品深加工、农业设备制造、农药和化肥制造以及销售服务。促进以高校毕业生为重点的青年、产业结构调整的失业人员、农业转移人口、城镇困难人员和退役军人就业。实行城乡劳动者统一的就业创业证登记制度，推动形成城乡劳动者公平就业、同工同酬的制度环境，与当地劳动者享受同等就业扶持政策。

大力促进创业带动就业。全面落实注册资本认缴登记制和"先照后证"改革，推进实施企业投资项目负面清单管理，营造更优市场准入环境。积极推动大众创业，加大创业金融支持力度，落实支持风险投资、创业投资、天使投资发展的财税政策。加大异地务工人员创业政策扶持力度，为符合条件的异地务工人员提供职业技能培训、创业培训、小额担保贷款贴息等政策扶持。大力扶持电子商务创业，挖掘电子商务产业吸纳就业潜力。

提升公共就业创业服务水平。完善就业创业服务中心体系，健全省、市、县、乡镇（街道）、村居五级公共就业创业服务机制，切实完善乡镇（街道）、村居等基层就业创业服务功能，推进公共就业创业服务向小城镇、基层和高校延伸。创新就业创业服务供给模式，通过政府采购等方式向社会服务机构购买服务成果。加快公共就业服务信息化，推进就业信息共享开放。加快建立统一规范灵活的人力资源市场。

进一步健全培训转移就业机制。落实新修订的省级劳动力培训转移就业专项资金管理办法，实施直补个人、企业、行业组织等相结合的异地务工人员培训补贴制度，扩大培训对象至所有在粤城乡劳动者，调动企业、行业组织、个人、培训机构等各类要素参与培训的积极性。鼓励企业、高校、职业院校和培训机构开展职业教育和技能培训，加快职业技能实训基地建设，提高农业转移人口综合素质和就业能力。

二、健全转移人口社会保障体系

加强社会保障体系建设。按照兜底线、织密网、建机制的要求，全面建成覆盖全民、城乡统筹、权责清晰、保障适度、可持续的多层次社会保障体系，增进民生福祉。

推进异地务工人员工伤保险和大病医疗保障工作，尽快实现工伤保险、基本医保对异地务工人员群体全覆盖，推动异地务工人员养老保险关系省内无障碍转移和跨省转移接续。加强政府宣传引导，建立完善缴费激励机制，推动实现农村转移人口由被动参保向主动参保转变，提高转移人口社会保险参保率。加快启动企业职工基本养老保险基础养老金省级统筹，实现单位缴费比例和缴费工资下限全省统一。完善城乡居民基本养老保险制度，健全覆盖城乡的医疗保障体系。全面实施城乡居民大病保险，探索推行重大疾病特殊医保补助试点基本实现省内异地就医即时结算。做好城乡养老保险和基本医疗保险衔接工作，实现城乡社保完全并轨。

三、实施差别化户籍政策和人才引进政策

进一步调整户口迁移政策。全面放开建制镇和小城市落户限制，有合法稳定住所（含租赁）的人员，本人及其共同居住生活的配偶、未成年子女、父母等，可以迁入当地户口。有序放开中等城市落户限制，在城区人口50万~100万的城市合法稳定就业并有合法稳定住所（含租赁），参加社会保险达到一定年限的人员，本人及其共同居住生活的配偶、未成年子女、父母等，可以迁入当地户口。合理确定大城市落户条件，在城区人口100万~300万的城市合法稳定就业达到一定年限并有合法稳定住所（含租赁），参加社会保险达到一定年限的人员，本人及其共同居住生活的配偶、未成年子女、父母等，可以迁入当地户口。广州、深圳两个特大城市要严格控制人口规模，根据综合承载能力和经济社会发展需要，加快调整人口结构。

创新人才引进政策。在全国城市打响"人才争夺战"的激烈竞争下，要创新人才引进政策，将人口数量红利提升到人才红利，着力破解制约广东省青年人才创新发展的问题，从拓宽培养途径、加大引进力度、推进顺畅流动、搭建发展平台、加强服务保障等方面提出一系列创新举措，加快培养集聚一大批优秀拔尖青年人才，优化人才结构。

在国家"两横三纵"城镇化战略格局下，落实《广东省主体功能区规划》，未来省域城镇化空间布局将进一步优化。珠三角地区深入推进区域合作与融合，建设以广州、深圳为双核的世界级城市群，增强对粤东西北地区的辐射带动能力，推动韶关、河源、汕尾、清远、云浮等环珠三角城市深度融入珠三角，同时，粤东西北地区着力建设粤东城市群、粤西沿海城市带和粤北生态发展区三大增长极，形成更具开放性、战略性和系统性的"一群、一脊、一带、三区、三极、三网"的"111333"新型城镇化总体空间格局。

第一节　广东省城镇化空间格局

通过深化粤港澳合作，扩展区域辐射通道，完善综合运输通道和骨干网络，进一步增强广东省在沿海、京广两轴上的中心枢纽作用，构筑生态、交通和信息基础设施网络，促进大中小城市和小城镇科学布局、合理分工和协调发展，形成更具开放性、战略性和系统性的"一群、一脊、一带、三区、三极、三网"的"111333"新型城镇化总体空间格局，构建内联外拓、联动融合的区域发展新局面。

一、"一群"：珠三角世界级城市群

依托中国（广东）自由贸易试验区的南沙、前海蛇口和横琴三大国家战略平台，以粤港澳大湾区为战略平台，发挥广州、深圳核心城市的带动作用，进一步强化中心城市功能，有序向周边城市疏解非核心功能，强化城市间分工合作，重点推进湾区创新资源集聚、基础设施对接、产业融合发展、环保联防联控、生态共建共享，共同打造粤港澳深度合作核心区和粤港澳优质生活圈。佛山、东莞、中山等市要做大做强主城区，带动城市功能板块优化整合，促进城市内部的合理分工。珠海、惠州、江门、肇庆等市要重点加强市区建设，辐射带动周边县市发展。全面提升珠三角城市群整体承载力、区域辐射力、社会包容能力和人居环境品质，推进珠三角国家森林城市群、公交都市区、宽带城市群、绿色低碳城市群建设。聚

合区域高端服务功能、交通枢纽功能和高新技术产业，与港澳共建现代化、国际化的世界级城市群，成为我国探索科学发展的试验区、深化改革先行区、扩大开放的重要国际门户、世界先进制造业基地和现代服务业基地、全国重要的经济中心，成为"南南合作"的国际交往中心和21世纪"海上丝绸之路"的重要枢纽和国际门户。

二、"一脊"：港（澳）穗韶发展脊

对接国家"两横三纵"中的京哈京广纵轴，进一步提升穗—莞—深—港和穗—珠—澳城镇发展轴，通过轨道交通建设，调整产业结构和提升发展质量，增强与香港、澳门的优势对接和功能互补，推进与港澳地区的经济一体化互动发展。以拓展珠三角内需市场为目标，建设拓展珠三角腹地和对接国家纵轴战略的重要通道，成为国家"京哈京广一纵"中的南部起点和核心门户，辐射泛珠三角和更广大的中西部地区。

三、"一带"：沿海城镇发展带

充分利用华侨、港口、经贸和文化等资源，以环珠江口湾区、大亚湾区、大汕头湾区、大雷州湾区、红海湾区、大广海湾区、海陵湾区等七大湾区为海陆统筹核心，以南沙、前海、横琴、雷州等为战略节点，进一步优化海洋产业结构和空间布局，着力建设珠江三角洲海洋经济优化发展区和粤东、粤西海洋经济重点发展区三大海洋经济主体区域。推动形成差异化海洋经济发展格局，发展现代服务、滨海旅游、临港工业、港口物流等多元经济，成为广东省整合海陆资源、促进粤东粤西振兴发展的重要平台，打造国家21世纪"海上丝绸之路"经济带。

四、"三区"：珠三角三大新型都市区

优化城镇化布局和形态，构建"广佛肇+清远、云浮"、"深莞惠+汕尾、河源"、"珠中江"三大都市区，推动河源、汕尾、清远、云浮等城市融入珠三角。加快建设高速铁路、高速公路、城际轨道等高速快速交通干线，缩短城市间的时空距离，促进城市功能互补和要素资源优化配置。

推动珠三角与粤东西北地区产业共建，促进区域间产业分工合作，形成粤东西北与珠三角联动发展、优势互补的产业发展格局。加强区域间产业发展统筹，促进要素资源互通共用，开展产业链联合招商，鼓励引导珠三角龙头企业将生产性环节放在粤东西北地区，形成更紧密的经济联系。

五、"三极"：粤东西北三大增长极

坚持扩容提质、振兴发展，强化汕头、湛江、韶关等区域中心城市职能，通过功能整合，建设粤东城市群、粤西沿海城市带和粤北生态发展区，打造引领粤东西北地区加快发展的增长极，促进省域平衡协调发展。加强汕潮揭同城化发展，加快推进汕潮揭临港空铁经济合作区建设，发展"梅兴华丰"产业集聚带，推动梅州逐步融入粤东城市群。加快湛茂阳经济带发展，形成粤西沿海城市带。

六、"三网"：生态网、交通网和信息网

加强全省在生态安全、交通设施等方面的支撑，通过网络化规划建设，构建具有长远可持续发展的绿色基础设施框架。加快信息基础设施网络建设，推进"三网融合"，将信息化作为加快珠三角转型升级和粤东西北地区振兴发展的先导战略，推进光纤入户和WiFi热点覆盖，率先建成珠三角世界级无线宽带城市群，建设智慧广东。

第二节　珠三角地区建设世界级城市群

城市群建设是推进新型城镇化的一项重要举措。《国家新型城镇化规划》明确要求珠三角与京津冀、长三角是我国经济最具活力、开放程度最高、创新能力最强、吸纳外来人口最多的地区，要以建设世界级城市群为目标，继续在制度创新、科技进步、产业升级、绿色发展等方面走在全国前列，加快形成国际竞争新优势，在更高层次参与国际合作和竞争，发挥其对全国经济社会发展的重要支撑和引领作用。因此，推动

珠三角城市群向世界级城市群转型是新时代推进广东省新型城镇化高质量发展的重要抓手。

一、珠三角地区现状总体特征

改革开放之初，珠三角依托毗邻港澳的区位优势，率先扩大开放，以深圳经济特区和广东"四小虎"为代表，通过吸引外商直接投资、发展乡镇企业和"三来一补"加工企业，吸引农村地区剩余人口参与城镇化和工业化进程而迅速发展，创造了一条独具特色的农村城镇化模式，促进了珠三角地区的经济发展和城镇化进程。进入20世纪90年代，全国大量农村剩余劳动力和城市中的科技人员涌入珠三角地区，城镇人口数量和城镇规模迅速增加，工业区、开发区遍地开花，外来人口成为推动城镇化的重要力量。21世纪以来，珠三角地区进一步深度参与全球生产分工，迅速成长为具有世界影响力的制造业基地，构建起具有全球竞争力的现代产业体系，成为全国我国经济最具活力、开放程度最高、创新能力最强、吸纳外来人口最多的城市群之一。

一是综合实力较强，人口和经济总量大，国际化程度不断提高。2016年珠三角实现国内生产总值67841亿元，占全国GDP比重从1980年的2.6%提升到2013年的9.1%，人均GDP达11.42万元。2016年常住人口5998万，占全国比重4.3%。2016年，珠三角进出口总额9101亿美元，约占全国1/4，实际利用外资225.9亿美元，"广交会"作为全国最大的进出口交易展会，2018年吸引全球参展商超过20万人次，在区域和国家经济增长中发挥着重要的引擎作。

二是城镇高度密集，城镇建设空间连绵蔓延，土地开发强度和利用效率有待提升。改革开放以来，珠三角的高速发展中形成了巨大的城镇连绵地带，尤其以广佛和东岸地区连绵程度最高，世界银行将珠三角列为全球最大规模的城镇连绵地区。伴随着经济的高速增长和城镇化的快速推进，珠三角城乡建设用地也持续快速增长，从改革开放初期到2016年增加了近五倍。根据第二次全国土地调查数据，2012年珠三角地区现状建设用地总规模约为9227平方公里，国土开发强度已达16.9%，其中，东莞和中山的现状建设用地开发强度在30%以上，广州、珠海开发强度在20%与30%之间，珠三角地区多个城市的土地开发强度接近或超过国际公认警戒线（图5-1）。

图5-1
2012年珠三角现状建设
用地分布图

▶

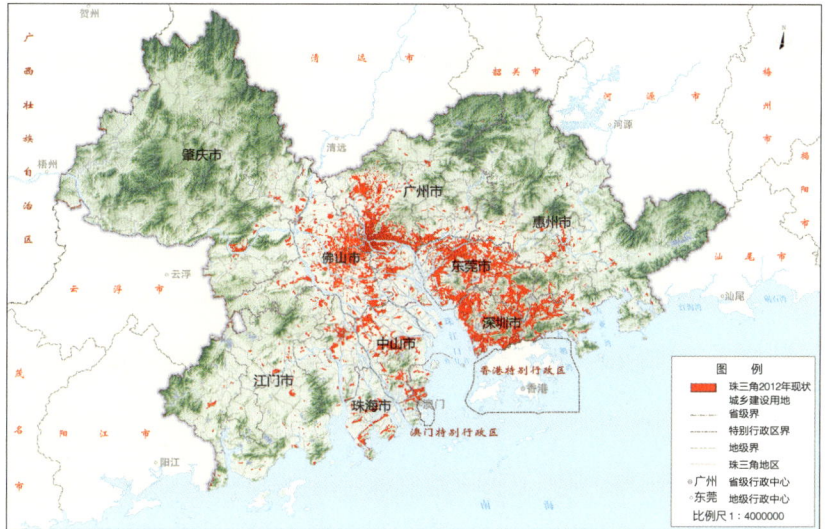

三是城镇化水平处于很高的城市化阶段。2016年，珠三角城镇化率已经达到85%，城镇居民人均可支配收入达到43967元，特大城市带动作用明显，已形成相对完整的城镇体系。目前珠三角地区已基本形成了以广州、深圳为核心，大中小城市和小城镇相对均衡协调发展的完整城镇体系，各城市间的联系紧密，一体化发展特征明显。根据广东省第六次人口普查数据，珠三角跨省流动人口2020万，占全省及全国的比重分别为94%和23.5%。

四是产业实力强，创新能力快速提升，全球化程度不断提高。数据统计，2016年广东省高新技术企业数量达到19857家，总量居全国第一，其中珠三角地区有18880家，同比增长78.8%，仅一年间，珠三角地区高新技术企业新增8320家，相当于日均新增22家高新技术企业。2016年，珠三角国家自主创新示范区发明专利申请14.93万件，同比增长49.9%，发明专利授权3.74万件，连续5年保持16.38%增速增长。目前，珠三角已经成为国内规模最大、在世界具有重要影响的企业创新集群。

五是具有链接全球的区域交通体系和国际航运体系。珠三角拥有世界级的国际机场群和港口群，广、深机场国际航线超过100条，2017年，广州白云国际机场和深圳宝安国际机场位居全球第13位和第34位，增长率分别为10.3%和8.5%，两大机场旅客量超过1.1亿人次，2015年珠三角港口群货物吞吐量达13亿吨，2001～2015年的年均增长达到11%，深圳港和广州港集装箱吞吐量位列全球港口的第三位和第七位。珠三角高速公路网密度已达或超世界发达地区水平，随着港珠澳大桥、深中通道的建成通车，高速公路体系将更加完善。同时，珠三角在进一步融入国家高铁网络，加强与内陆地区紧密的交通运输联系，内部也在逐步建设轨道上的珠三角，构建一小时城际轨道出行圈，城市间交通联系将更加便捷。

二、珠三角地区建设世界级城市群的战略意义

根据发达国家的经验，当城镇化率达到50%以上时，城市群作为城镇化主体形态特征显著。当前，城市群建设已经是我国推进新型城镇化的重要领域，《国家新型城镇化规划（2014～2020年）》、《国民经济和社会发展第十三个五年规划》以及"中央城市工作会议"等都不约而同地指出，城市群将是国家应对全球化挑战、参与国际竞争、引领经济增长的主体空间形态，党的十九大报告提出要"以城市群为主体构建大中小城市和小城镇协调发展的城镇格局，加快农业转移人口市民化"。国家"一带一路"倡议从跨国界、跨区域发展的视角，为我国城市群的发展转型和空间优化提供了契机，使城市群有机会在更大范围、更高层次参与竞争与合作，实现更高质量、更高水平发展。

改革开放以来，珠三角地区一直是我国和广东省城镇化的核心地区，吸纳了大量的省内和跨省农业转移人口，在取得巨大成就的同时，也面临着城镇群内部协同发展不足、水土资源和生态环境压力加大、国际市场竞争加剧等制约和挑战。珠三角地区作为我国改革开放的先行地区，随着区域化与全球化同步推进和深度融合，将在未来广东省城镇化格局中发挥更加突出的带动作用。因此，珠三角地区加快经济转型升级、空间结构优化、资源永续利用和环境质量提升，建设世界级城镇群，对于提升区域整体竞争力，加快形成国际竞争新优势，发挥对全国经济社会发展的支撑和引领作用具有重要的战略意义。

1. 国家参与全球竞争的主体单元和区域协调发展的龙头

全球化竞争与区域化合作是当前国际格局调整的主要趋势，城市群发展与全球化进程深度融合，相对于单个城市，城市群能够从更加广泛的范围进行资源配置，从而获得更大的竞争优势。因此，世界级城市群已经

成为当前决定国家在全球经济格局中地位的重要单元。

改革开放以来，国家空间战略整体呈现出由南往北、由沿海到内陆的渐次推进过程，形成了钻石状分布的珠三角、长三角、京津冀、成渝四个国家级的经济社会发展核心增长极核[1]。其中，珠三角作为远离国家政治中心的对外门户，即使在闭关锁国的明清时代，也是对外开放的唯一"窗口"，又长期保留了港、澳两个特殊地区，政治风险最小，开放条件最好，是国家率先启动的开放地区，目前已经成为世界级的先进制造业基地和出口基地。

在"一带一路"倡议影响下，珠三角地区在国家增强对金融资本等国际竞争要素的集聚力和资源定价的话语权，以及开展与东盟的竞争与合作等方面，具有重要战略意义。同时，珠三角世界级城市群的建设，也将为区域整体发展带来重要贡献，成为广东省的发展引擎和对外国际门户，有利于辐射和带动环珠江三角洲和泛珠江三角洲区域的经济发展，促进形成优势互补、良性互动的区域经济发展新格局，承担起国家参与全球竞争的主体单元和区域协调发展龙头的重要作用。

2. 国家经济转型的先行区

2011年我国人均GDP达到5432美元，开始进入中等收入国家行列，但居民可支配收入增速长期滞后于GDP增速。当前，国家经济转型升级缓慢，自主创新能力不强，面临中等收入陷阱危机。以出口或代工为主的劳动密集型中小制造企业由中国向越南、缅甸、印度、印度尼西亚等劳动力和资源等更低廉的新兴发展中国家转移；同时也有一部分高端制造业在美国、欧洲等发达国家"再工业化"战略的引导下回流。同时，投资、内需、出口三大动力出现结构性失衡，部分城市政府债务风险急剧增大，简单的投资驱动模式难以为继；房价、交通、食品、水电气等过快增长的生活成本严重削弱了民众消费能力；国际贸易壁垒增加，劳动密集型产品出口面临日趋激烈的国际竞争，高技术产品和金融、咨询等知识密集型服务贸易出口不足。

作为深化改革的先行区和对外开放的重要国际门户，面对国家的转型压力，珠三角地区将进一步发挥引领作用，增强要素集聚能力和自主创新能力，通过转变经济发展方式，推动产业体系全面升级，加快发展战略性新兴产业和现代服务业，稳定投资和出口，积极扩大内需市场，在推动国家和区域经济转型升级方面发挥引领作用。

1 李晓江. "钻石结构"——试论国家空间战略演进[J]. 城市规划学刊，2012（02）：1-8。

3. 探索生态文明、可持续发展模式的试验区

中国经济的快速增长长期建立在资源环境快速消耗的基础上，资源环境瓶颈问题在珠三角城市群地区非常突出，改革开放近四十年来，珠三角地区粗放型、超负荷的开发用地现象普遍存在，2010年，珠三角核心区国土开发强度甚至达到27.5%，其中广深佛莞超过40%，为香港2倍，但单位建设用地产出为2.56亿元/km²，远低于发达国家和地区一般在10亿元/km²以上的水平。此外，水环境污染和土壤重金属污染的问题突出，据有关调查数据，珠三角22.8%的土地污染属于Ⅲ级和劣Ⅲ级，转变城市发展与经济增长的模式、推进生态文明建设和可持续发展已十分紧迫，理应在城乡区域协调发展、生态文明建设和可持续道路上探索新途径、新举措，走出一条生产发展、生活富裕、生态良好的文明发展道路，为全国科学发展提供示范。

未来，珠三角地区一方面通过大力提高土地、水、能源等的资源集约利用水平，提升利用效率，实现资源开发利用的可持续，另一方面坚持生态文明的发展道路，通过城市群协调机制，并系统运用生态补偿机制、产业结构调整、功能布局优化等综合手段进行环境治理，构建科学合理、与新型城镇化相适应的生态安全格局，打造宜居之区，成为我国率先实现生态文明发展的"试验区"。

4. 四化同步发展的示范区

促进工业化、信息化、城镇化、农业现代化同步发展，坚持走中国特色新型工业化、信息化、城镇化、农业现代化道路，推动信息化和工业化深度融合，工业化和城镇化良性互动，城镇化和农业现代化相互协调是我国实现现代化的重要途径。珠三角地区工业化进程走在全国前列，城镇化发育程度较高，并已进入信息化发展阶段，同时农业现代化具有较强技术和资金基础，都市农业、现代农业发展水平较高，推进"四化"同步发展条件最为成熟，对全国其他城镇密集地区的小康社会和现代化建设也将具有示范意义。

三、建设珠江口核心国际湾区

珠江口湾区覆盖珠三角最为发达的城市区域，汇聚广佛肇、深莞惠、珠中江三大都市圈优质资源，与广州、深圳、珠海以及香港、澳门等

中心城市关系紧密，是珠三角区域互动性最佳的场所。

　　未来珠江口湾区将进一步优化核心湾区功能，提升整体发展能级，加强湾区与周边资源关联强度，建设珠江口国际湾区。依托环珠江口湾区的中国（广东）自由贸易试验区三大片区，率先对标国际投资和贸易通行规则，建立与国际航运枢纽、国际贸易中心和金融业对外开放试验示范窗口相适应的制度体系，打造开放型经济新体制先行区、高水平对外开放门户枢纽和粤港澳大湾区合作示范区。同时，加强中国（广东）自由贸易试验区三大片区与广州、深圳、珠海中心区联系，衔接香港、澳门，提升区域生活品质与环境质量，吸纳高端服务集聚，聚合区域高端服务功能、交通枢纽功能和高新技术产业，开展多元化国际交流活动，提升区域国际竞争力，进而形成带动全省、辐射泛珠三角、影响东南亚的亚太服务与创新中心，携手港澳建设高端产业聚集、生态环境宜居、创新驱动合作、彰显文化魅力的粤港澳大湾区（表5-1）。

广东省珠江口国际湾区发展指引　　　　　　　　　　　　　　　　　　　表5-1

国际湾区功能	重点区域和节点	主要任务和要求
国际高端服务	前海深港现代服务业合作区、横琴新区、南沙新区、深圳空港新城、东莞滨海湾新区、广州白云空港经济区等	深化粤港澳合作，全面推进广东自贸区三大片区与香港、澳门互利合作，积极引进港澳高端服务业和高层次人才，深入推进粤港澳服务贸易自由化，探索建设中国特色自由贸易港，提升区域高端服务功能
区域创新发展	广州中新知识城、广州大学城、深圳高新区、深圳深港科技创新特别合作区、中山高新区、珠海高新区等	以国家高新区、教育科研园区为核心载体，整合区域创新资源，创新粤港澳科技合作机制，推动与港澳在科技金融、技术研发和转化、知识产权保护和运用、人才引进和培养、科技园建设和运营方面的交流与合作，构建区域创新体系
区域交通枢纽	深圳宝安国际机场、珠海机场等	以港口、机场等交通枢纽建设为依托，促进与21世纪海上丝绸之路沿线国家和地区港口的合作对接，打造全球港口链，创新与港澳交通设施合作模式，畅通物流信息互通共享，建设保税港区，支持临港临空的高端航运服务集聚区和空港经济区发展
	广州南站、深圳北站等	
	南沙港、高栏港、蛇口港、盐田港等	
生态宜居城区	广州南沙区，深圳宝安中心区，顺德城区（大良-容桂），中山翠亨新区，珠海西部中心区（金湾-斗门）、唐家湾新城，东莞长安新区等	树立新的城市建设标准，提升城市公共服务水平与环境品质，促进产业与城市的融合，建设生态宜居城区

四、建设融合发展的三大都市圈

充分发挥广州、深圳、珠海等重点城市的引领带动作用，构建"广佛肇"、"深莞惠"、"珠中江"三大都市圈，推动交通基础设施共建共享、环境污染联防联治、森林城市群相接、智慧信息基础网络优化升级，实现区域一体化进程。

专栏5-1　都市圈空间体系与结构[1]

　　都市圈的空间组织是按照明确的产业职能分工体系实现的，都有一个城市中心发展高端服务业，周边较近区域发展配套服务业和高新技术产业或企业总部，而外围地区则作为工业扩散区或人口居住区。

　　东京大都市圈（也称首都圈）包括东京都及周边的埼玉、千叶、神奈川（即"一都三县"），面积1.34万km²（占全国3.5%），人口规模4000万左右（占全国约1/3），经济总量接近全国一半，城市化率超过90%。东京大都市圈虽曾呈现一极集中态势，但自"展都论"提出后东京职能分散到周围地区，功能空间布局呈现"圈层分异、廊道拓展"的组织模式：

　　15km范围内的中心城区集中混合各项高端服务功能，主要承担国际性和国内的政治管理与交流事务、金融贸易、经济管理、科教文化等职能，也是都市休闲娱乐、批发零售和时尚文化创意等职能发达的区域，山手线轨道串联了距离都心（主中心）外围10km范围内的滨海、上野等7个副都心，10km范围外的大田区等区则以集中杂货生产、居住、科研等功能为主。

　　15～30km范围的近郊地带是中心城区的配套协作区域，是中心城区职能扩展和新兴职能拓展的区域，主要是专业化服务、高新技术产业、批发贸易和休闲娱乐空间，职能空

1　本专栏参考文献如下：
　[1] 张军扩. 东京都市圈的发展模式、治理经验及启示[N]. 中国经济时报, 2016-08-19（005）.
　[2] 日野正辉, 刘云刚. 1990年代以来日本大都市圈的结构变化[J]. 地理科学, 2011, 31（3）: 302-308.
　[3] 徐颖. 世界城市发展经验及对北京发展的启示[C]//中国城市规划学会. 城乡治理与规划改革——2014中国城市规划年会论文集（13区域规划与城市经济）, 2014: 13.
　[4] 仝德, 戴筱頔, 李贵才. 打造全球城市—区域的国际经验与借鉴[J]. 国际城市规划, 2014,（2）: 83-88.

间沿着中心城区向外辐射的交通干线和环线交通形成若干专业化的功能聚集区。

30～60km范围的远郊地带，主要沿交通走廊布局专业化的产业新城和综合性新城，是疏解职能的重点地区，呈现"多极分散型网状结构"的均衡发展格局。例如，琦玉新中心在东京西北部35km，作为新的国家行政职能聚集区，集聚国际交流、商务和居住职能；筑波科技城距离东京中心70km，是东京国立科研机构重点转移和聚集区域；神奈川－千叶发挥国际空港、港湾职能，重点发展国际化的研发商务、国际交往、教育和先进制造业功能。

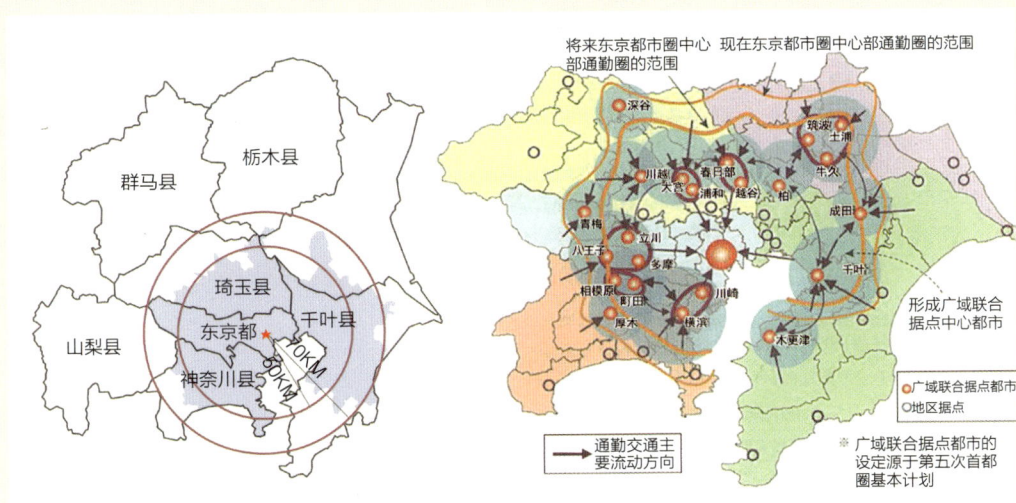

专栏5-1图1　东京都市圈及通勤圈范围
图片来源：刘龙胜，《轨道上的世界》，人民交通出版社，2013年

1. 推进广佛肇都市圈一体化发展

以城际规划建设协调区为重点，加快广佛同城化发展。广佛肇都市圈在基础设施建设带动下，积极推进广佛同城化发展，强化对韶关、清远、云浮等地区辐射。佛山加快城市中轴线、佛山新城建设以及禅城老城区更新提质，加强桑基鱼塘等岭南特色风貌保护，努力推动制造业转型升级和城市综合服务功能建设，打造中国制造业一线城市、珠江西岸先进装备制造业龙头城市、创新驱动发展先锋城市和传统产业转型升级典范城市。肇庆发挥区位交通优势和人文自然资源优势，依托珠江—西江经济带、粤桂黔高铁经济带建设，全面融入广佛、积极参与粤桂合作，打造珠三角连接大西南的枢纽门户城市，吸纳人流和物流发展成为

国内外重要旅游目的地。

2. 推进深莞惠都市圈一体化发展

深莞惠都市圈大力培育临港基础产业，积极发展以电子信息为主的高新技术产业和以金融、商贸、会展、旅游为主的第三产业，打造具有国际影响力的科技创新中心、现代制造业基地和生产服务中心。深圳强化创新引领地位，加强建设前海、大空港等战略节点，增强深圳市主城区辐射带动能力和区域交通枢纽功能。推进东莞市建设国际制造名城和现代生态都市，构建"一中心四组团"的空间发展格局，提升东莞市主城区综合服务功能，推进松山湖国家高新区、水乡经济区、长安新区、东莞粤海银瓶合作创新区等重大平台建设。推动惠州市借助获批国家历史文化名城为契机，加大历史街区保护利用，打造西湖周边景观，突出城市品质和文化特色，优化惠州市中心城区"一城三组团"功能布局，推进惠州环大亚湾新区、潼湖生态智慧区建设。同时，建立区域分工协作机制，加强深莞惠三地基础设施建设协调对接，形成中心集聚、轴线拓展的集约发展态势。

3. 推进珠中江都市圈一体化发展

珠中江都市圈紧抓西江经济带、珠江西岸装备制造产业带建设的机遇，积极发展先进装备制造业，培育现代服务功能，加强与阳江等地区的一体化发展。珠海借助港珠澳大桥通车的机遇，推动与港澳深度融合发展，以保护珠江出海口生态环境、延续低密度及山海协同的城市风貌为前提，推动香洲主城区与西部城区一体化，打造珠江西岸核心城市、国际宜居城市。中山以港珠澳大桥开通、深中通道建设为契机，加快中心城区集聚、提高城市首位度，以小榄、三乡为副中心构建组团化城市格局，建设宜居精品城市。江门实施"东提西进"战略，充分保护五邑旅游资源和广海地区乡村景观，推动港口产业区集聚发展，打造珠江西岸振兴发展的新兴增长极、国际特色旅游目的地、珠三角西岸联通粤西和大西南的门户城市。目前，珠三角各类重点战略平台呈现多点布局、湾区集聚的特征，未来随着部分战略平台逐步成长为具有枢纽功能的节点，打破并重构原有的城市中心集聚而外围扁平的格局，使区域空间呈现广域化、松散型的趋势（表5-2）。

珠三角各地级以上城市发展指引　　　　　　　　　　　　　　　　　　　　　表5-2

城市	发展定位	空间发展	城市发展建设控制
广州	国家中心城市，国际航运中心、物流中心、贸易中心，国家创新中心城市	重点推动"一江两岸三带"优化提升	疏解中心城区非核心功能
深圳	国家经济中心城市、现代化国际化创新型城市	优化前海—大空港、深圳湾—福田中心区等滨海区域开发，完善"三轴两带多中心"的城市空间格局	疏解中心城区非核心功能
佛山	中国制造业一线城市、珠江西岸先进装备制造业龙头城市、创新驱动发展先锋城市和传统产业转型升级典范城市	加快城市中轴线、佛山新城建设以及禅城老城区更新提质	加强桑基鱼塘等岭南特色风貌保护
东莞	国际制造名城、现代生态都市	依托松山湖高新区、水乡经济区、长安新区等重大平台，构筑"一中心四组团"城市格局	加快产业转型升级
中山	宜居精品城市	以城区为主中心，小榄、三乡为副中心构建组团化城市格局	提高城市首位度
珠海	珠江西岸核心城市、国际宜居城市	推动与港澳深度融合发展；推动香洲主城区与西部城区一体化	保护珠江出海口生态环境，延续低密度及山海协同的城市风貌
惠州	珠三角连接粤东及闽赣的门户城市、世界级石化产业基地、具有国际影响的旅游胜地	结合丘陵地貌形成组团式城市格局	加大对历史街区的保护利用，控制西湖周边景观
江门	珠江西岸振兴发展的新兴增长极、国际特色旅游目的地、珠三角西岸联通粤西和大西南的门户城市	市域形成东、西两大板块	充分保护五邑旅游资源和广海地区乡村景观，推动港口产业区集聚发展
肇庆	珠三角连接大西南的枢纽门户城市、具有国际影响的国家风景旅游城市	加快肇庆新区建设，推动中心城区扩容体制，全面融入广佛核心区	统筹推进东南板块和山区板块协调发展；保护好风景旅游资源和西江流域生态环境

五、带动珠三角城市群扩展区发展

　　加强珠三角世界级城市群对周边区域的带动能力，整合优化环珠三角城市，将与经济、空间联系紧密的清远、河源、汕尾、云浮、阳江等城市的中心城区及部分县市纳入珠三角城市群辐射带动范围，也为珠三角城市群核心区产业结构调整和经济持续增长提供更大的资源配置空间，构建"广佛肇+清（远）云（浮）韶（关）"、"深莞惠+河（源）汕（尾）"、"珠中江+阳江"三大一体化发展区域（表5-3）。

珠三角城市群与扩展区规划指引　　　　　　　　　　　　　　　　表5-3

发展分区	区域范围	发展任务和要求
珠三角城市群	广州、深圳、佛山（除高明外）、东莞、中山、珠海、惠州市惠城区、惠阳区，江门市江海区、蓬江区、新会区，肇庆市端州区、鼎湖区	（1）珠三角都市连绵区，以优化提升为主，实现多中心、网络化和扁平化的空间体系。 （2）转型升级，推进城市更新和二次开发，加快现代服务业与高端制造业发展，改善人居环境，提升城市发展质量与核心竞争力
珠三角城市群扩展区	佛山市高明区； 肇庆市高要市与四会市； 惠州市博罗县、惠东县及龙门县； 江门市鹤山市、开平市、恩平市及台山市； 阳江市阳城区与阳东区； 汕尾市城区与海丰县； 河源市源城区与东源县； 清远市清城区、清新区及佛冈县； 云浮市云城区与云安县	（1）依托各城市自身资源本底，促进产业特色化发展，同时使生态、人文、旅游等功能融入珠三角核心区，提升珠三角经济区整体综合效率的重要区域。 （2）以紧凑、集约发展理念，构建紧凑型城市空间与开敞型区域绿地，提升城市发展规模与质量

　　依托高铁等现代交通设施，缩短外围地区与核心区的时空距离，消除行政区对资本、人才、技术、信息、管理等生产要素流动的阻碍，依托区域主要城镇发展轴带，有序引导珠三角核心区部分城市与产业功能外溢。细化珠三角核心区与扩展区的产业链内部分工，增强产业上下游联系，通过产业转移园、跨区合作区（深圳—汕尾合作区，顺德—英德合作区）的建设，形成竞争有序、错位发展的产业集群，实现区域一体化发展和功能协同布局。同步加快珠三角拓展区内清远、河源、云浮、汕尾、阳江等中小城市与县城产业发展与城市空间提质扩容，进而推动区域经济的一体化发展，提升区域整体发展的综合效率。

　　1. 强化肇庆、云浮"东引西连"的区位优势，推动云浮加快融入广佛肇都市圈

　　加快推动肇庆新区、肇庆高新区创新发展，将肇庆市建设成为珠三角连接大西南的枢纽门户城市、珠江—西江经济带中心城市。强化"广佛都市区—肇庆城区—云浮城区"的区域城镇发展带，通过粤桂黔高铁经济带合作试验区（广东园）、佛山新城、高明西江新城、三水新城、肇庆新区、云浮西江新城、粤桂合作特别试验区、广佛肇（怀集）经济合作区等战略节点的建设和基础设施对接，加强肇庆市城区、云浮市城区与广佛都市区的联系。

　　建设拓展珠三角腹地和对接国家纵轴战略的重要通道，打造国家"京哈京广纵轴"的南部起点和重要门户。加快清远市中心城区与广州市北部地区的融合发展，将清远市建设成为环珠三角高新产业成长新区、生态宜居名城、珠三角北缘的门户城市。加快建设云浮西江新城，将云浮市建设成为珠江—西江经济带的重要节点城市、全省循环经济和人居环境建设示范市、生态文明建设示范区、宜居宜业的现代生态城市，强化"广东大西关"的门户地位。积极推动韶关市融入珠三角，重点加强商贸、物流等产业合作，将韶关市建设成为珠三角融合发展区、国家交通枢纽城市、国家生态文明先行示范区、国家旅游产业集聚区、粤湘赣省际开放先行区、老工业基地振兴示范市（表5-4）。

"广佛肇＋＋清远、云浮、韶关"空间发展指引　　　　　表5-4

空间要素	空间发展规划
城镇中心体系	（1）区域性主中心：广州主城区。 （2）地区性主中心：佛山主城区、肇庆主城区、清远主城区、云浮主城区、韶关主城区。 （3）地区性副中心：黄埔区、南沙区、花都、大良—容桂街道、狮山镇、连州市区、怀集县城、乐昌市区、南雄市区。 （4）地方性中心：增城区、从化区、三水区、高明区、西樵镇、北滘—陈村镇、大沥镇、四会—大旺市区、高要区、佛冈县城、广宁县城、德庆县城、封开县城、连南县城、连山县城、阳山县城、始兴县城、仁化县城、乳源县城、翁源县城、新丰县城
区域发展轴带	（1）强化南沙新区—广州主城区—白云区—花都区—清远主城区—英德市区—韶关主城区发展轴带，同时作为珠三角地区北向辐射中部地区，扩大区域腹地的南北向主轴。 （2）强化"广州主城区—佛山主城区—狮山镇—三水区—肇庆新区—肇庆主城区—云浮主城区—西江新城—粤桂合作特别试验区"区域城市发展带，同时也是珠三角地区西向辐射大西南、扩大区域经济腹地的廊道。 （3）东西向依托韶赣、韶柳发展轴，加强与江西赣州联系，打通韶关—连州—广西贺州—广西柳州的联系，成为华南地区联系赣粤桂三省的重要走廊
发展策略分区	（1）区域绿地：都市圈外围区域，佛山高明西部区域—云浮云安西南部区域—肇庆鼎湖山及周边区域—清远清新北部区域、佛冈—广州从化、增城北部区域、韶关北部区域。 （2）转型提质发展：广州主城区、佛山主城区、肇庆主城区、韶关主城区，佛山西南—乐平组团、顺德（大良—容桂）、大沥组团、北滘—陈村组团。 （3）产城融合发展区：花都区、黄埔区、南沙区、三水区，佛山新城、肇庆新区、云浮西江新城、韶关芙蓉新城，狮山组团、四会—大旺组团、西樵组团、九龙—龙江组团、丹灶组团、东莞（韶关）产业转移工业园。 （4）经济振兴扶持区：清远主城区、云浮主城区、增城区、从化区、高明区、高要区，连州市区、乐昌市区、南雄市区，佛冈县城、广宁县城、怀集县城、德庆县城、封开县城、乐昌产业转移工业园、南雄产业转移工业园、始兴产业转移工业园。 （5）城际规划建设协调区：广州佛山边界地区，佛山云浮边界地区。 （6）跨界合作发展区：南沙新区，广州空港经济区，粤桂合作特别试验区、广佛肇（怀集）经济合作区。 （7）现代农业示范区：三水区、高明区、高要区、清城区，四会市、乐昌市，佛冈县、郁南县、仁化县、始兴县、乳源县

续表

空间要素	空间发展规划
重要节点	（1）服务业政策试点：广州大学城、中新广州知识城、南沙新区、广州空港经济区，广东省金融高新区、广东佛山中德工业服务区、南海产业智库，肇庆新区，芙蓉新城。 （2）国家级高新区：广州高新技术产业开发区、佛山高新技术产业开发区、肇庆高新技术产业开发区。 （3）重点新城新区：南沙新区、广州东部新城，佛山新城、狮山镇，肇庆新区，云浮新区，芙蓉新城。 （4）区域性重大交通枢纽：广州南站、广州站、广州东站、广州北站、佛山西站、肇庆东站、韶关站、云浮东站、白云机场、珠三角新干线机场，广州港、南沙港、佛山港、云浮新港。 （5）历史文化特色村镇：广州番禺区沙湾文化古镇、从化区太平镇钱岗古村，佛山老城区、三水区大旗头古村，清远佛冈县龙山镇上岳村，肇庆高要区回龙镇搓塘村、德庆县官圩镇金林村、怀集县大岗镇扶溪村、广宁县北市镇大屋村，韶关南雄市珠玑镇。 （6）重点旅游发展目的地：白云山、白水寨、流溪河、石门，佛山祖庙、仁寿寺、西樵山、南国桃园，鼎湖山、星湖、德庆悦城龙母庙、德庆盘龙峡、怀集六祖禅院、怀集燕都国家湿地公园、怀集燕峰峡温泉漂流度假区、封开黑石顶自然保护区、封开龙山风景区、封开大旺海鹰博览中心、广宁竹海大观旅游区、连州地下河景区、飞霞山，云浮禅宗故里，丹霞山、南岭国家级森林公园、大峡谷、云髻山等

2. 推动河源、汕尾融入深莞惠都市圈

提升惠州—河源城镇轴发展水平，推动河源市全面融入深莞惠都市圈；推动万绿湖生态经济区创新发展，将东源县城纳入河源市中心城区，推动中心城区带状发展，将河源市建设成为全国低碳示范城市、粤东北特色中心城市、环珠三角新兴产业集聚地、岭南健康休闲旅游名城、现代生态园林城市。延伸建设深圳—惠州南—惠东—汕尾沿海城市发展带，促进汕尾市主城区、海丰县城区、深汕特别合作区三大组团一体化发展，将汕尾市建设成为滨海旅游集聚地、宜居宜业宜游的现代化滨海城市，培育成为广东东部"蓝色经济走廊"的新增长区和粤东地区融入珠三角的桥头堡（表5-5）。

"深莞惠＋河源、汕尾"空间发展指引　　　　　　　　　　　　　　　　　　表5-5

空间要素	空间发展规划
城镇中心体系	（1）区域性主中心：深圳主城区（罗湖—福田—南山—前海—宝安中心）。 （2）地区性主中心：东莞中心组团（市区—松山湖—生态园）、惠州主城区、河源主城区（源城—江东新区—东源县城）、汕尾主城区。 （3）地区性副中心：盐田区、龙岗区、龙华区、坪山区、光明新区、虎门—长安—长安新区、常平—粤海银瓶合作创新区、水乡新城、塘厦镇、环大亚湾新区、仲恺高新区。 （4）地方性中心：沙井—松岗、大鹏新区、沙田镇—虎门港、石龙镇、麻涌镇、博罗县城、惠东县城、龙门县城、海丰县城、陆丰市区

续表

空间要素	空间发展规划
区域发展轴带	（1）广州—东莞—深圳—香港。 （2）深圳龙岗—惠州仲恺—惠州主城区—河源城区，东向辐射梅州、福建等，北向辐射江西等区域。 （3）南沙—水乡新城—虎门—长安新区—常平—仲恺—惠州南部新城—惠东—稔平半岛。 （4）珠海主城区—深圳主城区—龙岗—坪山—惠阳—大亚湾—稔平半岛—汕尾城区—汕潮揭城镇群
发展策略分区	（1）区域绿地：都市区外围区域，博罗罗浮山—象头山区域—龙门南昆山及周边区域—河源万绿湖及周边区域—惠东东部区域（莲花山—白盆珠水库）—惠东稔平半岛—汕尾海丰北部区域。 （2）转型提质发展地区：深圳主城区、东莞主城区、惠州主城区。 （3）产城融合发展地区：深圳龙华—观澜、松岗—光明，东莞松山湖、虎门—长安—长安新区、生态园、东莞粤海银瓶合作创新区、常平镇、东莞港、塘厦镇，惠州仲恺—潼湖、环大亚湾新区，深汕特别合作区。 （4）经济振兴扶持地区：河源主城区、汕尾主城区，博罗县城、惠东县城、龙门县城、海丰县城，东莞水乡特色发展经济区。 （5）城际规划建设协调地区：沙井—长安地区、坪山—惠阳地区、坪山—新圩—清溪地区。 （6）粤港澳跨界合作发展地区：深圳前海、河套地区。 （7）农业现代示范区：博罗县、惠东县、龙门县、海丰县、东源县
重要节点	（1）服务业政策试点：前海深港现代服务业合作区、深圳大学城、深圳大空港地区，长安新区。 （2）国家级高新区：深圳高新技术产业开发区、东莞松山湖高新技术产业开发区、惠州仲恺高新技术产业开发区。 （3）重点城市新区：深圳光明新城、龙华新城、坪山新城，东莞长安新区、东莞粤海银瓶合作创新区、水乡新城、汕尾新区、深汕特别合作区、河源江东新区。 （4）区域性重大交通枢纽：深圳火车站、深圳北站、东莞火车站、惠州火车站、汕尾火车站，宝安机场、惠州机场，深圳盐田港、蛇口港、惠州港、东莞港、汕尾新港。 （5）历史文化特色村镇：深圳大鹏街道鹏城村、布吉街道大芬村，东莞茶山镇南社村、寮步镇横坑村和西溪村、石排镇塘尾村，惠州西湖、惠东县平海古城、惠东县黄思杨古围村、龙门县沙迳镇功武村，河源东源县义和镇苏围村，汕尾海丰县海城镇等。 （6）重点旅游发展目的地：深圳华侨城、大鹏滨海旅游区，惠州罗浮山风景区、南昆山森林公园、西湖风景区、稔平半岛滨海旅游区，河源万绿湖、加霍山风景区、巴伐利亚庄园，汕尾红海湾旅游示范区

3. 推动阳江市融入珠中江都市圈

加快阳江市滨海新区建设，将阳江市建设成为国家新能源基地、中国五金刀剪基地、沿海临港工业城市和休闲旅游度假胜地。打造珠海—中山—江门—阳江沿海城市发展带，建设珠三角地区产业转移外围试验区、粤港澳区域合作次级试验区。整合高栏港、横琴新区、大广海湾经济区、翠亨新区、阳江滨海新区等滨海岸线资源，重点发展装备制造业、海洋产业、石化产业、能源产业和新型钢铁等产业以及科技研发、现代物流等生产性服务业。以海岛、碉楼、华侨文化和温泉四大资源为抓手，大力发展现代旅游产业和都市观光农业（表5-6）。

"珠中江+阳江"空间发展指引　　　　　　　　　　　　　　　　　　　　表5-6

空间要素	空间发展规划
城镇中心体系	（1）区域性主中心：珠海主城区。 （2）地区性主中心：中山主城区、江门主城区—鹤山市区、阳江主城区。 （3）地区性副中心：珠海西部生态新区（金湾—斗门）、唐家湾新城、中山火炬开发区—翠亨新区、开平市区、台山市区、台山广海新城。 （4）地方性中心：小榄—古镇镇、三乡—坦洲镇、恩平市区、阳东区、阳春市区、阳西县城
区域发展轴带	（1）广州—中山—珠海—澳门，广州—佛山—江门—珠海。 （2）南沙—民众—三角—小榄—古镇—江门主城区—开平—台山—恩平—阳江主城区—粤西沿海城市带。 （3）深圳主城区—珠海主城区—珠海西部生态新区—江门大广海湾经济区—阳江主城区—粤西沿海城市带
发展策略分区	（1）区域绿地：都市区外围区域，江门鹤山—恩平西部区域（天露山）—阳江阳东东部区域—江门恩平南部—开平南部—台山西部区域。 （2）转型提质发展地区：珠海主城区、中山主城区、江门主城区、阳江主城区。 （3）产城融合发展地区：珠海斗门—金湾、唐家湾、富山、高栏港区新城，中山小榄—古镇、三角—民众、沙溪—大涌、中山火炬开发区、翠亨新区、三乡—坦洲，江门滨江新区、台山广海新城，阳江滨海新区。 （4）经济振兴扶持地区：阳东区、鹤山市区、台山市区、恩平市区、开平市区、阳春市区，阳西县城。 （5）城际规划建设协调地区：珠海金鼎—唐家湾—中山坦洲—三乡—珠海香洲地区、江门主城区—中山古镇—横栏、中山北部镇区—佛山顺德南部片区。 （6）粤港澳跨界合作发展地区：横琴新区、珠海保税区，中山翠亨新区、中山保税物流中心，江门大广海湾经济区。 （7）农业现代示范区：阳东区、恩平市、开平市、台山市
重要节点	（1）服务业政策试点：横琴新区、珠海保税区，中山翠亨新区、岐江新城。 （2）国家级高新区与经济开发区：珠海高新技术产业开发区、高栏港经济区、万山海洋开发试验区，中山火炬高技术产业开发区，江门高新技术产业开发区，阳江高新技术产业开发区。 （3）重点新城新区：珠海西部生态新区、科教城、海港城、富山城，中山翠亨新区、岐江新城，江门滨江新区，阳江滨海新区。 （4）区域性重大交通枢纽：珠海火车站、横琴站、中山北站、江门南站，珠海金湾机场、珠海通用机场，高栏港、中山港、阳江港。 （5）历史文化特色村镇：江门开平市碉楼与古村落、赤坎古镇、台山市浮石村和浮月村、恩平市那吉镇石头村、恩平市歇马举人村、新会区天马村，中山黄圃镇、南朗镇涯口村、翠亨村，珠海南屏镇北山村。 （6）重点旅游发展目的地：万山岛群（包括桂山岛群、万山蓝心、外伶仃-担杆岛群）、珠海横琴，孙中山故里旅游区，川山群岛、开平碉楼，海陵岛

第三节　粤东西北地区建设三大增长极

一、粤东西北地区现状总体特征

1. 经济总体规模偏小，集聚能力不足

粤东西北各地级市经济规模、对外经济联系程度、地方财政能力均处于较低水平，已成为广东省的经济发展短板。2016年，粤东西北各市的GDP总量和人均GDP均处于较低水平，平均水平分别为1476亿元、3.6万元，远低于珠三角各市的平均水平（7537亿元、11.43万元），甚至还达不到全国平均水平（2228亿元、5.4万元）。2016年粤东西北地区外贸进出口总额为451亿美元，不足珠三角地区（9101亿美元）的1/20。此外，经济发展水平制约了地方财政能力，12个市地方财政一般预算收入平均水平为83亿元，仅为珠三角各市平均水平（577亿元）的14.3%。

2. 城镇化严重滞后、人均水平偏低

经济发展的滞后也制约了社会发展。粤东西北地区城镇化发展水平较低，12个地级市城镇化平均水平仅为50%，其中有10个城市的城镇化率低于全国水平（51.2%），与珠三角（85%）的差距甚远。2016年粤东西北地区城镇居民人均可支配收入和消费支出平均水平分别为2.4万元，只占珠三角平均水平的50%（图5-2）。

3. 缺乏战略性意义的发展机遇和平台

区域经济发展差异并非一朝一夕形成，而是在多种因素作用下造成

图5-2
2016年广东省各市城镇
化水平
▶

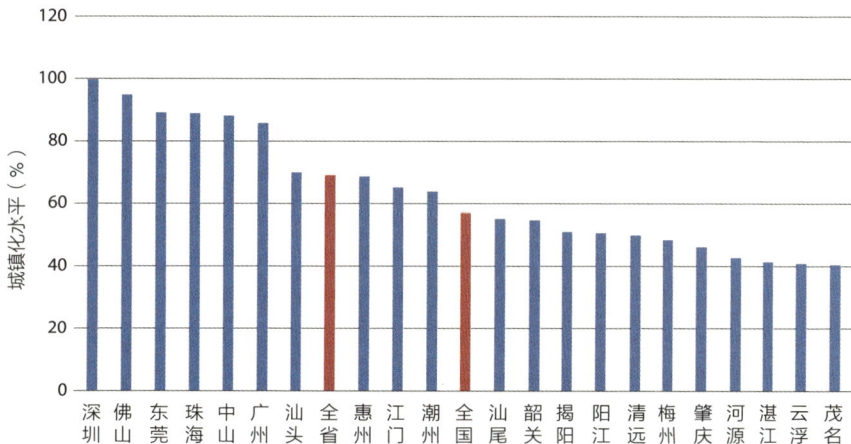

的格局。整体来看，粤东西北地区区域发展滞后的原因可以归纳为区位和政策两大因素，而缺乏战略性意义的发展机遇和平台，则加剧了粤东西北地区在区位和政策的边缘性。一直以来，粤东西北地区没有获得与珠三角地区同等的发展机会，2016年粤东西北12个城市的固定资产投资仅占全省的32%，发展动力薄弱。

重大交通基础设施支撑不足，要素对外流通渠道不畅。落后的基础设施使得粤东西北各市要素对外流通不畅，城市之间、与珠三角等周边地区之间难以形成紧密的经济联系，反过来加剧了落后地区发展动力不足的困境。如汕湛高速公路等对于地方发展具有强引导作用的通道多年未建成，使得云浮和阳江等城市区域协作发展程度不高。

缺少战略性产业项目和平台，自我造血能力不强。尽管近年来产业转移园已经成为粤东西北各地级市新的增长点，但是也存在与当地产业基础结合不紧密、定位不清晰等问题，部分产业园只是简单复制珠三角地区的发展模式，而未匹配形成相应的服务平台，产业的创新发展能力不高。

缺乏政策支持，创新发展空间不足。对外开放是1978年以来对广东省影响最大的一项政策，无疑有利于沿海城市和珠三角地区的先行发展。然而，多年来国家对广东省改革开放、先行先试以及粤港澳区域合作等支持政策主要用于珠三角地区，粤东西北地区缺乏创新性政策支持。相对于珠三角地区在南沙、前海、横琴等地通过区域合作政策创新获得发展红利的做法，粤东西北地区缺乏一直缺乏相应的政策支持。政策的边缘性加上省外周边地区的快速发展势头加剧了粤东西北地区的挑战。

4．中心城区难以发挥龙头带动作用

城区发展空间受限，集聚能力不足。粤东西北各市城区发展空间受限：2011年，河源、梅州、汕尾、阳江、潮州、云浮等六个城市属于"一市一区"情况，阳江、梅州、河源、茂名等四个城市存在"市县同城"问题，制约了中心城区发展空间的拓展；当时，粤东西北各地级市中心城区建成区平均规模为71km²，其中梅州、汕尾、阳江、云浮等城市的建成区规模不足50km²，均未能达到中等城市的规模。有限的空间和过小的城镇规模难以促进产业、人口向城区聚集。

产业竞争力弱，城区就业不足。粤东西北地区经济总体发展水平不

高，产业结构不合理，城区服务业特别是生产型服务业发展缓慢，吸纳就业的优势产业不明显。如粤东陶瓷、不锈钢、食品、塑料制品等传统产业规模小且布局分散；粤西石化、钢铁等大项目吸纳当地就业人口有限，粤北地区大规模开发特别是发展工业限制较多，中心城区在提供就业岗位、吸纳农村富余劳动力等方面动力不足。产业带动能力不足、城市建设质量不高造成了中心城区集聚能力不足。

5. 粤东西北发展差异显著

粤东地区同质性强，城乡高度混杂，文化和乡村特色面临冲击。一方面，产业同质化问题突出，内部协调程度不高，导致大量重复建设和资源浪费。另一方面，在民营经济和自下而上的乡村工业化推动下，汕潮揭地区形成了城乡用地高度混合、低质量高密度蔓延的城乡连绵空间，城与乡、生产与生活空间相互干扰，城镇之间缺乏有效隔离，极大地制约了中心城市的发展品质和城镇化进程。此外，文物古迹、历史街区、传统村落以及城镇风貌在工业化与城镇化的进程中受到不同程度的冲击，地域特色日趋淡化，传统城镇格局、城乡风貌的保护与传承有待加强。

粤西地区城镇化滞后于工业化，战略平台支撑不足。近年来，湛江、茂名等地区通过吸引国家资本和大项目集聚，推动石化、钢铁、能源等产业沿海集聚，实现了工业化快速发展，但这些重大项目大多属资源消耗型、对环境容量要求高，同时，对下游产业带动不足，就业吸纳少，使得工业化和城镇化相脱节。一直以来，粤西地区城镇化发展缓慢，人口异地城镇化现象突出。此外，尽管粤西地区毗邻海南国际旅游岛和北部湾经济区，区位优势突出，但缺少国家战略平台支持，联动发展能力和自我造血能力不强，发展相对滞后。

粤北地区发展与保护的矛盾尖锐，振兴发展的任务艰巨。近年来，粤北山区依托便捷的区域交通，承接珠三角产业转移，工业化逐步进入快速发展阶段，但作为广东省的水源保护地与生态屏障，经济发展与生态环境保护的矛盾较为突出。同时，韶关作为粤北地区中心城市和港（澳）穗韶发展脊梁的重要节点，区位优势未能完全发挥，辐射带动能力不强，区域地位下降，粤北山区欠发达面貌未得到根本改变，城镇化水平较低，公共基础设施不够完善，人均收入和基本公共服务支出低于全省平均水平，振兴发展的任务艰巨。

二、粤东西北振兴发展的总体思路

1. 分地区、理类别，尊重振兴发展差异性

粤东、粤西和粤北山区发展条件差别较大，提质扩容应充分考虑地区差异，基于各区域的现状基础和潜力优势，制订相应的发展政策和规划建设指引，实施差别化、多样化的城镇化模式，因地制宜地推动各地有序推进城镇化进程。从城镇化和工业化进程来看，粤北地区大部分处于工业化前期，未来应强调加快推动工业化进程，承接广佛地区产业转移，促进产业结构调整，加强城镇基础设施配套建设，利用后发优势进行特色化发展；粤东和粤西地区整体上处于工业化中期，粤东的汕潮揭都市区已初具雏形，粤西湛茂地区在产业协同发展的推动下，城镇群空间形态正在发育，同时，东西两翼沿海地区同时面临着如何利用大型央企投资和民间资本加快城镇化进程的挑战，未来应强调产业升级和环境改善，发展第三产业，加强基础设施配套，丰富城市功能，探索特色发展道路。

2. 分层次、寻动力，确定振兴发展空间载体

振兴发展应首先明确城区在市域城镇体系空间格局中的地位。目前，广东省城乡发展的区域不平衡问题最为突出，必须通过粤东西北振兴发展，优化省域城镇空间格局。应该发挥不同城区发展优势的积极型，寻求不同的发展动力。粤北地区发展动力重点是有资源环境门槛的制造业和生态旅游产业，发展动力空间重点在中心城市和县城，因此，振兴发展重在提质，而空间载体侧重于中心城区和县城的扩容；粤东地区的发展动力主要来自民营经济，自下而上的活力比较大，扩容的重点侧重于县城和城镇，提质的重点则侧重于中心城区；粤西地区的发展长期以来缺乏项目带动，城镇化进程比较慢，农业现代化发展比较大，因此振兴发展需要大项目带动，中心城区坚持同步振兴发展；珠三角外圈层和外围地区的中心城区，包括清远、云浮、河源等城区适当扩容，同步推进提质。

3. 树示范、带全局，推动振兴发展引领性

振兴发展进程是一个长期的、战略性的系统工程，不可能一蹴而就，需要解放思想、示范引路、带动全局，在不同的层次就振兴发展的建设重点进行示范。一是区域层面，要放在更大的地区尺度进行考量，进一步强化粤东西北与珠三角地区乃至外省在交通、产业和发展平台等方面的

协作，创造和提供必需的外部条件；二是城市层面，城市建设回归以人为本，通过建设美丽城市营造宜居宜业的生活环境和发展空间，提升城市的承载力、竞争力和辐射力，不断增强城市吸引人才、汇集资金、集聚产业的作用；三是城乡关系层面，以促进农业产业化、现代化为目标，引导城市资本、技术、人才等资源要素与农村生产要素有效衔接，促进城乡要素平等交换和公共资源均衡配置，推动城乡一体化发展。按照文明、宜居、承载力和可持续发展的理想城市要求，通过点、线、面的示范项目创建为抓手，统领振兴发展。

4. 统"四化"、促协调，创新振兴发展机制

回顾广东改革开放发展历程，城市化进程的滞后以及区域、城乡差距不断拉大的弊端比较突出。振兴发展不能再走传统的粗放型和招商型道路，必须以党的十八大报告提出的推进"四化"同步、区域协调发展为目标，创新体制机制，促进健康平衡发展。未来应推动建立省级空间区域协调机构，提升省级政府在空间规划决策上的权威性、有效性，在振兴发展工作中完善户籍政策、土地政策、财税政策和行政区划的研究，整合区域整体优势，完善多元主体的协作治理机制。

三、实施差异化发展，建立粤东西北协调发展新格局

1. 加快建设粤东城市群

粤东城市群范围包括汕头、潮州、揭阳和梅州市。结合国家海峡西岸城市群规划，加快建设粤东城市群，推进汕潮揭同城化发展，形成多中心、网络化的都市区格局；促进梅州市融入粤东城市群，培育辐射带动粤东北、赣东南和闽西南地区的重要增长极（表5-7）。

粤东城市群空间发展规划　　　　　　　　　　　　　　　　　　　　表5-7

空间要素	空间发展规划
城镇中心体系	（1）区域性主中心：汕头主城区。 （2）地区性主中心：潮州主城区、揭阳主城区、梅州主城区。 （3）地区性副中心：汕潮揭合作开发区、潮南区、饶平县城、普宁市区、惠来县城、兴宁市区、丰顺县城。 （4）地方性中心：南澳县城、揭西县城、大埔县城、五华县城、蕉岭县城、平远县城、大南海石化新城

续表

空间要素	空间发展规划
区域发展轴带	（1）滨海城镇带：打造西承大珠三角地区东接海峡西岸的滨海城镇带，连接饶平—澄海—汕头主城区—潮阳—潮南—惠来等城镇，整合沿海港口和岸线，带动滨海空间升级。 （2）韩江文化创意产业发展轴：连接潮州城区—澄海以及丰顺留隍，大埔高陂、三河，梅县雁洋、松口等城镇。 （3）榕江现代服务业发展轴：连接梅州主城—丰顺—揭阳主城—汕潮揭合作开发区—潮安—汕头主城区—汕头广澳港等城镇，重点发展金融商务、商贸物流、科教文卫等现代服务。 （4）练江传统产业转型发展轴：连接普宁—潮南—潮阳等城镇，重点发展纺织服装、重型装备和绿能科技等产业，推进重污染地区综合治理和传统产业转型升级
发展策略分区	（1）区域绿地：以桑浦山为中心的区域绿心和以汕潮揭东部、北部、西部的山地、丘陵及森林生态系统为主体组成的环状区域生态屏障。 （2）转型提质发展地区：汕头主城区、潮州主城区、揭阳主城区、梅州主城区。 （3）产城融合发展地区：潮南区，普宁市区，兴宁市区，汕潮揭合作开发区、中德金属生态城。 （4）经济振兴扶持地区：南澳县城、饶平县城、惠来县城、揭西县城、丰顺县城、大埔县城、五华县城、蕉岭县城、平远县城。 （5）城际规划建设协调地区：汕潮揭合作开发区。 （6）农业现代示范区：潮安—饶平优质水稻高产示范区、潮州凤凰单丛茶生产示范基地、揭西四季龙眼示范基地、揭西花卉科研生产基地、梅州金（蜜）柚基地、平远脐橙基地。 （7）跨界合作发展区：闽粤经济合作区
重要节点	（1）服务业政策试点：华侨经济文化合作试验区、汕头保税区、汕头澄海区动漫玩具产业集群，潮州陶瓷文化创意产业园，揭阳空港新城、揭阳阳美玉文化创意产业园，梅州雁洋生态旅游产业园。 （2）重点新城新区：汕头海湾新区、潮州新区、揭阳新区、梅州嘉应新区。 （3）区域性重大交通枢纽地区：厦深铁路潮汕站、汕头火车客运站，梅州西站，揭阳潮汕机场，汕头港、潮州饶平港、揭阳惠来港。 （4）历史文化特色村镇：汕头南澳县猎屿铳城、澄海区前美村和程洋岗村，潮州古城、饶平大埕所城，揭阳榕城旧城、京岗古村，普宁市洪阳镇，梅州古城、梅县区松口镇、梅县区水车镇茶山村、梅县区南口镇侨乡村、大埔县三河镇、大埔县百侯镇、大埔县茶阳镇、大埔县西河镇车龙村、兴宁市石马镇刁田村、蕉岭县南礤镇石寨村、蕉岭县三圳镇芳心村等。 （5）重点旅游发展目的地：桑浦山，汕头大南山、莲花山、礐石山、南澳岛，潮州凤凰山、潮州绿岛旅游产业服务集聚区、潮安区龙湖寨，揭阳大北山、黄岐山，梅县阴那山、平远五指石、雁南飞茶田、客天下旅游产业园等

　　推进汕潮揭同城化发展。强化汕头市作为粤东地区中心城市的辐射带动作用，建设成为创新型经济特区、东南沿海现代化港口城市、区域交通枢纽、科技中心和商贸物流中心。推进潮州市建设成为潮文化特色明显的历史文化名城和对接海峡西岸的东部门户城市。增强揭阳市区域枢纽城市功能，建设新型工业化城市、重要石化能源基地、粤东航空物流基地。加快推进榕江、韩江等航道建设，推动以汕头港为核心的粤东港口群协调发展。加快完善粤东城市群综合交通网络，构建以城际轨道

交通网和直达高快速路干线互为补充的同城化交通网络体系，形成汕潮揭"半小时生活圈"，构建"一心、两城、三片区"的发展格局。"一心"：即桑浦山生态人文绿心。"两城"：即潮揭空铁枢纽新城和汕头国际海港城。"三片区"：即汕头金平、潮州潮安和揭阳中德金属生态城等三片创新发展引领区。

加快战略性平台建设。建设汕头华侨经济文化合作试验区，打造珠港新城总部经济区、东海岸新城新津金融商务区和南滨新城文化博览休闲度假区。加强与港澳台的经贸联系，共建海内外华人回归创业基地和金融创新平台，打造高度开放的"世界潮人之都"。加快揭阳空港新城和中德金属生态城建设。规划建设闽粤经济合作区，促进跨省区域经济合作，打造海西经济区新的增长极。积极推动设立梅州综合保税区。

促进梅州市与汕潮揭地区融合发展。增强汕潮揭地区空港、海港等战略性基础设施对梅州市的辐射作用，依托汕梅高速公路、梅汕铁路、广梅汕铁路，打造汕（头）梅（州）发展轴。以客家文化产业园、客天下旅游产业园、广东麓湖山文化产业园等为重要抓手，提升梅州"世界客都"地位，努力把梅州市建设成为潮汕平原北上开拓腹地的枢纽。

2. 大力培育粤西沿海城市带

粤西沿海城市带范围包括湛江、茂名和阳江市。强化陆海统筹、区域统筹和产业统筹，加快粤西沿海经济带发展，推进湛茂一体化发展，辐射带动阳江等地区加快发展，建设珠三角连接东盟、北部湾城市群连接港澳的陆路大通道（表5-8）。

推动中心城区提质扩容。湛江市以海东新区、东海岛工业新城、奋勇高新区和南三岛四大平台建设为抓手，推进城区提质扩容，形成"一湾多岸、环湾发展"的格局，加快构建区域性综合交通枢纽、先进制造业基地、钢铁石化造纸基地和科教创新中心，建设成为全国海洋经济创新发展示范城市、生态型海湾城市。茂名市以滨海新区、高新技术产业开发区、水东湾新城三大平台建设为抓手，支持建设中德（茂名）精细化工园，加快拓展中心城区发展空间，建设成为区域次中心城市、粤西重要交通枢纽、现代化港口城市、粤西组团式海滨城市、全省重要能源物流基地、全国现代特色农业基地和世界级石化产业基地。

粤西沿海城市带空间发展规划

表5-8

空间要素	空间发展规划
城镇中心体系	（1）区域性主中心：湛江主城区。 （2）地区性主中心：茂名主城区、高州市区、吴川市区、雷州市区。 （3）地区性副中心：廉江市区、遂溪县城、徐闻县城、化州市区、信宜市区
区域发展轴带	（1）粤西海洋经济发展带：依托沈海高速公路、西部沿海铁路和粤海铁路，向南强化与海南岛、北部湾的联动发展，向东积极对接"珠中江+阳江"大都市区，串联徐闻县城—雷州市区—湛江主城区—吴川市区—茂名主城区—博贺湾新城，打造互补发展、功能协同的粤西组合港口群，支持粤桂琼海洋经济圈建设。 （2）两大陆海统筹拓展轴：依托湛江主城区，沿国道325、兰海高速公路与合浦铁路向西强化大西南出海主通道作用；依托茂名主城区，沿包茂高速、洛湛铁路向北串联高州、信宜市区，强化陆海统筹发展，成为粤西沿海城市带向西辐射大西南、向北联系华中内陆腹地的区域经济走廊
发展策略分区	（1）区域绿地：城市带外围生态屏障环：由茂名大放鸡岛、旱平水库、高州水库、大雾岭—鹿湖顶国家级自然保护区、鉴江水源林保护区、鹤地水库、九洲江水源涵养区、廉江高桥国家级红树林自然保护区、安铺国家级红树林保护区、雷州九龙山原始森林公园、徐闻国家级珊瑚礁自然保护区共同组成；城市带内部生态核心：大湖光岩地质遗产和森林公园保护区。 （2）转型提质发展地区：湛江主城区、茂名主城区。 （3）产城融合发展地区：湛江海东新区、茂名水东湾新城、滨海新区（博贺湾海洋经济综合试验区）、湛江经济技术开发区、茂名高新区。 （4）经济振兴扶持地区：东海岛工业新城、湛江保税物流中心、奋勇高新区、南三岛五岛一湾国家级滨海旅游产业园，博贺湾临港工业区、茂名市茂南石化工业园、茂名高新区。 （5）城际规划建设协调地区：黄略高铁新城，粤西国际空港经济区。 （6）跨界合作发展地区：龙王湾广东东盟现代服务合作示范区、茂名水东湾新城（大洲岛）。 （7）农业现代示范区：湛江农垦循环经济示范区、南国花卉科技园、中国冬季菜篮子绿色生产示范基地、南珠养殖基地和珍珠交易中心，茂名市现代农业基地、高州国家级荔枝（龙眼）现代农业园区、化州国家级蚕桑生产基地
重要节点	（1）省级开发区：湛江经济技术开发区、湛江奋勇高新区、茂名高新技术产业开发区。 （2）重点新城新区：海东新区、水东湾新城、博贺湾新城。 （3）区域性重大交通枢纽地区：西部沿海高铁站点（吴川站、塘缀站、黄略站、塘口站、湛江站、茂名站），湛江机场，湛江港、徐闻港、茂名港。 （4）历史文化街区：湛江赤坎区三民路、大通街民国风情街和霞山法式风情街，茂名高州市中山路街区和南华街区。 （5）重点旅游发展目的地：五岛一湾国家级滨海旅游示范产业园区、大湖光岩、南三岛，水东湾（大洲岛）、大雾岭、鹿湖顶、茂名博贺旅游区、茂名浪漫海岸旅游度假区、茂名放鸡岛海洋度假公园、玉湖国家级水利风景区、冼太夫人故里文化旅游区、南海旅游岛、浮山生态旅游风景区

打通对外交通瓶颈。打造"珠三角地区—大西南"和"中国—东盟"合作交流平台，积极推动湛江、茂名、阳江市融入北部湾城市群。加快深茂铁路、合湛铁路建设，推进黎湛铁路电气化改造，贯通两广沿海高速铁路通道。加快广州至湛江客专规划建设。加快玉湛高速公路、汕湛高速公路、云茂高速公路、沈海高速公路改扩建工程建设。加快推进湛江机场迁建，积极发展通用航空。推进湛江东海岛铁路、博贺港疏港铁路建设，提升湛江港"门户"地位、茂名港现代化深水物流强港地位，打造西南港口群主枢纽港。将湛江市打造成为广东省参与21世纪海上丝绸之路建设的重要节点，将茂名市打造成为广东省对东盟开放的重要基地。

3. 建设可持续发展的粤北生态发展区

粤北生态发展区范围包括韶关、河源、梅州、清远和云浮市。以建设国家生态文明先行示范区为重点，保护青山、碧水、蓝天、绿地等生态本底，构建北部环形生态屏障。大力发展生态经济和绿色产业，推动城镇集约紧凑发展，建设可持续发展的粤北生态发展区，带动北部山区绿色崛起（表5-9）。

强化中心城市和节点的地位与作用。重点发展韶关、河源、梅州、清远、云浮等中心城市，培育发展乐昌、南雄、连州、兴宁、罗定、龙川等"门户"城市和一批中心镇，加强中心城市和节点的辐射带动作用，带动北部山区发展。

构建北部环形生态屏障。保护具有重要水源涵养和生态保障功能的粤北南岭山区、粤东凤凰—莲花山区、粤西云雾山区，确保全省生态安全和质量。严格控制开发强度，禁止可能威胁生态系统稳定、生态功能正常发挥和生物多样性保护的资源开发活动。加强生态文明制度建设，有效落实最严格的耕地保护制度、水资源管理制度、环境保护制度，形成符合主体功能定位的生态发展格局。

发展生态经济和绿色产业。重点发展民族文化特色生态旅游、客家特色村镇旅游、西江生态养生旅游。建设大丹霞国家级旅游度假区、大南华禅宗文化旅游区、新兴六祖禅宗文化旅游区、大南岭生态旅游区、万绿湖生态旅游区、雁南飞生态旅游区、清远天子山、飞来峡休闲旅游度假区。推动粤北地区与珠三角地区的全方位合作，联合打造北江经济带、环珠三角特色产业带，建设全省低碳经济示范区、国家级文化旅游产业集聚区。

粤北生态发展区空间规划指引　　　　　　　　　　　　　　　　　　　　　表5-9

城市	城镇发展指引	重点保护地区
韶关	依托沿京广发展轴，向南主动融入珠三角，向北与湖南、江西加强合作，成为珠三角地区向华中地区联系的桥头堡。 统筹协调发展韶关老城区、马坝老城区和芙蓉新区发展，促进生产、生活、服务要素向城区集聚，培育辐射能力强的韶关都市区	大庾岭、蔚岭、大瑶山、石坑崆、滑石山、青云山、石人嶂等山系的中低山地，建设粤北生态屏障。 乐昌乳源交界的沙坪、云岩、秀水、大桥等镇的石灰岩山原，以及南雄盆地的水土流失区，重视石漠化和水土流失的治理修复。 基本农田以及各级自然保护区、风景名胜区、森林公园、地质公园等
清远	促进清远南部地区一体化发展，大力推进清远中心城区与广州北部地区的融合发展，把清远建设为环珠三角高新产业成长新区、生态宜居名城、珠三角北缘的门户城市	保护北江上游生态廊道，加强连江与滨江沿岸地区的控制，建设水源涵养林区，防止水土流失。 保护南岭山地、大东山、罗壳山，建设粤北生态屏障。 保护重要的区域绿地：主要包括南岭国家级自然保护区、英德石门台省级自然保护区、连南板洞省级自然保护区、清新笔架山省级自然保护区、英德国家森林公园、贤令山森林公园、天湖森林公园、飞霞风景名胜区、宝晶宫风景名胜区、阳山国家地质公园等各级自然保护区、风景名胜区、森林公园、地质公园。 保护基本农田，建设生态农业基地
河源	提升河惠深城镇发展轴，推动河源全面融入深莞惠大都市区。 大力实施跨江发展战略，建设江东新区，加快与东源县城一体化发展，建设河源全国低碳示范城市、粤东北特色中心城市、环珠三角新兴产业集聚地、岭南健康休闲旅游名城、现代生态园林城市	水源保护区：包括新丰江、枫树坝、韩江水源保护区和东江、新丰江河道水源保护区，建设水源涵养林，保护水体不受污染。 区域绿地：主要包括源城区的大桂山自然保护区、恐龙化石自然保护区，东源县的康禾自然保护区、新港自然保护区、新丰江森林公园，紫金县的白溪自然保护区，龙川县的枫树坝自然保护区、霍山森林公园，和平县的黄石坳自然保护区，连平县的黄牛石自然保护区等各级自然保护区、风景名胜区、森林公园。 基本农田保护区：主要分布于各山间盆地及东江上游沿岸
梅州	大力发展梅县新城、江南新城、城西三大主要新发展区，推动梅州主城区周边地区一体化发展，建设成为全国生态文明建设试验区、广东绿色崛起先行市、文化旅游特色市、世界客都、粤东北的区域中心城市和潮汕平原北上开拓腹地的交通枢纽。 大力发展梅兴华丰产业集聚带，推动梅州逐步融入粤东城市群	罗浮山系、莲花山系、凤凰山系以及七目嶂山地、铁山嶂山地、蕉平山地等，是重要的生态屏障。 各级自然保护区、森林公园、风景名胜区等。 梅江生态廊道及重点水库水源区，包括清凉山水库、五华益塘水库、兴宁合水水库、平远黄田水库、蕉岭长潭水库、梅县梅西水库、丰顺龙颈水库、丰顺虎局水库、五华桂田水库等，以及这些水库的涵养区。 治理重点水土流失区，包括五华的华城、河东、棉洋，兴宁石马，梅县梅西等。 基本农田，稳定粮食种植面积

城市	城镇发展指引	重点保护地区
云浮	加快建设云浮西江新城，推进云浮主城区与周边地区的一体化发展，提升云浮中心城区首位度，将云浮建设成为珠江—西江经济带的重要节点城市、全省循环经济和人居环境建设示范市、生态文明建设示范区	龙龛岩、罗定学宫、菁莪书院、文塔、蔡廷锴将军故居、三庙口宝宁塔（内洞花塔）等文物古迹以及李耀汉大屋前古民居、大湾古民居群。 市域生态主廊道，西江及沿岸地区。 四条次级生态廊道，包括罗定江、新兴江、南山河及其沿岸地区。 罗定金银河水库、罗光水库、云龙塘水库、新兴共成水库、大坞水库、合河水库、郁南大河水库、云安东升水库、东风水库及其水源涵养区。 基本农田以及各级自然保护区、风景名胜区、森林公园等

第一节 陆海统筹发展的现状

广东因海而兴、因海而富，是典型的以沿海经济带动区域发展的省份。改革开放以来，广东充分发挥沿海优势，大力发展外向型经济，取得巨大成就，沿海经济带已发展成为全国经济最具活力、开放程度最高、创新能力最强、集聚人口最多的区域之一，是国家参与经济全球化的核心区域、改革开放的先行区和世界制造业基地。

广东省人民政府印发了《广东省沿海经济带综合发展规划（2017～2030年）》，明确未来的发展战略、发展目标、重大任务、空间部署和保障措施，是指导沿海经济带当前和今后相当长一段时期内改革发展和现代化建设的纲领性文件。

一、陆海统筹成为城镇化发展新动能

1. 海洋经济已成为新经济增长点

广东省海洋经济生产总值自1995年后，连续18年排名全国第一，2012年成为全国第一个海洋经济产值过万亿的省份（图6-1）。广东海洋经济增速近年来始终快于全省经济增长速度，占全省国民生产比重不断提高，2012年占到全省国民生产总值的18.4%。海洋经济已成为广东省国民经济的重要组成部分和新的经济增长点，为全省经济社会平稳较快发展做出了突出贡献。

图6-1
广东省2007～2011年海洋生产总值占全国比重

▶

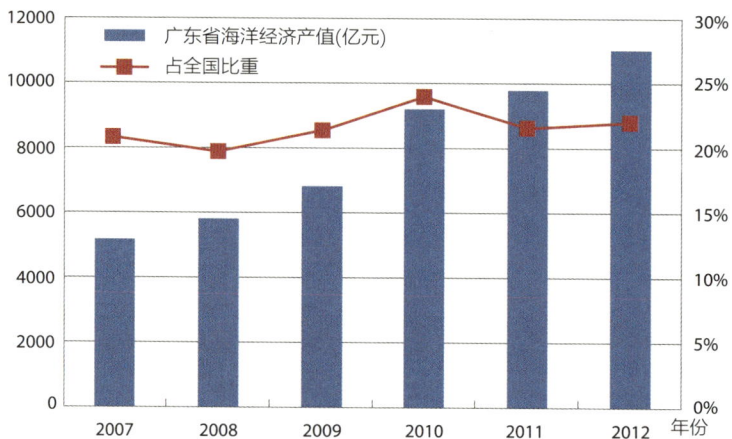

广东海洋产业门类齐全，产业结构相对均衡。海洋第一、第二、第三产业的比例由2005年的23：40：37变为2011年的2.5：46.9：50.6。海洋第二产业与海洋第三产业生产总值在全国沿海省市中均排名第一（表6-1），尤其是海洋三产，优势明显。

目前广东已形成了以滨海旅游业、海洋交通运输业、海洋油气业、海洋渔业为主体，海水利用、海洋船舶工业、海洋电力业、海洋生物制药、海洋化工业、海洋工程建筑业、海洋矿业等全面发展的海洋产业体系，涉及国民经济十多个门类。

凭借优势海洋资源，滨海旅游、海洋交通、油气开采、海洋渔业构成了广东省海洋经济的四大支柱产业。另外，广东省在海洋服务、海洋工程装备制造、船舶制造、石油化工等海洋相关产业领域也处于全国前列。

广东省海洋经济第二产业比例近年来增加明显，与广东省及广东沿海地市整体产业结构中二产比例逐渐下降的趋势有明显差异。这反映了进入工业化后期，海洋经济中以资金、技术等要素为主的临港工业、装备制造、化工等产业相对于以海洋资源要素为主的渔业、滨海旅游产业的发展迅速。

全国沿海省市2012年海洋第二、第三产业产值表　　　　表6-1

	海洋二产产值（亿元）	海洋三产产值（亿元）
广东	4311.4	4654
山东	3961.9	3526.3
天津	2410.4	1101.7
江苏	2297	1820.6
上海	2196.8	3417.9
浙江	2022.2	2164.2
福建	1866	2056.6
辽宁	1445.7	1462.7
河北	813.7	576.5
广西	230.6	391.6

注：本表未包含港澳台地区相关数据。

图6-2　广东、纽约、
东京城市带沿海夜间灯
光比较图

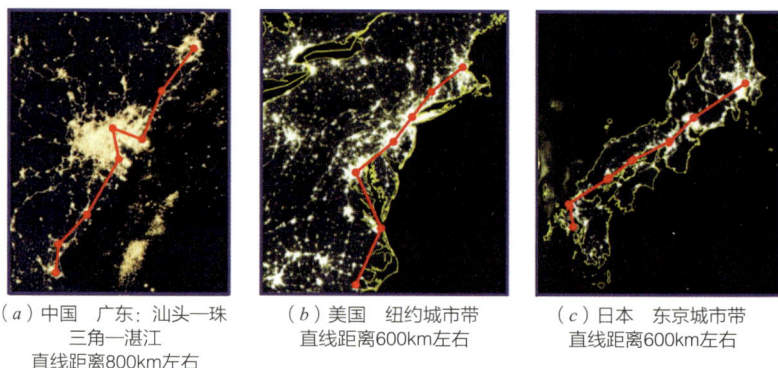

　　（a）中国　广东：汕头—珠　　　　（b）美国　纽约城市带　　　　（c）日本　东京城市带
　　　　三角—湛江　　　　　　　　　　直线距离600km左右　　　　　　直线距离600km左右
　　　直线距离800km左右

2. 蓝色经济发展促进沿海都市连绵带形成

　　广东省地形东西狭长，全省一半的面积在距离海岸线100km的范围内，省域全境在距海岸线3km范围以内。广东省南高北低，北部多山地、丘陵，南部沿海多分布平原和台地，适合城市发展。

　　沿海地区城镇密度较大，目前沿海岸线平均每隔80km存在1个20万以上人口的城镇，沿海城镇带初步形成。与之相比，美国21600km海岸线，约180km有较大城市1座；日本30000km海岸线，约30km就有5万人口的城市1座。

　　广东省沿海区县人口总量高，人口密度普遍大，以全省30%的土地面积聚集了广东省61%的人口，六普人口密度已达1169.7人/km²。2000年以来，省内人口继续向沿海地带集聚，但增长较快的地区大多数集中于珠江三角洲（表6-2）。沿海地带的城镇化水平也高于全省平均水平，但沿海地带存在明显区域差异：珠三角一枝独秀，粤东、粤西城镇化水平提高速度较慢，远低于珠三角辐射的肇庆、清远、梅州等市（表6-3）。

广东省沿海区县与内陆区县人口数据比较　　　　　　　　　　表6-2

	沿海区县	内陆区县
面积（万km²）	5.49	12.49
六普人口（万）	6421.86	4001.49
人口密度（人/km²）	1169.7	320.4
2000~2010年人口增量（万）	1306.80	572.89

广东省沿海区县与内陆区县城镇化水平比较　　　　表6-3

	广东	沿海地带	内陆	沿海占比
市区数量（个）	54	39	15	72.22%
县级市数量（个）	23	6	17	26.09%
县数量（个）	44	11	33	25.00%
行政区总计（个）	121	56	65	46.28%
城镇化水平	66.20%	74.70%	52.70%	—

经过多年发展，广东已形成以广—深、汕头、湛江为龙头的珠三角、粤东、粤西三条蓝色产业带，其中珠三角经济区海洋经济集聚程度较高。

珠三角经济区目前已形成海洋交通运输业、滨海旅游业、海洋渔业及临海工业为主导的海洋产业布局（表6-4）。但随着其开发利用强度逐步加大，区域经济发展受空间、资源和环境的制约日益明显。

粤东海洋经济区地理区位优越，海洋资源良好，但经济仍以粗放型为主，工业化进程相对缓慢，海洋资源优势未转化为海洋经济优势。

粤西经济区港口、滩涂、浅海、海洋生物等资源丰富，是我国大西南的重要出海口，紧邻南海，区位优势日益突出。但该地区工业化进程缓慢，基础设施建设不完善，经济发展相对落后。

广东海洋产业空间分布　　　　表6-4

	珠三角	粤东	粤西
海洋渔业	广州、珠海、江门	潮州、汕头	阳江、茂名、湛江
交通运输	广州、深圳	汕头、潮州	湛江
滨海旅游	广州、深圳、惠州	汕头	湛江、阳江
船舶工业	广州、珠海、中山	—	—
海洋工程装备	珠海高栏、中山马鞍岛	—	—
石化工业	惠州大亚湾	揭阳	茂名、湛江
海洋生物医药	广州、深圳	—	—
海洋电力	深圳、江门	汕头、汕尾	湛江、阳江

二、陆海统筹的问题和挑战

1. 沿海地带新区密集，填海造地现象普遍

凭借政策与区位优势，广东省沿海各市在改革开放后率先发展，发展初期相对粗放的用地模式使得这里也首先集中出现了用地紧张、土地成本高涨的问题。与此同时，沿海各市也纷纷跟随产业、人口向沿海地区转移的趋势，将城市与产业发展重点也转向沿海地区。沿海各市纷纷将城市与产业空间扩展的方向转到海洋，出现了为数众多的滨海新区、新城（图6-3）。

在用地需求猛增的利益驱使下，沿海新区发展中普遍采用填海造地方式增加建设用地，以应对发展空间不足的问题。但盲目、粗放的填海造地可能破坏生态环境、造成航道淤积，同时在填海土地上仓促地建设会导致工程质量问题。

2. 广东海岸线利用强度提高，缺乏综合统筹管理

总体来看，广东省海岸的开发利用强度随地区不同而不同，珠三角地区的海岸开发强度较高，粤东、粤西海岸开发强度相对较低，地域差异性较大。但利用强度不断提高的趋势较为明显，并且缺乏综合统筹管理。

对于人工岸线，从广东全省范围来看，城镇生活与休闲旅游岸线开发利用强度较大的市有汕头市、珠海市、深圳市；港口与临港工业岸线开发利用强度较大的市有深圳市、东莞市、广州市；养殖堤坝主要集中在潮

图6-3
广东沿海主要滨海新区
分布图

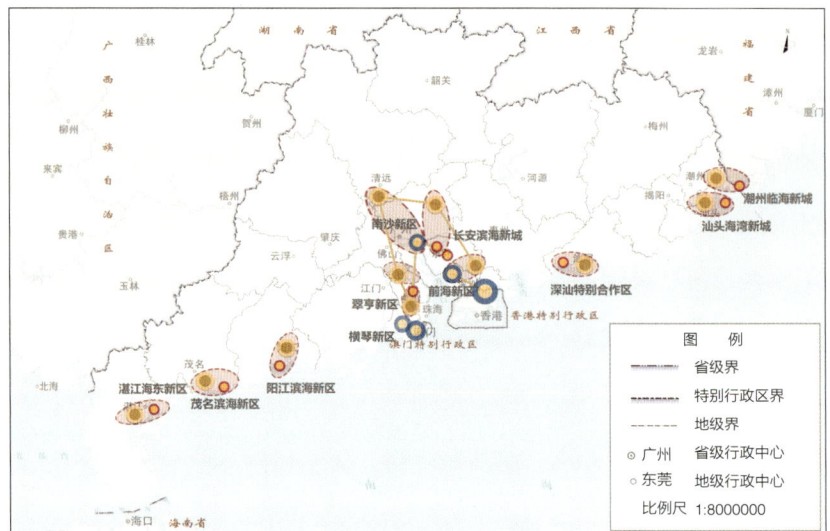

州市、汕尾市、惠州市、江门市、阳江市、茂名市、湛江市；防风暴潮堤坝主要集中在揭阳市、广州市、中山市、湛江市。

人类活动对海岸线的利用强度不断加强，城市生活、旅游、产业、生态保护等多种用途在岸线空间内冲突加剧。但目前缺乏跨行政区、跨部门的统筹管理。因此需在对海岸自然资源、保护利用现状、社会经济用海需求等分析评价的基础上，进行岸线统筹规划、管理，划定广东省海岸保护与利用的空间管制布局，并对海岸保护与利用的空间管制提出相应的管制要求。

珠三角地区，特别是广州、东莞、深圳西部、珠海东部的海岸开发利用强度高，基本全部为人工海岸，主要以海洋交通运输业、临海工业及滨海旅游业开发为主。惠州、中山、珠海、江门次之，惠州海岸开发主要集中在大亚湾北部，以港口、石化工业为主；中山集中在横门岛建设临港工业；珠海东侧主要为港口与城镇建设、旅游岸段，西部集中在高栏地区，以港口、临港工业岸段为主；江门主要集中在广海湾东侧、银州湖西侧，主要为港口、电力、旅游岸段。

粤东、粤西总体开发强度较珠三角地区低，地域差异性较大，分布较为分散。粤东地区海岸开发主要集中在汕头湾，潮州、揭阳、汕尾部分地区有开发，主要以港口码头、电力、渔港建设为主，其他地区基本为自然岸段和自然养殖岸段；粤西地区以湛江为中心，特别是湛江湾海岸开发强度相对较高和集中。江门，阳江、茂名部分地区有开发，阳江主要集中在吉树港区，茂名集中在水东湾和博贺新港区，以港口码头、电力、临港工业、渔港建设为主。其他地区基本为自然岸段和自然养殖岸段。

3. 近海污染严重，治理形势严峻

根据2008～2012年广东省海洋环境质量公报，广东省近岸海域水质呈逐年好转趋势，2012年Ⅰ类水质占近海总面积达到74.2%。但重度污染海域形势并未有明显好转，劣Ⅳ类水质面积近5年一直占近海海域总面积的5%以上，主要污染物依然是无机氮和活性磷酸盐。

从全省来看，粤西水质质量高于珠三角和粤东，Ⅳ类和劣Ⅳ类水质分布的主要区域为珠三角地区和汕头市的部分海域。从近岸海洋功能区水质达标情况可知，不同功能区内无机氮和活性磷酸盐都有超标现象，海洋保护区内的水质达标率近为56%（表6-5）。

全省近岸海域海洋功能区水质达标情况表   表6-5

序号	主要海洋功能区	要求水质类别	水质达标率（%）	主要超标因子
1	工程用海区	Ⅲ类	63.3	无机氮
2	旅游区	Ⅲ类	69.4	无机氮
3	特殊利用区	Ⅳ类	100.0	—
4	渔业资源利用和养护区	Ⅱ类	75.3	无机氮、活性磷酸盐
5	海洋保护区	Ⅰ类	56.0	无机氮、活性磷酸盐
6	港口航运区	Ⅳ类	52.6	无机氮、活性磷酸盐
7	海洋能利用区	Ⅲ类	100.0	—
8	保留区	Ⅲ类	19.0	无机氮、活性磷酸盐

注："—"表示无超标因子。

　　总体来看，广东省近岸海域水质状况总体保持稳定且质量状况逐年呈上升趋势，Ⅰ类水质所占海域面积的比例近两年达到70%以上，无机氮和活性磷酸盐含量符合或超过《海水水质标准》Ⅳ类标准的监测站位比例略有增加，主要位于珠江口海域，其他监测指标无显著变化。

　　主要入海污染物，根据《2012年广东省海洋水质环境质量公报》，监测和统计结果显示，污水入海量可测的47个代表性排污口污水年入海量为2.38亿吨，主要污染物年入海量为2.60万吨。珠三角沿岸海域仍是入海污水的主要接纳海域，占全省的42.04%，粤西沿岸海域接纳污水占全省的31.14%，粤东沿岸海域接纳污水占全省的26.82%（图6-4）。

　　4. 生态灾害风险加剧，种类多、范围广、频次高

　　海洋灾害种类多。由于广东省海岸线漫长，岛屿众多，海域辽阔，

图6-4
2012年各海域接纳的污水量比例

▶

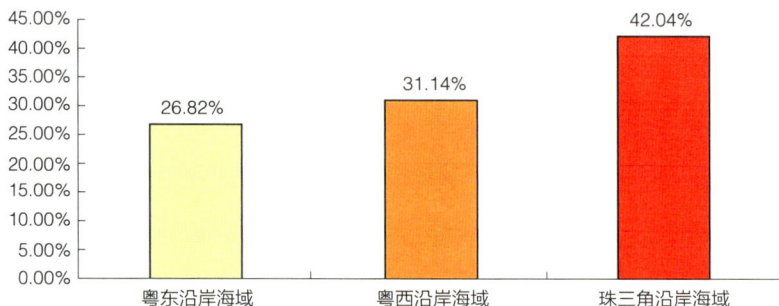

图6-4 2012年各海域接纳的污水量比例

从北到南跨越中亚热带、南亚热带、热带等不同的气候带，可能发生的海洋灾害种类也较多。自然海洋灾害、人为海洋灾害、海洋环境灾害、海洋地质灾害、海洋生态灾害等时有发生。自1999年以来，发生在广东沿海的海洋灾害有赤潮、风暴潮、海浪、溢油、海水入侵、海岸侵蚀、咸潮、海平面上升等，几乎囊括了我国海洋灾害的全部种类。《2008年中国海洋灾害公报》公布的10种海洋灾害中，除海冰、海啸（我国沿海均未发生）、浒苔灾害外，其他7种海洋灾害广东沿海均有发生。

灾害影响范围广。广东粤东、珠江口、粤西沿海地区均有受到海洋灾害的影响，2008年广东14个沿海地级以上市均受到风暴潮和海浪灾害的影响，其中受强台风"黑格比"的影响，广东省沿海地区39个市、县不同程度受灾，受灾人口达737.05万人。受陆源污染、气候变化等影响，珠江口海域、汕头近岸海域、湛江近岸海域等已经成为广东省主要的赤潮灾害多发区。近几年，海水入侵、海岸侵蚀、咸潮等海洋灾害的影响范围也越来越广。

灾害发生频次高。在众多发生在广东沿海的海洋灾害中，发生最频繁、造成影响最严重的是风暴潮、海浪和赤潮灾害。1999～2008年的10年间，广东共发生较为严重的台风风暴潮灾害22次，较大规模的赤潮87次。发生频率呈逐年递增趋势。2008年我国沿海发生台风风暴潮11次，9次造成灾害，其中6次发生在广东。

2008年广东省海洋环境质量公报显示，近10年广东省海域每年发生约10次赤潮，每年累计面积在230km^{2}与1800km^{2}之间。此外，广东沿海海上溢油灾害也时有发生。据统计1999～2005年，重大海上溢油事件就有10起之多，发生的频率和次数均居全国之首。2003～2005年，珠江口咸潮频繁发生，广州、珠海、中山、澳门等地居民生产生活受到严重影响，曾引起政府和社会的极大关注。

灾害导致损失重。近年来，海洋灾害破坏力越来越强，造成的损失也越来越严重。同时由于人类活动的影响，海洋污染和海洋环境异常变化加剧，导致赤潮等海洋灾害日趋严重。2008年是广东受灾最为严重，因灾直接经济损失达154.29亿元。死亡（含失踪）73人，其中强台风"黑格比"导致的风暴潮和海浪灾害，造成广东沿海39个市、县受到影响，受灾人口737.05万人，死亡22人，失踪4人；堤防、护岸毁坏3173处；塘坝损毁1033座；房屋损毁2.92万间；海水养殖受损面积57154hm^2；971

艘船只沉没、3093艘损坏。造成直接经济损失118.25亿元，占全年风暴潮直接经济损失的76.7%。随着全球气候变化和环境污染的加重，赤潮、咸潮等海洋灾害的影响程度也越来越严重。

第二节　陆海统筹发展的理念与目标

党的十八大报告首提海洋强国国家战略，十九大报告再次强调"坚持陆海统筹，加快建设海洋强国"。习近平总书记高度重视海洋事业发展，就加强国家海洋事务管理，推动我国海洋强国建设，做出一系列重要论述，为把我国建设成为海洋经济发达、海洋科技先进、海洋生态健康、海洋安全稳定、海洋管控有力的新型海洋强国指明了方向、提供了根本遵循，这也是广东省陆海统筹的发展要求。

一、树立陆海一体、共建共享共赢的海洋发展观

2002年，习近平同志在福建工作时就对提高海洋意识、深化海洋国土观念作了重要论述，指出要使海洋国土观念深植在全体公民尤其是各级决策者的意识之中，实现从狭隘的陆域国土空间思想转变为陆海一体的国土空间思想。2013年7月30日，在中共中央政治局就建设海洋强国研究进行第八次集体学习会议上，习近平总书记进一步强调，"我国既是陆地大国，也是海洋大国"。陆海一体的国土意识，将蓝色国土与陆地领土视为平等且不可分割的统一整体。"海洋在国家经济发展格局和对外开放中的作用更加重要，在维护国家主权、安全、发展利益中的地位更加突出，在国家生态文明建设中的角色更加显著，在国际政治、经济、军事、科技竞争中的战略地位也明显上升。"实施海洋强国战略，对于实现全面建成小康社会目标，实现中华民族伟大复兴具有重大而深远的意义。

随着我国深度融入经济全球化和世界多极化进程，我国在全球的海洋利益不断扩大，与其他国家之间也存在着利益的碰撞和融合。对此，习近平总书记明确要求，一方面，我们"决不能放弃正当权益，更不能牺牲国家核心利益"，我们维护领土主权和海洋权益、维护国家统一的决心

坚如磐石；另一方面，我们要通过加强合作"寻求和扩大共同利益的汇合点"，把快速发展的中国经济同沿线国家的利益结合起来，追求并不断扩大共同利益，打造命运共同体。海洋利益是可以共享的，我国的海洋利益拓展不是排他的零和游戏。这一"共同利益"的理念得到国际社会广泛认可和积极响应，为解决海上问题、处理国际海洋事务创造了条件，有利于实现维护国家主权、安全、发展利益相统一。

"21世纪海上丝绸之路"是全球海洋共同发展的中国方案。在促进海洋共同发展中，我国也将积极参与全球海洋治理，推动国际海洋秩序向着公平、公正、合理的方向发展，推动全人类海洋事业的持续发展。我国与沿线国家在经济、资源、能源等诸多领域形成互补，是我国海洋经济走出去的重点方向。我们坚持"和平合作、开放包容、互学互鉴、互利共赢为核心的丝路精神"，"帮助各国打破发展瓶颈，缩小发展差距，共享发展成果，打造甘苦与共、命运相连的发展共同体"。

二、走依海富国、以海强国、人海和谐、合作共赢的发展道路[1]

习近平总书记指出，"建设海洋强国是中国特色社会主义事业的重要组成部分"，推进海洋强国建设，要"坚持走依海富国、以海强国、人海和谐、合作共赢的发展道路"，要求"提高海洋资源开发能力，着力推动海洋经济向质量效益型转变"，"保护海洋生态环境，着力推动海洋开发方式向循环利用型转变"，"发展海洋科学技术，着力推动海洋科技向创新引领型转变"，"维护国家海洋权益，着力推动海洋维权向统筹兼顾型转变"。在"一带一路"重大机遇下，我们要打破传统的海洋发展理念，以"四个转变"为导向，处理好各类矛盾关系，不断实现创新突破。

第一，推动海洋经济向质量效益型转变。海洋经济发达是海洋强国的物质基础。当前我国海洋经济发展不平衡、不协调、不可持续问题依然存在。提高海洋经济增长质量，一方面，要确立多层次、大空间、陆海资源综合开发的现代海洋经济思想，贯彻习近平总书记"海洋经济是陆海一体化经济"的理念，不能就海洋论海洋，要从单一的海洋产业思想转变为开放的多元的大海洋产业；另一方面，对接国内外市场，进一步深化海洋领域供给侧结构性改革，不断培育海洋经济发展新动能，发展海洋新业

[1] 根据《实现中华民族海洋强国梦的科学指南——深入学习习近平总书记关于海洋强国战略的重要论述》整理总结形成。中共国家海洋局党组，《求是》杂志，2017-09-01，http://www.soa.gov.cn/xw/hyyw_90/201709/t20170901_57661.html。

态、新产品、新技术、新服务，为"21世纪海上丝绸之路"建设注入强大动力，为世界发展带来新的机遇。

第二，推动海洋开发方式向循环利用型转变。秉承以人为本、绿色发展、生态优先的理念，落实习近平总书记提出的"把海洋生态文明建设纳入海洋开发总布局之中"的要求，共抓大保护、不搞大开发，坚持开发和保护并重，像保护眼睛一样保护海洋生态环境，像对待生命一样对待海洋生态环境，全面遏制海洋生态环境恶化趋势，加强海洋资源集约节约利用，建立海洋生态补偿和生态损害赔偿制度，实现"让人民群众吃上绿色、安全、放心的海产品，享受到碧海蓝天、洁净沙滩"的目标。

第三，推动海洋科技向创新引领型转变。早在2000年，习近平同志就指出，海洋竞争实质上是高科技的竞争，海洋开发的深度决定于科技研究水平的高度。海洋科技发达，是海洋强国的重要标志。与发达国家相比，当前我国海洋科技发展差距仍然较大，无法满足我国海洋领域发展和安全的需要。我们要按照习近平总书记提出的要求，"搞好海洋科技创新总体规划，坚持有所为有所不为，重点在深水、绿色、安全的海洋高技术领域取得突破"，以增强海洋科技创新能力为核心，以实现海洋科技资源共享为重点，以统筹安排项目、基地、人才为原则，强化海洋科技发展总体布局，研发并掌握海洋领域关键核心技术，完善海洋科技创新体系，不断促进海洋科技成果转化。

第四，推动海洋维权向统筹兼顾型转变。当前我国的海洋维权和海洋安全形势依然复杂，斗争依然激烈。因此，要统筹国内国际两个大局，处理好维稳和维权的关系。在当前形势下，按照习近平总书记的要求，"做好应对各种复杂局面的准备"，建设强大的现代化海军，在维护自身海洋安全和利益的同时，成为维护世界和平与发展的重要力量，在钓鱼岛、南海、航行自由、历史性权利等诸多敏感、重大问题上，坚持和平方针，多措并举、务实推进共同开发，实现海洋维权稳中求进。

三、陆海统筹发展目标

《广东省沿海经济带综合发展规划（2017～2030年）》将沿海经济带定位为全国新一轮改革开放先行地、国家科技产业创新中心、国家海洋经济竞争力核心区、"一带一路"枢纽节点和重要引擎、陆海统筹生态文明示范区、最具活力和魅力的世界级都市带。提出以下发展目标[1]：

形成科学有序的空间开发格局。空间布局和空间结构进一步优化，分工合理、优势集聚、辐射联动的区域发展格局基本形成，国土空间功能管制显著增强，蓝色发展空间整体有序拓展，沿海经济带的产业、城镇和生态格局不断完善，海洋产业布局更趋合理，分工合作、良性互动的产业园区体系、港口体系和城镇体系更加成熟。

形成国际化开放型创新体系。创新能力显著提升，协同创新体系更加完善，国内外创新资源高度集聚，建成一批国际一流水平创新载体，R&D（研究与开发）支出占比达2.8%，创新综合指标达到国际先进水平，海洋科技水平显著提升，率先形成以创新为主要引领和支撑的经济体系和发展模式，建设成为国家科技产业创新中心。

形成具有国际竞争力的现代产业体系。产业迈向中高端，先进制造业规模不断壮大，传统制造业智能化水平显著提升，海洋装备制造达到世界先进水平，制造业与服务业融合成效显著，海洋生物医药、海洋可再生能源、海水综合利用等海洋新兴产业不断壮大，在全球价值链中的地位大幅提升，以智能制造为主体、以服务经济为支撑、高端引领、特色突出的现代产业新体系基本形成。

形成具有全球影响力的战略枢纽门户。内联外通的综合交通运输体系进一步完善，建成亚太地区主要的国际航运枢纽和物流中心、国际商贸中心，国际综合性枢纽基本形成，全方位、宽领域的国际经济合作迈上新台阶，在全球市场体系中的核心贸易地位逐步提升，成为资源配置效率高、辐射带动能力强、现代市场体系完备的资源配置中心。

形成极具魅力的世界级沿海都市带。生态环境质量全面改善，基本形成绿色低碳循环发展新格局；软硬设施进一步健全，基本建成多层次广覆盖的社会保障体系和高效安全、世界先进的基础设施网络；城镇化质量稳步提高，基本形成集聚有序、一体发展的城乡体系；区域发展品质逐步提升，成为世界闻名的滨海旅游休闲度假目的地。

1 引自《广东省沿海经济带综合发展规划（2017～2030年）》。

第三节   促进沿海城镇带发展策略

抓住国家加快发展海洋经济和构建21世纪"海上丝绸之路"的重大机遇，依托全省在海洋经济发展中的先行优势，加快推进广东海洋经济综合试验区建设，大力发展海洋经济，深化对外开放，推动全省海洋经济规模与竞争力的共同提升，成为全省整合陆海资源、促进粤东粤西振兴发展的重要平台，打造国家21世纪"海上丝绸之路"的示范经济带。

一、推进"21世纪海上丝绸之路"建设

推动广东自贸区成为湾区经济前沿平台。按照"依托港澳、服务内地、面向世界"的要求，高质量推动南沙、前海—蛇口、横琴开发开放。突出粤港澳合作，向港企、澳企全面深度开放市场，打造国内领先的综合高端开放平台，实现港澳与内地市场的对接。加大全球投资推广力度，突出高端定位、总部优先、业态先进、要素集聚，引进一批国际知名的现代服务业企业，建设世界最佳商务区。构建保税物流信息管理平台，推动保税政策与监管模式创新，努力建成世界级的自由贸易区、全国保税制造业升级引领区、深港保税服务业合作试验区和保税政策与监管创新先行区。

支持企业赴沿线国家投资，加强南南合作。①在农业领域，鼓励有条件的企业在沿线国家开展热带水果、渔业养殖、技术人员培训等方面的合作。②在制造业领域，大力发展船舶和海洋工程装备制造业、航空航天制造产业，推动有实力的企业到沿线国家设立生产基地、营销网络和区域总部。把珠三角打造为国内三大飞机维修基地之一。③在基础设施领域，参与沿线国家公路、港口、能源、市政、通信等基础设施建设，与沿线国家共建能源合作示范点，着重扩大与沿线国家能源贸易合作。④积极争取中国—东盟自贸区升级版有关政策在广东先行先试，加强与沿线国家贸易合作。规划建设广东跨境电子商务综合服务平台，推进跨境电子商务便利化。⑤推动广东省对境外的经贸合作区建设。继续完善尼日利亚广东经济贸易合作区、中国—越南（深圳—海防）经济贸易合作区的建设。

构筑联通内外、便捷高效的海陆空综合大通道，支撑"走出去"战略。①大力拓展海运航线，建设港口联盟，与沿线国家开展航运、物流、生产、贸易等全方位合作，提升珠三角在国际海运体系中的地位，将珠三角打造为海上丝绸之路的航运中心。②以广州、深圳、珠海等大港口为枢纽，大力发展航运总部经济，吸引"海上丝绸之路"相关国家的国际航运总部集聚和国际组织落户。进一步支持广州航交所建设船舶交易市场及信息平台。③加强广州国际航空门户建设，重点构建东北亚地区—广州—东南亚地区、南亚地区的洲际航线转乘体系，建设面向东南亚、南亚的航空客货运转中心；加快建设国际空中通道，构建与沿线国家主要城市"4小时航空交通圈"。④加强与老挝、缅甸、越南、泰国的战略性铁路连通，加快推进泛亚铁路南线及东盟线建设。依托南广高铁、贵广高铁加强与南宁、昆明、贵阳等铁路枢纽的连接，进而与泛亚铁路形成铁路贯穿大通道。

密切社会文化交流，加强商贸往来。①充分依托广东与沿线国家的历史文化渊源，定期组织举办高峰论坛、面向亚非拉国家市场的商品交易会以及多种形式的促进亚非拉多民族交流的文化活动，加强文化产业合作，促进文化交流。②积极参与国家"亚洲基础设施投资银行"、"丝路基金"、"亚太自贸区"等平台建设，争取国际、国家机构在珠三角设立相应机构，通过经贸投资、互联互通和人文交流等途径与东盟、南亚、欧洲以及非洲等国家建立更稳定的人文经贸联系，提升珠三角在国家战略格局中的地位。③鼓励设置亚非拉研究机构，合作开展古代和近代海上丝绸之路遗迹考古研究和理论研究，出版专业研究成果和普及丛书，保护传承文化遗产。建立海上丝绸之路历史遗址保护名录，加强对桑基鱼塘、十三行贸易、广彩、瓷窑（纹章瓷）、外销画、侨批遗产遗址等历史遗址的保护与活化利用。④加强人才联合培养，支持青少年交流活动。加强教育方面的合作，鼓励珠三角各高校面向东盟、南亚国家主动吸纳更多留学人员。以孔子学院、中国文化交流中心等为载体，在境外开展人员培训。积极推动中国—东盟思想库网络建设，以南沙、前海、横琴等为平台，鼓励各国民间智库合办论坛。⑤建立体育沟通协调机制，加强体育赛事合作及民间体育交流。

提高旅游合作水平。积极推动沿线国家旅游信息交流共享机制建设，着力增强文化传播能力，打造一流现代传媒的"新高地"。加强旅游合作，合作吸引跨境客源，共同创新开发旅游产品。促进广东企业到沿线国家投资旅游产业。建立与合作国家的便利化签证合作机制，适当开通自由行。促进珠三角邮轮经济发展，吸引东南亚等地区的国际邮轮停靠珠三角港口，开辟国际邮轮航线，把广东海上丝绸之路主要景点与沿线国家的景点串联起来，大力发展滨海旅游。

二、构建"一心两极双支点"发展总体格局[1]

进一步提升珠三角整体发展能级，培育壮大汕潮揭、湛茂发展增长极，加强两极的集聚力和辐射力，增强汕尾、阳江衔接东西两翼和珠三角的战略支点功能，强化中心、支点、增长极之间的有机联系，形成"一心两极双支点"的沿海经济带发展总体格局。

1. 中心带动

珠三角沿海片区包括广州、深圳、珠海、东莞、惠州、中山、江门的沿海地区及佛山禅城区、顺德区和南海区，作为沿海经济带发展中心区和主引擎，重点发挥辐射带动作用，引领沿海经济带整体发展。以广州、深圳双核为龙头，充分发挥广州国家中心城市引领作用，全面增强国际航运、航空、科技创新枢纽和国际商贸中心功能，着力建设全球城市；充分发挥深圳作为经济特区、全国经济中心城市和国家创新型城市的引领作用，加快建成现代化国际化创新型城市。更好发挥重要节点城市作用，强化城市间创新合作和城市功能互补，携手港澳共同打造粤港澳大湾区城市群。以全面创新为引领，以自由贸易试验区、国家自主创新示范区、国家级高新区、国家级经济技术开发区等重大区域发展平台为主阵地，集聚整合高端要素资源，强化全球重要现代产业基地地位，加快构建开放型区域创新体系和高端高质高新现代产业体系，打造成为高端功能集聚的核心发展区域。全面强化沿海经济带发展中枢的功能支撑和综合服务能力，辐射带动粤东西北和内陆腹地协同发展。

2. 两极跃升

推进汕潮揭城市群和湛茂都市区加快发展，打造东西两翼沿海经济增长极。以深水大港为核心，强化基础设施建设和临港产业布局，疏通联系东西、连接省外的交通大通道，拓展国际航线，对接海西经济区和北部湾地区，加快形成新的增长极。东极以汕头为中心，加快推进汕潮揭同城

1《广东省沿海经济带综合发展规划（2017～2030年）》。

化发展，强化与珠三角地区尤其是珠江口东岸各市的对接合作，积极参与海西经济区建设，打造粤港澳大湾区辐射延伸区；充分发挥交通基础设施的先导作用，围绕汕头港、高铁潮汕站、揭阳潮汕机场三大交通枢纽，建设高水平的临港经济区、高铁经济带和空港经济区，加快建设出省大通道，打通江西、福建等发展腹地，打造国家海洋产业集聚区、临港工业基地和世界潮人之都。西极以湛江为中心，推进湛茂一体化发展，强化与珠三角地区尤其是珠江口西岸各市的对接合作，全面参与北部湾城市群建设；充分发挥湛江港作为西南地区出海大通道的作用，加快形成陆海双向交通大通道，积极拓展大西南腹地，打造临港世界级重化工业基地、临港装备制造基地和全省海洋经济发展重要增长极。

3．双点支撑

汕尾、阳江是珠三角辐射粤东粤西的战略支点，是珠三角产业拓展主选地和先进生产力延伸区，要把握推进产业共建窗口期，在汕尾、阳江谋划布局两大省级产业集中集聚区，打造承接珠三角辐射东西两翼的战略支点和战略平台。汕尾推进广汕高铁等沿海大通道和汕尾港建设，着力加快深汕特别合作区发展，重点承接深圳产业转移，规划建设汕尾海洋渔业科技产业基地和能源装备制造基地，打造珠江东岸产业转移主承接区。阳江加快深茂铁路等交通大通道和阳江港建设，依托海陵岛经济开发试验区、高新区等重大发展平台，集约发展新能源装备、不锈钢、汽车零部件等高端临港工业，建设沿海临港工业重要基地，打造珠江西岸产业转移主承接区。

三、统筹"六湾区一半岛"发展

以环珠江口湾区、环大亚湾湾区、大广海湾区、大汕头湾区、大红海湾区、大海陵湾区和雷州半岛为保护开发单元，串联广东沿海，优化海洋空间分区规划，明确湾区发展指引，以湾区统筹滨海区域发展，推进跨行政区海洋资源整合，构建各具特色、功能互补、优势集聚、人海和谐的滨海发展布局（表6-6）。

1．环珠江口湾区

陆域涉及珠海、中山、广州、东莞和深圳5市，主要由西江、北江和东江冲积而成的三个小三角洲及珠江口外海的岛群共同组成，是珠江

"六湾区一半岛"规划指引

表6-6

分区	范围		湾区发展指引
珠三角海洋经济优化发展区	包括广州、深圳、珠海、江门、东莞、中山、惠州七市海域及沿海地带，涉及环珠江口、大亚湾、广海湾三个湾区，是广东海洋经济发展基础最好、发展水平最高的区域	环珠江口湾区	（1）以粤港澳大湾区建设为契机，提升环珠江口湾区整体发展能级，统筹推进基础设施对接、产业协调发展、城镇布局优化、创新资源集聚、环保联防联控和生态共建共享。 （2）以产业转型升级为核心，结合广州龙穴造船基地、珠海三一重工海洋工程装备基地等重点项目发展高端海洋装备制造业。 （3）优化湾区内深圳港、广州港等港口分工体系，建设世界级航运枢纽港口群，推动航运物流业升级。 （4）充分利用区域内海洋科技资源，发展新能源、生物医药、海水淡化、信息服务等新兴海洋产业，成为国家海洋科技中心。 （5）依靠广州、深圳、珠海等中心城市，推动万山群岛等海岛开放开发，提升旅游业发展水平。 （6）积极培育游艇业，部署集游艇船员、驾驶员、船长培训学校、游艇存放基地、游艇航行服务、维修保养、游艇休闲运动为一体的游艇基地（俱乐部）
		大亚湾区	（1）积极推进盐田港新港区建设，推动大亚湾石化区产业结构高端化和产业链的延伸，重点建设大亚湾临海先进制造业基地。 （2）坚持产城融合、工业化和城镇化双轮驱动，推进惠州环大亚湾新区建设。 （3）有序开发大鹏半岛，发展生物医药等新兴产业。 （4）建设大鹏湾与巽寮湾海洋旅游度假区，提升滨海旅游业发展水平
		大广海湾区	（1）在高栏港发展石油化工、电力能源、海洋工程装备制造等临港产业，建设南海油气资源开发战略基地，提高对南海资源开发的能力。 （2）在银洲湖产业聚集区发展中小型船舶制造、生物医药等海洋产业，建设循环经济园区；推进川山群岛和银湖湾、广海湾集中集约用海区开发，打造具有领先水平的现代海洋产业集聚区
粤东海洋经济重点发展区	包括广东东部沿海的汕头、汕尾、潮州和揭阳四市海域及沿海地带	大红海湾区	（1）承接珠三角地区产业转移，重点发展新能源、渔业、临海先进制造业。 （2）结合深汕特别合作区、汕尾新港区等重点园区发展新能源、渔业、临海先进制造等产业
		大汕头湾区	（1）重点发展航运物流、滨海旅游、海洋能源、渔业等海洋产业和临港制造、石化加工等海洋相关产业，成为海西经济区重要的海洋产业聚集区。 （2）强化汕头港作为国家主枢纽港地位，优化潮州港建设，带动粤东湾区航运物流业，发展成为华南主要港口群之一。 （3）结合汕头海湾新区、揭阳大南海石化工业园、潮州西澳港临海工业区、潮州港临港产业区等重点产业园区，发展海洋能源、临海工业、海洋生物医药等海洋产业。 （4）优化发展滨海旅游、渔业等传统优势产业，推进南澳海岛开发
粤西海洋经济重点发展区	包括广东西部沿海的湛江、茂名和阳江三市海域及沿海地带	大海陵湾区	积极承接珠三角地区产业转移，在海陵湾沿湾经济带发展能源、先进制造、海洋生物医药等产业，同时发挥环境与资源优势，提高旅游业发展规模与水平
		雷州半岛	（1）重点建设湛江东海岛、茂名博贺湾产业区，发展能源、钢铁、石化等临港重化工业与先进制造业，成为我国重要的能源与大西南出海通道。 （2）积极发展滨海和海岛旅游以及海洋渔业

出海口。构建由高端装备制造业、金融服务业、信息产业、港口物流业等构成的现代产业体系，建设具有国际竞争力的海洋产业集聚区，建设南海油气资源研发战略基地；重点推进横琴新区、前海新区、南沙新区、翠亨新区和滨海湾新区等滨海新区建设，统筹协调新区建设与海域利用。

2．环大亚湾湾区

陆域涉及深圳、惠州二市，主要由大亚湾、大鹏湾以及大鹏半岛共同组成。重点建设惠州能源工业基地、大亚湾石化工业区、惠州港口物流基地、深圳盐田港物流基地，以大小梅沙、巽寮湾为中心，推动稔平半岛滨海旅游区和大鹏半岛旅游区差异化发展高品质滨海旅游、生态旅游和海岛旅游。

3．大广海湾区

陆域涉及江门市，由黄茅海、广海湾、镇海湾和上下川群岛等共同组成。重点建设深圳—江门工业园、粤澳（江门）产业合作示范区、珠西化工集聚区、台山工业新城、广海湾工业新城及银湖湾滨海新城等，发展上下川岛旅游区、浪琴湾旅游区和黄茅海养殖区、广海湾海水增殖养殖区等。

4．大汕头湾区

陆域涉及汕头、潮州、揭阳三市，由韩江和榕江出海口形成的冲积平原及南澳岛共同组成，包括柘林湾、海门湾、神泉港等三个相互连接的海（港）湾。科学有序推进汕头海湾新区、潮州新区、揭阳新区和揭阳副中心发展和建设，加快推进汕头华侨经济文化试验区、临港经济区、潮州临港工业区、揭阳空港经济区、大南海石化基地等重大发展平台建设，大力发展柘林湾、金海湾、龙虎滩、南澳岛、西澳岛等滨海旅游，加强南澎列岛海洋生态保护。

5．大红海湾区

陆域涉及汕尾市，由碣石湾和红海湾两个海（港）湾共同组成，是珠三角和粤东地区的主要通道，也是承接珠三角产业转移的重要区域。重点建设深汕特别合作区、汕尾中心城区、汕尾临海能源工业基地、马宫海洋科技产业园等，加快发展碣石湾海洋生态旅游区等。

6．大海陵湾区

陆域涉及阳江、茂名二市，由北津港、海陵湾、沙扒港、博贺港、水东湾、海陵岛及附近其他岛屿共同组成，是珠三角与粤西地区的重要通道。重点建设阳江中心城区和临港工业区、阳江能源基地、阳东滨海工业区、茂名临港工业区、博贺新港区、茂名滨海新城，重点开发海陵岛、沙扒、浪漫海岸、放鸡岛等旅游区。

7. 雷州半岛

陆域涉及湛江市，由雷州半岛及其周边岛群共同组成。依托深水良港，重点建设湛江物流港口基地、东海岛化工及钢铁工业基地、雷州半岛能源基地等，加快开发"五岛一湾"、雷州半岛西侧安铺港—徐闻等海洋休闲旅游区。

四、优化湾区格局，推进陆海统筹发展

统筹湾区发展，优化空间格局。以湾区为基本功能单元，打破行政区划限制，统筹沿海地区海洋经济发展、生态环境保护与滨海都市区布局。严格按照《广东省海洋功能区划（2011～2020年）》，合理确定各个湾区分段岸线功能、生态保护区与适宜填海区范围以及海洋经济发展方向，实现岸线空间利用、产业发展布局和沿海城镇空间布局的优化。科学、有序确定填海规模和时序，引导城市新区和重点产业区向允许填海区范围布局，拓展城镇增长空间，优化沿海城镇空间布局。

坚持保护与利用并重，推进陆海统筹发展。实行资源要素统筹配置，重点在产业发展、基础设施、生态保护与滨海城市海岸带利用等方面进行统筹（表6-7）。

海陆统筹发展规划指引   表6-7

主要功能	重点区域和节点	主要任务和要求
临港工业	湛江（东海岛）石化区、茂名博贺临港工业区、阳江临港产业区、台山临港产业区、大亚湾石化区、大南海石化新城、濠江临港产业集中区	统筹各城市港区填海空间，重点发展重型装备制造、石化等临港产业
港口物流	湛江港、茂名港、阳江港、高栏港、广州港、深圳港、中山港、惠州港、汕尾港、汕头港、揭阳港	完善疏港交通，建设临港贸易物流园区
生态保护与滨海旅游	雷州半岛、水东岛、南三岛、硇洲岛；五岛一湾滨海旅游产业园、赤豆寮岛、仙群岛、新寮岛、海陵岛、南鹏岛；上川岛、下川岛；万山群岛；大鹏半岛、稔平半岛、大辣甲岛；龟龄岛、红海湾旅游示范区；南澳岛、达濠岛、南澎列岛	在自然生态岸线、海岛、自然保护区等海洋自然生态保护的基础上，整合海洋文化与旅游资源，发展滨海旅游产业
滨海新区	湛江雷州新区、茂名滨海新区、阳江滨海新区、深圳大鹏新区、中山翠亨新区、汕尾新区、汕头海湾新区、潮州临海新城	统筹各城市滨海发展空间的拓展，谨慎填海，建设生态宜居城区，保护滨海生态环境，优化城市滨海景观岸线

产业统筹：加强用海规划与沿海各城市土地规划、城市规划、产业规划之间的协调，优先安排国家区域发展战略确定的建设用海，重点加强对现代海洋产业园区、高新技术产业开发区、循环经济示范区等园区的用海支持，通过加大基础设施投入，完善服务功能，优化发展环境，充分发挥海洋资源优势，吸纳技术、人才、资金等生产要素，引导现代海洋产业集聚发展，促进产业链不断延伸、产业群不断壮大，培育海洋经济新增长点，打造现代海洋产业集聚区。

基础设施统筹：统筹沿海地区重大基础设施建设，重点促进区域港口群的分工协作和功能升级，培育国际贸易与现代物流服务功能；加强疏港交通建设，实现各种运输方式的有效衔接，建设广州、深圳、湛江等综合运输枢纽。

生态保护统筹：①结合七大湾区建设，打破行政区域界限，科学配置海域资源，从区域整体出发，综合论证项目给区域海洋环境造成的系统影响。②积极推进海洋保护区建设，明确海洋自然保护区、海洋公园、水产种质资源保护区、人工鱼礁区和海洋牧场等生态敏感区和领海基点、重要地理标志等特定海域禁止填海，最大限度地减少对海洋自然生态环境的负面影响。③加强海洋生态环境保护和环境质量监管，建立海洋环境保护长效机制。④健全流域环境治理联动机制和污染物排放总量控制制度，实现陆海污染的一体化治理。

海岸带利用统筹：①加强填海红线管理，谨慎填海，避免城市空间向海洋的无序扩张。②按照布局集中原则集中填海，以集中成片开发的方式代替传统的分散用海方式，优先离岸岛填海增加海岸线，形成布局合理的集中集约用海区域。③控制城市人工岸线比例，对海域环境进行综合整治，形成优美的城市滨海岸线景观。④优化海洋与滨海岸线开发方式，推行海洋立体开发方式，提高海洋资源综合利用效率，提高单位岸线和用海面积的投资强度，实现最大的经济效益。

五、探索陆海综合管理模式

探索具有中国特色的海岸带综合管理模式，按照以可持续发展为核心，保护、利用、特色、区域协调"四位一体"的海岸带保护与开发利用模式，加强海洋、国土、环保、住建、发改、旅游、交通等部门之间的协调与配合，建立多部门合作的规划协调机制，改变目前海岸带管理中部门条块分割、政出多门的局面。

全面落实海洋主体功能区规划，明确沿海各县区海域的主体功能，对接陆域主体功能，强化主体功能区分区管控，促进各地区按照主体功能定位发展，推进形成经济发展与海洋资源、海洋环境和海洋生态相协调的海洋主体功能区发展格局。健全主体功能区的政策支撑体系，严格执行差别化的财政、投资、产业、海域海岛、环境政策措施，推动优化开发区域和重点开发区域海洋自主创新能力建设和现代海洋产业体系建设，加大对限制开发区域的生态建设和转移支付力度，完善限制开发区域、禁止开发区域的生态补偿机制，强化激励性补偿。

严格保护具有重要生态功能的区域，加强陆海统筹自然保护区体系建设，强化生态修复，健全跨陆海生态监测和管控机制，促进陆海生态系统的健康发展。加强海洋环境治理和生态修复，探索建立"海域—流域—陆域水环境控制单元"体系。科学开展河流环境综合治理，探索"河湾联治"的陆海污染防治体系。

全面贯彻落实"科学用海"理念。加强海域使用科学论证，建立项目用海控制指标体系。建立以投入和产出指数为基本依据的用海审批制度，优先布局经济效益高、生态影响小的用海项目。保障国家和地方重大建设项目、基础设施项目、民生领域项目、战略性新兴产业项目的合理用海需求。控制单个项目用海面积，制订不同行业单个用海项目面积标准，防止圈海占海和浪费海域资源。严格控制过剩产能项目的用海供给，限制落后的用海方式，对高耗能、高污染、低水平重复建设的项目以及产业淘汰类项目，一律不批准用海。

全面统筹海岛保护与利用，科学保护和改善海岛及其周边海域生态系统，强化海岛分类分区管理，实施海岛保护重点工程，保障国家海洋权益和生态安全，促进海岛地区经济社会可持续发展。建立健全无居民海岛资源市场化配置机制，完善海岛有偿使用制度。加强无居民海岛使用权管理和生态保护，完善无居民海岛开发方式和开发强度管控，按照规划实施无居民海岛开发利用，形成"一岛一策"、错位发展的海岛保护与管理模式。

第一节　岭南地域文化的现状

一、岭南文化内涵

岭南文化的内涵丰富，涉及社会、经济和文化的各方面，并且在农业、商业、工业、文化、艺术和习俗方面存在多种载体，具体可归纳为表7-1所示的11个文化丛所代表的文化系统结构。

岭南文化系统结构表　　　　　　　　　　　　　　　　　　表7-1

文化丛	文化因子
稻作	火耕水耨、堤围、挣稿制、翻耕等
基塘	桑基鱼塘、蔗基鱼塘、花基鱼塘、柑（橘）基鱼塘等
蚕桑	植桑、养蚕、丝织、丝绸等
茶	种茶、制茶、工夫茶（沏、冲、闻、品）、茶艺、茶俗、茶道等
渔业	广船（内河船、海船）、渔具、捕捞、养殖（淡水、海水）、渔风、渔俗（敬妈祖、谢观音）等
商业	商人与经商传统、豪商、港商、市场、金融业、国际金融中心（香港）、对外贸易等
民族工业	乡镇企业、广货（珠江水、广东粮、粤家电）等
饮食	粤菜（广州菜、潮州菜、东江菜、海南菜），优质粮食和各种水产，肉禽，果蔬（热带和亚热带水果，如荔枝、龙眼、杧果），粤菜三绝（狗肉、焗雀、烩蛇羹）等
服饰	夏布（葛布、麻布、蕉布）、丝织物、棉织物、珍珠饰品等
民间工艺	制葵（葵艺）、端砚、陶瓷（潮州彩瓷、石湾陶瓷）、藤器、竹器、木器、文具、金属器皿、珠宝、玩具、刺绣、雕刻、工艺编制等
文学艺术	四大剧种（粤剧、潮剧、琼剧、广东汉剧）、客家山歌、客家对歌、广东音乐、岭南画派（国画）、歌谣（粤讴、木鱼、龙舟）等
风俗习惯	民风（实干、务实、重实践到重实效重知识重科技的转变）、民俗（崇财神、讲礼仪、稻俗、茶俗、渔俗、婚俗、生命礼俗）、中西节俗（观音诞、天后诞、母亲节）等

资料来源：叶岱夫. 岭南文化区域系统分析[J]. 人文地理，2000（05）：5-9。

　　岭南文化独特多元，具有重商性、开放性、兼容性、远儒性等特征：

　　（1）重商性——务实。历史上，岭南特别是珠江三角洲一带一直是商业贸易比较发达的地区，"崇利"的观念渗透到岭南社会各个角落。清代仅潮州一地，"不务农业"的居民就发展到10万户之多；明代时，珠江三角洲就成为商品性农业区。

　　（2）开放性——外联。岭南地处我国南疆边陲、南海之滨，自古以来就是我国对外交流的窗口，岭南人也不断走出家门，向海外开拓。3000多万海外华侨和华人中，来自广东的岭南人就占了2000多万。

　　（3）兼容性——包容。岭南文化是在与海内外各种文化交流碰撞中，兼容并蓄而发展形成的。其中包括了中原文化、楚文化、吴越文化、巴蜀文化的深刻影响，又包含了基督教文化、阿拉伯文化、波斯文化、日本文化、西方文化等外国文化的因素。

　　（4）远儒性——改革。岭南文化受到中国传统文化的深刻影响，但并没有被这种影响所束缚，对中原传统文化表现出较大的游离性和再创造性，具体表现为广东被朝廷察举的人才不多，但近代多次革命都以岭南为起点。

二、岭南文化分支

　　岭南原著居民为瑶族、黎族等少数民族，汉族由隋唐始迁入广东，经历多次迁移受到多种国内外文化的影响，最终形成具有自身特色的岭南文化，并形成了多种文化分支，最主要的有三大文化分支，分别为：广府文化、潮汕文化和客家文化（图7-1）。

　　广府文化是广东省中部和西南部的主体文化，基本属于粤语方言区范围。文化起源于西江流域，由早期中原汉人南下定居形成，由西向东推移后，在广州落地生根，博采多种文化养分。

　　潮汕文化是潮汕平原和粤东沿海的主体文化，全部使用闽南语，其居民主要来自福建，故有"福佬"之称。居民主体为自东晋南朝第一次移民高潮迁入的中原和闽南汉人，主要以汉文化为根基，与土著闽越文化有所融合。

　　客家文化是粤东北和粤北的主体文化，属于客家方言覆盖范围。客家人是入粤较晚的民系，至迟在西晋后期，由永嘉之乱后才迁入的中原汉族构成。由于其他民系已占据了优越的地理位置，客家人只能在山区寻求发展，并且形成了刻苦耐劳、好学求知的文化精神。

图7-1
广东文化区划图
▶

第二节　岭南地域文化的保护和传承

　　在2013年底召开的中央城镇化工作会议上，"望得见山、看得见水、记得住乡愁"成为新型城镇化的愿景。2014年发布的《国家新型城镇化规划（2014～2020年）》中，"文化传承"被列为构成新型城镇化"中国特色"的一个战略性要素。针对我国在城镇化快速发展过程中存在自然历史文化遗产保护不力、城乡建设缺乏特色的问题，《国家新型城镇化规划（2014～2020年）》明确提出，今后中国将努力走出一条"以人为本、四化同步、优化布局、生态文明、文化传承"的中国特色新型城镇化道路。要求注重文化传承，彰显特色，根据不同地区的自然历史文化禀赋，体现区域差异，提倡形态多样性，防止千城一面，发展有历史记忆、文化脉络、地域风貌、民族特点的美丽城镇，形成符合实际、各具特色的城镇化发展模式。

　　广东省历史悠久、文化内涵丰富，需要以岭南文化认同为基点，以内涵提升为导向，探索"产城人融合，留得住岭南乡愁"的广东特色城镇化之路。充分发扬文化优势，结合岭南文化的鲜明特色和地域特征，发掘城市文化资源，强化文化传承创新，利用开放、包容、创新的广东精神引领城镇发展和转型，把城市建设成为历史底蕴厚重、时代特色鲜明的人文魅力空间。

一、加强地域特色和山水格局保护

传承岭南地域文化，重塑城镇地域特征，强化城市建设布局对山体、水体、林地等自然要素的尊重，划定全省地域形态分区（表7-2）。在形态分区的基础上，根据城镇所在区域的文化地理特征，以及城镇的建设现状水平与未来潜力，指引城镇公共空间活化、历史文化保护、山水格局优化、绿色街区建设（图7-2）。

广东省地域特色和山水格局分区　　　　　　　　　　　　　　表7-2

总区	分区	亚区	地级市
平原区	珠三角平原广府区	广府亚区	广州、佛山、东莞、深圳、珠海、中山、江门、惠州
沿海区	粤东沿海潮汕区	潮汕亚区	潮州、汕头、揭阳、汕尾
		客家亚区	惠州
	粤西沿海广府区	琼雷亚区	湛江
		高阳亚区	茂名、阳江
山地区	粤西山地广府区	高阳亚区	茂名、阳江
		广府亚区	云浮、肇庆
	粤北山地客家区	客家亚区	韶关、清远
	粤东北山地客家区	客家亚区	河源、梅州、惠州

图7-2
广东省文化特色及形态分区
▼

1. 平原区城镇

由于不受自然要素的限制，根据是否规划培育新中心将其分为两类：对于培育新中心的城市，新老中心的相对距离不应过远，以保证其互动性；对于渐进式发展的城市，应明确其发展方向，避免"摊大饼"式蔓延造成基础设施成本上升、城市运行效率下降。

2. 沿海区城镇

根据主城区与水域的相对位置及发展方向分为两类：对于主城区沿水域发展并发展新中心的城市，应重点考虑跨水域发展的必要性和组团发展方向，同时注意组团间的互动性联系；对于主城区并未在水域周边的城市，建议其向水发展，并沿水域培育新组团，在保证主城区与新组团联系性较好的同时，也避免了城市大范围蔓延。

3. 山地区城镇

根据山体与城市的相对位置分为两类：对于四面环山的城市，需要规划新组团时，建议考虑明确各组团功能，保证主城区居民生活不受影响，同时应考虑盆地主导风向的季节性变化；对于山谷类城市，带形发展是其主要模式，在尊重自然山体的同时，应考虑组团间互动性联系。重要的山脉水体周边，城市核心生态景观带内，新建、扩建、改建的建（构）筑物，其建筑形式、体量高度和风格应与自然景观和人文景观相协调。依托珠江水系诸河水体、岸线，重点打造展现广府文化和岭南水乡风貌的西江风光带、展现海滨邹鲁文化和倚山濒海风貌的榕江风光带等7条城市沿江风光带。

二、保护和传承岭南特色城市风貌

有序推进城市修补和有机更新，解决老城区环境品质下降、空间秩序混乱、历史文化遗产损毁等问题，促进建筑物、街道立面、天际线、色彩和环境更加协调、优美。通过维护加固老建筑、改造利用旧厂房、完善基础设施等措施，恢复老城区功能和活力。

城市建设应对地方历史文化传统做出合理的呼应。对传统风貌保持较好的地区、历史文化街区、历史建筑、文物古迹等，依次提升该类地区及其周边地区的风貌指引及规划控制的严格程度，保证周边的城镇建设、城镇改造与传统的历史肌理相互协调。街区布局顺应传统城镇肌理，新建筑高度和形态应与历史建筑相协调，新老城区的公共空间体系应连接成网，鼓励在公共空间及其界面内融入历史文化特色与符号。

统一引导街区风格。在反映地域文化的基础上，凸显街区实体自身的特色，并赋予需要表达的地域符号。鼓励把各地域独特的传统建成环境符号融入街区实体的设计之中，从而丰富街区界面形象，形成地域特征明显的街区景观。

建立城镇协调的历史建设标准。在各地历史保护规划的基础上，基于历史文化名城、历史街区和文保单位的保护规定，建立历史保护和周边协调标准，划定历史保护界线，推动历史文化名城对文化资源的发掘，控制历史街区周边的城市建设，并提供与之相协调的城镇建设标准。

三、建设和复兴历史文化空间

营造有利于开展传统文化活动的公共空间，促进传统文化活动的复兴。从地域分区来看，山地区分布了最多的历史文化名城，平原区的历史文化名城数量为其次，沿海区的历史文化名城则最少（图7-3）。国家级名城则在珠三角平原广府区分布最多，此处也是历史文化名城总数最多的亚区，粤东沿海区其次，粤西沿海区则没有历史文化名城。对历史文化空间的建设和复兴应遵照以下原则：山地区为历史保护核心区，应重点开展山地区历史保护工作；珠三角和潮汕区位历史保护重点区，应着重协调城

图7-3
广东省历史文化名城
分布

▶

镇发展和历史保护的关系。

1. 建设具有岭南特色的历史文化名城、名镇、名村

围绕文化资源、文化创意产业、文化景观、文化场所等关键领域，创造良好的城市人文环境，推进岭南文化城市建设。依托广府文化、客家文化、潮汕文化、华侨文化、雷州文化等文化资源，在城市规划建设中体现中西结合、多元交融的岭南特色，避免"千城一面"。加强国家级历史文化名城保护，支持符合条件的城市申请国家级历史文化名城，整体性保护古城的空间肌理和历史文脉。实施城市文化复兴计划，推动文化博览工程和历史文化展示工程，积极彰显和弘扬城市文明成果，培育市民对城市的认同感。

2. 复兴岭南特色历史文化街区

遵循改善民生、传承文化、繁荣经济的原则，推进岭南特色历史文化街区复兴工程，注重建筑文化、民俗文化、饮食文化的传承，保留街区的文化内涵。通过开展"岭南特色规划与建筑设计评优活动"等，增进近代古商埠和骑楼街的文化氛围。深入挖掘餐饮、旅游、文化、休闲娱乐等特色产业，打造一批个性鲜明、富有人文底蕴、具有活力魅力的精品街区。对于部分未列入历史文化保护街区的传统文化特色街区，也应加强街区文化保护与环境景观整治，争取提升为历史文化街区。

3. 加强岭南历史建筑的保护和再利用

建立历史建筑名录。全面开展历史建筑普查，由城市、县人民政府负责开展本地区历史建筑普查和建档工作，摸清历史建筑类型、数量、分布、质量状况和保护状况等信息。分批次依法建立历史建筑保护名录，并对社会公布。其中，对于保护价值较高的历史建筑，报省人民政府核定后，公布为广东省历史建筑。设立标牌解说建筑历史，让城市底蕴变得可阅读，丰富城市内涵。

鼓励历史建筑活化利用。坚持保护利用与普及弘扬历史文化并重，鼓励历史建筑产权人和使用人对历史建筑进行适度、合理的功能利用，切实提升居民的生活质量和水平。继承和创新广府、潮汕、客家等传统建筑在通风、遮阳、采光等方面的设计手法，应用现代新技术、新材料、新工艺，精心组织建设大型公共建筑和居住建筑，建设一批适应亚热带气候特征、彰显岭南文化元素和人文形象的新建筑，使之成为现代建筑精品和城市亮点。

4．加强文物和非物质文化遗产保护

对已列为文物保护名录的古遗址、古建筑及民居，不可随意进行改造、拆建和破坏。确需修缮的文物建筑要履行审批手续，保护文物的原貌。划定文物保护单位的核心范围，对文物保护单位建设控制地带内的附属文物及与文物保护单位相关的其他人文和自然环境风貌等相关要素也应予以保护。加强文物展示利用工作，适度开发文化旅游产品，创新文物旅游体制机制，使文物旅游要素延伸到新型城镇化建设中。

保护非物质文化遗产。继承发展岭南传统美术和传统技艺，扶持石湾和枫溪艺术陶瓷、肇庆端砚、云浮石材工艺、高州角雕、信宜玉雕、阳江漆器、阳江风筝、广州"三雕一彩一绣"、潮绣和潮州木雕、佛山剪纸和木版年画、龙门农民画等非物质文化遗产项目。结合非物质文化遗产保护，策划一系列文化旅游活动，弘扬岭南文化。建设一批非物质文化遗产专题或综合展示传承场所。

营造有利于开展传统文化活动的公共空间，促进传统文化活动的复兴。珠三角地区可设置龙舟水岸、茶楼、祠堂、骑楼街等空间以承载传统的划龙舟、花市、飘色等活动。粤北地区可通过祠堂、围屋等空间承载传统的祭祖、作福、灯火、对歌活动等。粤西地区则可在祠堂等传统空间引入七菜开、年例、迎花朝、三月三等活动。粤东地区可在厝、祠堂等传统空间引入灯火、拜海神、龙舟、木偶戏等活动。

第三节　传统村落保护和乡村振兴

"乡村振兴战略"是2017年党的十九大报告中提出的七个发展战略之一，作为国家新的发展战略，乡村振兴是统筹解三农问题的一项长期根本性举措，新型城镇化则是乡村振兴的一个路径和方式。2018年《中共中央国务院关于实施乡村振兴战略的意见》在贯彻十九大精神的基础上，具体提出了乡村振兴战略的基本原则、目标任务和路径手段，其中就包括"传承发展提升农村优秀传统文化，保护好传统村落等传承发展。"

坚持农业农村优先发展，按照产业兴旺、生态宜居、乡风文明、治理有效、生活富裕的总要求，建立健全城乡融合发展体制机制和政策体

系，加快推进农业农村现代化。通过做好南粤古驿道保护利用工作，打造"升级版"绿道，推动历史文化保护与农村人居生态环境综合整治、扶贫开发、乡村旅游、户外体育运动等工作相互融合，走中国特色社会主义乡村振兴道路，促进乡村面貌改善和经济发展。

一、保护和修复南粤古驿道，助力乡村振兴

南粤古驿道，是指1913年以前广东境内用于传递文书、运输物资、人员往来的通路，包括水路和陆路，官道和民间古道，是经济交流和文化传播的重要通道。广东省迄今发现的古驿道及附属遗存202处，它们是军事之路、商旅之路，也是民族迁徙、融合之路，更是广东历史发展的重要缩影和文化脉络的延续。古驿道是广东省宝贵的历史文化资源，做好古驿道的保护利用工作，既能拓展绿道内涵和功能，又能够提升新农村建设的文化内涵并极大地促进乡村旅游的发展，对于凸显岭南地域特色具有重要意义。

2016年广东省政府工作报告提出"修复南粤古驿道，提升绿道网管理和利用水平"，将古驿道蕴含的丰富文化内涵融入绿道建设中，以弘扬南粤文化之美、助推精准扶贫和乡村振兴为切入点，汇聚体育、农业、文化、旅游、生态等不同产业发展动力，在满足公众健康休闲需求同时，带动沿线区域文化、旅游、体育产业的发展。

1. 目标与思路

将"寻找南粤古驿道，讲述广东好故事"作为古驿道保护利用的总体目标，以古驿道为纽带，整合串联沿线历史文化资源，将古驿道的保护利用与旅游业相结合，在促进南粤古驿道历史文化传承与保护的同时，提升广东历史文化遗产在"一带一路"的影响力、展示岭南地域文化特色、促进县域经济健康发展、实现"精准扶贫"和改善农村人居环境等目标，这具有深远的历史意义和重要的现实意义，也是落实习近平总书记关于"留住历史根脉，传承中华文明"的重要指示的具体举措。

响应国家"一带一路"倡议与广东"文化强省"战略，以线性古驿道历史遗产空间的再利用为载体，弘扬岭南优秀文化；结合供给侧结构性改革为公众创造满足现代生活需求的线性文化空间，带动沿线户外运动产业的发展；结合国家建设特色小镇、美丽乡村、精准扶贫等政策

契机，推动古驿道线路沿线特色镇村和扶贫村的建设，为欠发达的小城镇和乡村发展注入新动能，促进粤东西北贫困地区和全省区域经济均衡发展。

通过结合连线成片新农村示范片区建设，组织开展南粤古驿道修复和古水路沿线风景化建设，打造集精准扶贫、新农村建设、历史文化保护、绿道升级、体育竞赛、旅游休闲、科普教育于一体的、具有岭南特色的古驿道、古水道，提升广东历史文化遗产在"一带一路"倡议中的影响力，树立改善农村人居环境的品牌。具体做法方面，一是将古驿道保护利用与绿道建设有效结合，参照绿道建设和项目实施的体制机制，开展古驿道保护利用；二是将古驿道保护利用与改善农村人居环境和精准扶贫工作有效结合，优先发展古驿道沿线村落，推动"连线成片"新农村建设项目实施；三是紧贴"健康中国"的主题，改善城乡生态环境；四是将古驿道建设打造为"一带一路"旅游活动的重要载体。

2. 加强古驿道空间本体保护

形成以广州为中心，向东、西、南、北4个方向延伸的南粤古驿道线路网络。结合资源分布、交通组织、城镇发展和精准扶贫等要素，构建由6条古驿道线路和4个重要节点构成的南粤古驿道线路空间结构（图7-4、图7-5）。

（1）6条古驿道线路

6条南粤古驿道线路包含14条主线、56条支线，贯穿全省21个地级

图7-4
古驿道文化线网布局规划图

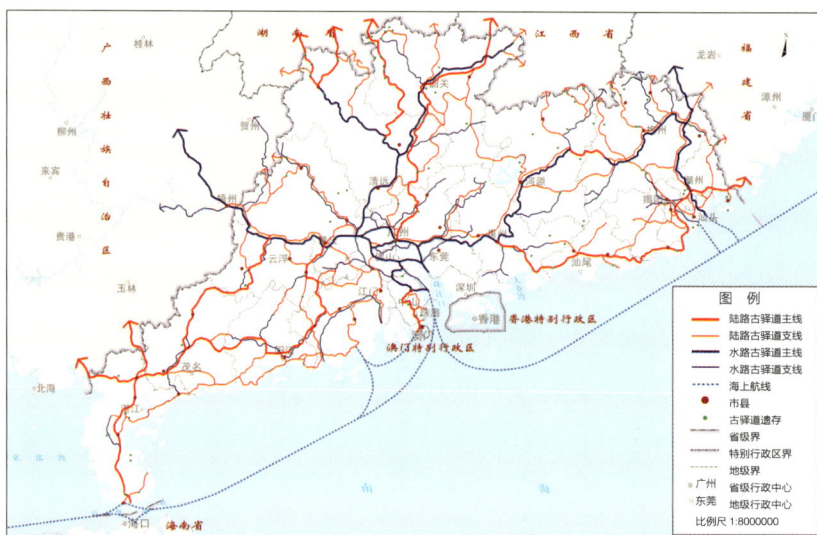

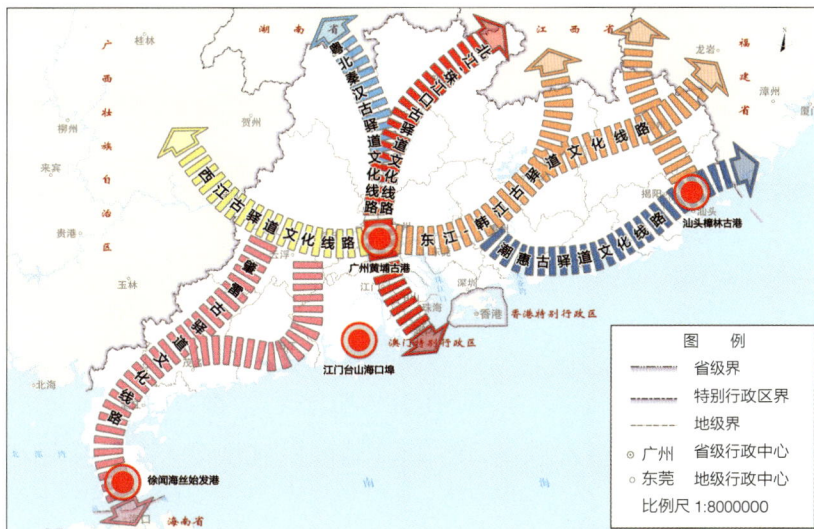

市、103个区县，串联1200个人文及自然发展节点，全长约11230km，其中陆路古驿道线路长约6900km、水路古驿道线路长约4330km。

粤北秦汉古驿道线路：是秦汉时期开辟的岭南与中原沟通的重要通道，也是广东省最早的古驿道之一，以"古村、古道、古关、古洞、古陂"为主要特色，突出反映军事文化、邮驿文化、民系迁徙文化、宦游文化、瑶族文化的秦汉南拓之路。

北江—珠江口古驿道线路：是岭南地区自唐代以来最重要的古驿道线路，分为北江段和珠江口段。北江段是以海丝文化、中原文化、广府文化、少数民族文化为特色的古瓷贸易之路和中原南迁之路。珠江口段是以广府文化、近代革命文化和侨乡文化为特色的南迁出洋之路。

东江—韩江古驿道线路：是唐代之后粤、赣、闽三省商贸和文化交流的主要通道，分为东江段和韩江段。东江段是以广府文化、客家文化、宦游文化、红色文化等为特色的客家迁徙之路。韩江段是以客家文化、潮汕文化、侨批文化、海洋贸易文化、宗教文化等为特色的潮客贸易之路、粤闽赣盐运之路。

西江古驿道线路：以"古城、古村、古渡、古人类遗址"为主要特色，是突出反映广信文化、端砚文化、海丝文化、古人类文化、石刻文化等文化内涵的广府发源之路。

潮惠古驿道线路：以"古港、古庵、所城、卫城"为主要特色，是突出反映海防文化、海洋贸易文化、潮汕文化等文化内涵的海防文化体验之路。

肇雷古驿道线路：以海洋贸易文化、雷州原生文化、南江文化、六祖禅宗文化、宦游文化等为特色的海丝起源之路。

（2）4个重要节点

4个重要节点是海上丝绸之路重要出海口纪念地：广州黄埔古港、汕头樟林古港、台山海口埠和徐闻海丝始发港。

3. 打造"中国南粤古驿道"活动品牌

深挖文化内涵，策划"南粤古驿道文化之旅"主题线路。深入挖掘南粤古驿道相关历史事件和历史人物，形成南北通融文化遗产线路、葛洪与中医药文化遗产线路、汤显祖岭南文化遗产线路、瓷器文化遗产线路、香山古道群英故里文化遗产线路、《世界记忆》侨批和银信文化遗产线路等特定主题的文化之旅。做好广州黄埔古港、江门台山海口埠、汕头樟林古港和湛江徐闻古港等南粤古驿道出海口纪念地规划建设、统一命名和授牌工作，切实增强广东省"一带一路"文化软实力。

举办古驿道体育赛事，激发乡村活力。筹办古驿道定向大赛，充分挖掘和体现当地乡土资源。将古驿道定向大赛与骑行、房车营地等更多元素结合，丰富赛事形式，提升国际化水平。依据国际赛事市场开发运作规则，进一步激发市场活力和乡村发展内生动力，合理分配收益，重点用于经济欠发达地区农村人居生态环境改善等工作。

开展"驿道依旧在，故人何处寻"寻访侨批（银信）后人活动。广泛收集侨批（银信）并扫描存档，邀请专家和侨批（银信）后人进行解读。深入挖掘侨批（银信）背后的故事，对侨批（银信）后人进行立卡建档和采访，通过专题博物馆、展览、网站、纪录片和出版物等多种形式开展宣传。

4. 推动特色村镇和贫困村发展

一是推动古驿道沿线名镇名村保护和特色村镇建设。结合南粤古驿道线路沿线的历史文化名镇、古镇及部分古驿道历史节点，建设251个融合文化、旅游、产业、生活等功能的南粤古驿道文化特色乡镇。通过挖掘、保护与活化利用古驿道文化资源，激活沿线古驿道特色乡镇的产业活力，促进小镇的经济发展。

二是加强古驿道沿线农村人居生态环境综合整治。以古驿道线路为载体，串联沿线419个古驿道文化特色村落，结合广东省绿道建设、新农村连片示范建设和农村人居环境综合整治等工程，形成以线串点的古驿道文化乡村带，为沿线乡村发展注入新的活力，带动沿线村落经济的发展。

三是推进古驿道沿线村庄对口精准扶贫脱贫。将南粤古驿道保护利用与社会主义新农村连片示范建设工程相结合，建设宜居宜业宜游美丽乡村，贯彻落实中央"精准扶贫"战略，加大推进古驿道线路两侧各5km范围覆盖的1300余个省定贫困村扶贫工作力度。

根据古驿道线路沿线贫困村自身及周边资源特点、县域产业发展思路与扶贫计划、古驿道沿线功能需求，按照扶贫措施划分为旅游观光型、农林发展型、城郊服务型和生态改善型四类扶贫村：

（1）旅游观光型扶贫村：主要包括历史文化名村、传统村落、古村落及与古驿道相关的人文、自然资源较为丰富集中的村落。该类型村庄可结合资源进行观光游、休闲游、农业体验游等产业开发，改善人居环境，结合历史遗迹的保护与文化内涵的挖掘，优化服务设施。

（2）农林发展型扶贫村：地处农产品资源、森林资源丰富地区的贫困村。该类型村庄通过政策支持大力发展农业合作组织，培育农业龙头企业、家庭农（林）场和种养大户，增加就业，探索农产品电商平台、观光农业、林下经济等发展内容。同时，通过古驿道带入人流，进行农业观光、农家乐体验等活动。

（3）城郊服务型扶贫村：是指自身旅游资源和特色农业资源不是特别突出，但位于城郊古驿道沿线、重点发展区域或发展节点周边的贫困村。该类型村庄结合古驿道沿线资源的开发利用，可提供相关配套服务，如住宿、餐饮、商业、体憩、通信等内容。

（4）生态改善型扶贫村：主要指人口规模少、交通可达性差、位于生态敏感区内的贫困村。该类型村庄结合古驿道开发，以生态保护为目标，分类实行生态补偿、环境整治、异地安置等措施，同时加大村庄的危房改造、交通可达性、生活垃圾处理、污水处理力度，提升留村村民的生活质量。

专栏7-1 **广东推进南粤古驿道保护利用工作——定向大赛唤醒驿道古村，文创大赛复兴传统文化**

自2016年起，广东省在全国率先开展古驿道保护利用工作，包括挖掘修复古驿道，串联沿线的历史遗存、历史文化名城名镇名村以及自然景观等资源节点，并与户外体育、乡村旅游相关联，以期促进粤东西北城乡经济互动发展、实现精准扶贫，并确定了"两年试点、五年成行、十年成网"的目标。

在实际工作中，广东省建立起一套高效实干、责权明晰、统分结合的保护管理机制，充分发挥制度优势，通过有效整合多部门、多层级，建立起一套高效实干、责权明晰、统分结合的保护管理机制，充分体现道路自信、制度自信，为探索符合中国国情的文化遗产保护利用之路做出了具有启发性和借鉴意义的实践。

试点先行，示范段树立典范，逐年推进。经过两年的工作，广东南粤古驿道已梳理出包括古道、绿道、步道、风景道及水道在内的文化线路路径载体，建立起南粤古驿道标识系统，并聚集起体育、农业、文化、旅游、生态等不同产业发展的资源要素，8条各具特色的古驿道示范段初具规模，保护修复工作取得显著成效，形成了良好的示范引领效应。

专栏7-1图1 台山海口埠的银信纪念广场

发展古驿道户外体育运动，举办文化创意大赛，带动沿线古村镇旅游发展。省市各部门结合水田垦造，打造古驿道沿线特色农业景观，扶持当地培育特色农产品，申报国家地理标志商标并在恢复的古驿道集市活动中进行包装推广；引入"文化+"的活化利用模式，将体育、农业、旅游与古驿道相结合，面向当代生活，为沿线欠发达的古镇古村注入新动能，实现精准扶贫；同时科学配置公共服务和旅游设施，结合古驿道"驿站"选址建设，扶持特色民宿民居建设，推动当地文化旅游的发展和经济社会进步。2016～2017年，广东省在古驿道沿线传统村落共举办18站"南粤古驿道定向大赛"，其他品牌性体育活动还包括南粤第一峰铁人三项、穿越丹霞、古驿道骑行赛、古水道划船赛等。2018年南粤古驿道重点线路沿线125个省定贫困村和131个特色村是古驿道线路重点串联和文化挖掘的对象。

二、岭南传统村落保护与复兴

1. 目标与意义

传统村落的保护，是社会、文化和经济价值统一的过程，在新型城镇化背景下，岭南传统村落的保护不只是一项单纯的"历史村落保护"或"新农村建设"，而是各主体、要素在历史文化保护与复兴利用价值平衡上的共同努力。

对岭南传统村落的发展要求保护与发展相结合，在保护的同时逐步改善村落居民的生产与生活条件，提高村落居民生活质量，保持传统村落作为农村社区的基本功能，作为村民的生产、生活的基地，维持传统村落活力。

2. 保育具有特色的岭南传统村落

岭南传统村落有着悠久的历史，且分布地域广阔（图7-6）。其中，大部分保存完整的传统村落主要集中在明清和民国时期，明朝之前的村落相对较少。空间上，岭南传统村落大部分集中在粤中地区，其次是在粤东，粤西、粤北相对较少。文化上，岭南传统村落深受岭南文化的影响，在广府文化、客家文化和潮汕文化影响下，形成了各具文化特质和风格的岭南传统村落。截至2014年年底，广东已经列入名录的中国传统村落达

图7-6
岭南传统村落分布图

到126个，省级传统村落189个，除此之外，还有大量的传统村落未列入保护名录[1]。

建立各级传统村落保护名录。严格保护全省已经纳入《中国传统村落名录》的91个传统村落及后续申报纳入名录的传统村落。积极根据国家颁布的传统村落评价认定指标体系，开展传统村落普查工作，建立省级传统村落保护名录。对于具有较长时间的历史沿革，建筑环境、建筑风貌、村落选址未有大的变动，具有独特民俗民风的传统村落，经专家论证应纳入地方传统村落保护名录，争取纳入国家级保护名录并做好保护工作。

保育具有特色的岭南文化村落。包括历史遗迹丰富的文化观光型村落，乡土特色突出、生态资源优势明显的农业体验型村落，以及毗邻城市发展区、传统文化氛围浓郁的商业休闲型村落，保护村落浓郁的乡土特色，并促进乡村地区的发展。

3. 强化基础设施建设推进城乡统筹[2]

保护与发展岭南传统村落，搞好乡村地区的发展，推动基础设施建设是重要一环。一方面，重视区域骨干交通与基础设施的建设，改善传统村落的交通可达性，有效带动落后地区的经济发展，提高传统村落的活力，也是推进城乡统筹、缓解城乡差别和推进落后地区发展的重要手段。另一方面，针对各项设施老化和生活不便问题，通过推进与改善村内的各

1 谭歆瀚，杨景盛，洪婉仪. 城镇化视角下的岭南传统村落保护与利用浅析[J]. 城市建筑，2016，（24）：328-328，330。
2 城镇化视角下的岭南传统村落保护与利用浅析[J]. 城市建筑，2016（24）：328-328。

项基础设施，改善水、电、气以及通信等硬环境，对于留住人气、缓解村落"空心化"和"空村化"现象具有重要意义，是搞好岭南传统村落保护的重要举措。

充分发挥政府的资源统筹能力，统一制订规划与行动计划、协调地方诉求与发展设想、解决融资与资金问题等，高效推进各项区域基础设施的建设；协调供水、供电、排水、电信等多部门形成合力，提出切实可行的传统村落设施提升方案；强化政府扶持资金的落实，充分发挥一次性投入资金对于撬动村落发展的杠杆作用，带动村落实现自我保护与更新。

4．挖掘和发挥岭南传统特色乡村价值[1]

挖掘一批具有岭南特色的传统村落，在尊重传统建筑风貌、尊重传统选址格局及与周边景观环境关系的前提下，对确定保护的濒危建筑物、构筑物及时抢救修缮，对于影响传统村落整体风貌的建筑予以整治，深入挖掘和发挥传统文化遗产资源价值，在延续传统生产生活方式的基础上，适度发展特色产业，打造一批具有全国甚至国际影响力的岭南特色"名村"。通过古驿道、风景道、绿道等串联，实现跨市县新农村连片示范工程的连续性，提升乡村地区吸引力，促进乡村旅游发展。

结合原有的田野、鱼塘、果园等绿地景观，通过租用或征用少量土地，增加必要的休闲设施，建设集农产品消费场所、休闲旅游场所和农业生产场所于一体的"农业公园"。

三、建设美丽乡村，实施乡村振兴

1．目标和意义

中央农村工作会议指出，要以绿色发展引领生态振兴，统筹山水林田湖草系统治理，加强农村突出环境问题综合治理，建立市场化多元化生态补偿机制，增加农业生态产品和服务供给，实现百姓富、生态美的统一。改善农村人居环境，建设美丽宜居乡村，是实施乡村振兴战略的一项重要任务，以生态宜居为要务，因地制宜推进乡村人居环境整治，使乡村成为农民安居乐业的美好家园。

通过开展农村人居环境整治行动，加强生态环境建设，加快补齐基础设施和公共服务短板，治理环境突出问题，提升村庄绿化美化建设水

1　珠江三角洲全域空间规划项目组，《珠江三角洲全域空间规划（2014～2020年）》（征求意见稿），2015。

平，建设生态宜居新农村。计划到2020年，全省农村公共卫生、基础设施、人居环境、公共服务、社会事业、生态文明等方面建设有明显进展，农民生活质量和文明素质有明显提高，形成具有岭南特色的生态宜居的美丽乡村。

2. 强化制度供给

完善村庄规划管理法规政策，加强村镇规划建设管理机构建设，出台村庄规划编制指引。各地结合实际，明确基层村庄建设管理的机构、队伍和职责，落实编制和经费。推进"三师下乡"志愿者服务，加强与省定贫困村结对指导，建立稳定的技术人员支持制度。推进县（市）域乡村建设规划编制实施，引导条件具备的地区整县、连片规划与整治。抓好省级社会主义新农村示范村规划设计建设运营一体化试点县建设，探索和提供可复制、可推广的经验做法进行推广。

3. 开展持续整治

开展农村环境综合整治和连片整治，加快推进镇级生活污水集中处理设施建设和生活垃圾收集转运设施建设。开展农村垃圾专项整治，加大农村污水处理和改厕力度，加快改善村庄卫生状况。强化农房建设管理，探索实施乡村规划许可制度，加强农村风貌管控，引导乡村进行乡土化、特色化改造。建设优美村居，编印富有岭南特色的农村住房设计图集，推进乡村道路、公共空间、周边林地以及农户房前屋后和庭院的绿化美化。注重保留村庄传统风貌，慎砍树，不填湖，防止大拆大建，尽可能在原有村庄形态上改善居民生活条件。将乡村社区规范化建设与营造乡村特色景观风貌有机结合，整体提升乡村环境。

4. 指导分类发展

城市带（轴）地区的村庄应积极依托城镇，注重公共服务设施的城乡一体化配置，提高村庄公共服务设施标准。加强城、镇、村之间便利的交通联系，促进村庄都市型农业和休闲旅游业的发展。对进入城镇规划用地范围内的乡村居民点，应按城镇社区标准建设。点状发展地区的村庄，应注重基本公共服务设施的均等配置，改善村容、村貌。充分利用生态及各类特色资源优势，积极引导乡村旅游、休闲观光农业以及传统手工业发展。在充分尊重农民意愿的基础上引导农民有序向规划村庄集聚（表7-3）。

"美丽乡村"分类引导

表7-3

发展模式	建设要求	试点村庄
产业发展型	依托现有产业优势和特色，在农民专业合作社、龙头企业发展基础上，推动形成"一村一品"、"一乡一业"，实现农业生产聚集、农业规模经营，农业产业链条不断延伸，推动产业发展型"美丽乡村"建设	广州市番禺区南村镇坑头村、南沙区横沥镇冯马三村、萝岗区九龙镇洋田村、增城市正果镇黄屋村；珠海市斗门区连江村、南门村；金湾区平塘社区、万山区外伶仃洋村；江门市鹤城镇五星村、德庆县官圩镇金林村、南海区九江镇烟南村、惠阳区平潭镇阳光村、云浮市富窝村；中山市小榄镇永宁社区、横栏镇三乡社区
生态保护型	在生态优美、环境污染少的地区建设生态保护型乡村，积极发展原生态农业、有机农业和多样化非农生态产业，增强农业生态功能，依托优越的自然条件，发展生态旅游	花都区梯面镇红山村、韶关市乳源县游溪镇八一瑶族新村；梅州市长教村、南福村、畲脑村、加丰村；惠州市中坪尾村；江门市天马村、东风村；湛江市正湾村；茂名市旺将村、中山市五桂山镇桂南村、南朗镇崖口村等
城郊集约型	在大中城市郊区选取若干试点建设城郊集约型"美丽乡村"，重点发展都市农业、城郊型生态农业，打造大中城市重要的"菜篮子"基地	珠三角城市近郊地区的村庄
文化传承型	保育具特色的文化村落，推进农村文化建设，传承乡村淳厚民风，加强乡村文化挖掘保护和农村文化礼堂建设等特色工作。适度发展具有本地特色的农业体验、文化艺术创作和休闲产业	包括广州大岭村，中山市翠亨村，珠海北山村，肇庆八卦村，汕头市和舖社区、东华村、前美村、南澳后花园村，江门良溪古村、开平市自力村，梅州市雁上村、侯南村、侯北村、侨乡村、新楼村，河源市龙门县花围村等
渔业开发型	在沿海和水网地区的传统渔区建设渔业开发型乡村，通过发展渔业促进就业，增加渔民收入，繁荣农村经济	湛江市徐闻县曲界镇龙门村、吴川市黄坡镇水潭村；汕头南澳岛渔村；茂名市茂南区镇盛镇彭村
环境整治型	在农村脏乱差问题突出地区实施"百村示范、千村整治"工程，加强农房改造和危房改造工作，推进村庄生态化有机更新，完善改水改厕、污水处理、垃圾收集等设施，改善村容村貌，提升农村环境品质	在每个市（县）选取若干个村庄，开展省级村庄环境和垃圾综合整治试点，力求实现试点村庄环境品质提升、整体视觉悦目
休闲旅游型	在适宜发展乡村旅游地区建设休闲旅游型"美丽乡村"，结合旅游资源，完善住宿、餐饮、休闲娱乐设施，合理发展休闲度假，培育乡村旅游	广州市小洲村、花都区梯面镇红山村；深圳市坝光村、半天云村；梅州市长教村、南福村、雁上村、阴那村、坪坑村、大黄村；汕尾市大塘尾村；江门市东风村；阳江市石忽村；揭阳市粗坑村；湛江市特呈岛、马六良村、蛤岭村、邦塘村、龙门村；云浮市南充村；韶关市石塘村；河源市林寨镇林寨古村；中山市新伦村等
高效农业型	在粤西农业主产区，培育若干以农业作物生产为主的试点乡村，完善村庄农田水利等基础设施，大力提升其农产品商品化率和农业机械化水平	遂溪正大村；吴川市水潭村、官江村、黄坡村、郑屋村；雷州市双水村、附城镇土角村等

第一节　新型城市建设与社区治理

未来广东省新型城镇化发展道路和城市建设方式，选择需要更加注重人本导向，以人的城镇化为核心，以提升质量为关键，切实转变发展理念，优化发展格局，完善发展机制，创新发展模式。

一方面，把握城镇化的核心，处理好人与城的关系。要坚持以人为核心，把人的城镇化和人的全面发展作为根本目标，把促进外来务工人员和农业转移人口市民化作为首要任务，有序提高城镇化率，有力提升城镇体系综合承载能力，有效缩小城乡差距，促进城乡更充分就业和基本公共服务均等化，让城乡居民共享全面小康社会和现代化建设成果。要把城市思维贯穿始终，决不能把城镇化搞成人城分离的"造城"运动，把盲目扩张作为拉动GDP增长的手段。

另一方面，把握城镇化质量标准，处理好软硬件建设之间的关系。要在适应城镇人口规模、产业发展方向和环境承载力的前提下，保证质量、适度超前、统筹推进城镇化基础设施建设；要更加注重管理与服务，着力提高城市管理服务的精细化和信息化水平，使管理与服务更加科学化、高效化、人性化、便利化，加快提高城镇居民生活质量。

这就要求充分发挥政府管理和社会治理水平的优势，强化规划统筹，推进智慧城市、绿色城市、人文城市等新型城市建设，为城镇化健康发展提供保障。

一、建设智慧城市

1. 推进城市管理服务信息化

加快实现信息化与全省城乡建设、土地利用和城镇服务管理等的协调发展，促进城市规划管理信息化、基础设施智能化、公共服务网络化、产业发展自动化、电子商务普及化、社会治理精细化。推动物联网、云计算、大数据等新一代信息技术创新应用，加快电子政务发展。建立全面设防、一体运作、精确定位、有效管控的社会治安防控体系，支撑建立精细化城镇管理体系。推行智能交通，构建全覆盖、立体化交通传感网络，搭建基于物联网技术的"车联网"服务终端，全面采集来自各方的交通运输运行和服务信息。开展城市轨道交通高清视频实时传输标准的立项工作,推进相关技术的延伸应用。

2. 推动构建普惠化公共服务体系

推进智慧医院、远程医疗建设,普及应用电子病历和健康档案,促进优质医疗资源纵向流动。建设具有随时看护、远程关爱等功能的养老信息化服务体系。建立公共就业信息服务平台,加快推进就业信息联网。加快社会保障经办信息化体系建设,推进医保费用跨市即时结算。推进社会保障卡、金融IC卡、市民服务卡、居民健康卡、交通卡等公共服务卡的应用集成和跨市一卡通用。加强数字图书馆、数字档案馆、数字博物馆等公益设施建设。鼓励发展基于移动互联网的旅游服务系统和旅游管理信息平台。

3. 加快城镇信息基础设施建设

全面落实新建住宅建筑光纤到户,加快既有建筑光纤到户改造。以宽带网络基础设施和无线城市建设为重点,加快推进4G开发应用以及WiFi热点覆盖。珠三角地区要加快建设无线城市群和世界级宽带城市群。逐步推进珠三角地区实现电信同城化或一体化,取消珠三角地区长途通话费、漫游费,实行统一资费,降低经济运行成本,加强城际间互联互通。加快汕头、湛江和韶关等城市"云计算"区域信息服务平台和其他中心城区信息服务中心建设。粤东、西、北地区高起点搞好数字宽带基础设施规划建设。

4. 构建城市综合信息平台

整合全时空全领域的信息资源,加快建设全省智慧城乡空间信息服务平台,推进省市县多级地理空间信息与人口、产业经济、基础设施、公共服务、园林绿化、社会管理等城镇化发展相关领域信息的整合、交换和共享,促进跨部门、跨行业、跨地区的信息共享和业务协作。建立省规划建设遥感监测执法系统,利用遥感技术对全省规划的实施进行动态监测,实现部省联动,拓展规划遥感数据运用。开展不动产统一登记制度下的房地产市场和住房信息数据库建设。

5. 加强网络信息安全管理和能力建设

严格全流程网络安全管理,加强网络安全保障工作。加大对党政军、金融、能源、交通、电信、公共安全、公用事业等重要信息系统和涉密信息系统的安全防护,确保安全可控。建立网络安全责任制,强化安全责任和安全意识。

二、建设绿色城市

1. 建设绿色社区

社区建设综合考虑太阳能利用、景观生态化、科学绿化等因素，开展规划和技术的创新。在建筑布局上，充分考虑自然通风、日照等条件；在空间形态上，合理布局开放空间，精心设计公共空间和街道环境；在建材方面，最大程度取自于当地，以降低能源消耗并减少材料废物；在节水方面，注重雨水收集，将雨水和污水的循环处理运用于社区绿化、景观、公共卫生等。各市要通过示范性项目或者科技地产项目带动创建一批设施完善、环境优美、落实循环经济理念的绿色社区，推动生活绿色消费。

2. 发展清洁能源

推广清洁能源应用，提高清洁能源、可再生能源的比重，发展分布式能源。试点分布式能源和区域供冷设施建设，配套建设电动汽车充电设施，完善绿色能源和新能源基础设施。大力发展分布式光伏发电，推动各类产业园区等屋顶集中连片区域光伏发电规模化应用，支持公共建筑、商业建筑、家庭社区等社会各领域安装使用光伏发电系统。鼓励分布式发电接入配电网，大力推进分布式发电外部接网设施建设。鼓励结合分布式发电应用建设智能电网和微电网，提高分布式能源的利用效率和安全稳定运行水平。

3. 建设绿色市政和"海绵城市"

积极推进广州、深圳、珠海市建设低碳生态城市，深圳、东莞市建设海绵城市，广州市建设地下综合管廊试点，推进绿色生态城区试点示范建设。鼓励粤东、西、北地区各地级市在新区和产业园区建设中采用低冲击开发技术，减少对城市地形地貌和水系的破坏。提高硬化地面中可渗透地面面积比例。倡导建设城市人工湿地、下凹式绿地、植草场、可渗透路面、沙石地面和自然地面、透水性广场等可透水项目，提高城市蓄水、滞水和渗水能力。加强城市基础设施的低碳化改造和设计，推进房屋市政工程绿色施工。

4. 建立绿色建设指标体系，发展绿色建筑

构建工程建设规划、勘察设计、施工、验收、运营管理全过程的绿色建设指标体系。出台全省绿色建筑地方性强制设计标准，实施绿色建材评价标识。实施绿色建筑差异化发展引导，广州、深圳市未来以规模化的

发展模式为主，应加强绿色建筑体制系统管理，鼓励高星级绿色建筑的规划、建设和运营；佛山、中山、珠海和东莞可由市财政拨款激励，示范带动，在市级范围内健全绿色建筑政策法规体系，推行强制性政策与激励性政策；其余地级市严格落实全省绿色建筑相关工作，各级政府对行政区域内符合省财政鼓励支持的项目或企业应积极推行其申报工作，同时以保障性住房为重点建立适合当地的绿色建筑示范项目，推动社会企业自主建设绿色建筑。

5. 建设低碳生态城市

将低碳生态城市规划建设要求引入城市规划建设管理体系，构建与低碳生态城市建设相适应的土地利用模式及空间格局，优化城市形态结构和用地功能分区。加强公共交通体系建设，加强城市步行和自行车交通网络建设，倡导绿色出行。打造低碳循环型生产方式和生活方法，以清洁生产为龙头带动，从节能、综合利用、园区循环化改造以及再制造等方面对生产流程进行升级改造；以推进垃圾分类、资源回收网络、智能物流、电子商务、绿色消费等方面改善城市资源流通环节，提高资源产出率，形成低碳健康的城市生产生活环境。

三、建设人文城市

1. 提升公民的现代文明素质和城乡文明程度

广泛开展以提高市民素质和文明程度为目标的创建文明城市活动，以"改造生活环境，改进生活方式"为主要内容的创建小康文明村镇活动，以及以诚信建设为重点的创建文明行业活动。深入开展社区建设工作，努力创建管理有序、文明祥和的新型社区。继续广泛开展创建文明单位、文明机关、文明企业等活动。积极推进非公有制经济领域的精神文明创建工作。

2. 优先发展教育事业

努力构筑具有广东特色、结构合理、充满活力的现代国民教育体系和终身教育体系，形成全民学习、终身学习的学习型社会，大力建设教育强省。巩固提高普及九年义务教育。落实农村基础教育"以县为主"的管理体制，积极稳妥推进中小学布局结构调整，加快学校标准化建设，进一步改善农村学校办学条件。加快发展高中阶段教育和学前教育。大力增加普通高中学位，加强建设示范性普通高中，加快建设地市级以上中等职业学校，大力发展职业技术教育，进一步做强做优地级市城区若干龙头骨干中等职业学校，支持粤东、西、北地区有条件的县（市）集中力量建设一所集中职教育、继续教育、社区教育和社会培训等功能的"四位一体"的职教中心。支持有条件的县创建国家级和省级农村职业教育与成人教育示范县。

3. 繁荣文学艺术

扶持有代表性、示范性和保护性的文艺门类，办好一批名团，抓好一批文艺精品，造就一批文化名家、文艺大师，形成具有全国影响的文艺流派。积极推动粤剧、潮剧、广东汉剧、客家山歌剧、采茶戏、雷剧、广东音乐和岭南画派等的继承和创新。进一步打造文艺品牌，争取创办广东国际广播影视博览会，办好广东省艺术节、中国（广州）金钟奖、羊城音乐花会、广州新年音乐会、国际华文文学节、粤剧新年盛会、羊城国际粤剧节、广州国际艺术博览会、深圳大剧院艺术节、汕头国际潮剧节等各类文艺活动。充分发挥省文联等人民团体、协会的桥梁纽带作用，办好各类文学创新基地。

4. 完善公共文化设施布局

把公共文化设施建设纳入当地城乡建设总体规划，以政府投入为主，完善省、市、县（市、区）、乡镇（街道）、村（居委会）五级群众文化设施网络，提高文化设施覆盖率、设施面积人均拥有量和设施设备档次。合理调整公共文化设施的区域布局，广州、深圳要适度超前，高起点规划，高标准建设一批标志性文化体育设施。珠江三角洲各市要建设一批特色鲜明、功能完备的现代化文化体育设施。重点扶持粤东、西、北地区的文化体育设施建设。全省实现市有图书馆、博物馆、文化馆、档案馆、体育馆，县有图书馆、文化馆、档案馆、体育馆，乡镇有文化站（广播电视站）、体育活动场所，城市社区建有综合性文体设施的目标。

5. 建立文化产业新格局

加强文化产业结构调整，加快组建发展文化产业集团。重点发展报业集团、广电传媒集团、出版集团、期刊集团、演艺集团，推进文化集团跨地区、跨行业经营，优化资源配置，壮大规模实力。形成以广州、深圳中心城市为龙头，各地级市为主干，带动辐射全省城乡的文化产业发展格局。广州、深圳要着重发展核心版权业、科技教育业、文化信息业等产业，努力把文化产业发展成为支柱产业，增强辐射力。珠江三角洲地区要大力发展各类文化制造业和文化商贸业，形成一批经济文化结合紧密的产业园区，成为全省文化产业发展重要基地。粤东、西、北地区要着重开发利用自然人文景观、文化遗址以及民间民俗文化等地方文化资源，发展特色文化产业。积极发展外向型文化产业。大力发展科技文化结合型企业。

四、建设新型社区[1]

城市新型社区，是指在传统城市社区解构的过程中，依据法律法规或自然因素建立起来，具有新文化理念、新治理结构、新服务体系、新邻里关系和新功能作用，宜居宜业的城市区域生活共同体。

新型社区在全面建成小康社会、实现社会主义现代化目标中具有重要的功能和作用。党的十八届三中全会明确指出，中国特色新型城镇化首先就是"推进以人为核心的城镇化"。推进新型社区建设，一方面可以承接传统社区解构后释放出来的社会事务，随着改革的深化，社会进入了一个多元发展的阶段，新型社区具有较为完备的公共服务、商业便民服务和志愿服务的体系与设施，它们之间相互衔接，可以消融和化解社会转型期出现的许多问题；另一方面，新型社区可以满足人民群众日益增长的精神与物质需求。

在新型城镇化背景下，提出广东省新型社区发展目标：创新社区治理体系，以制度创新推动资源下沉、服务下沉、发展动力下沉。构建发展协商机制，全面激活社区自发展动力，推动多元主体积极参与社区建设，以共商共识促共赢。激活社区经济，完善社区服务和配套，构建共建共享、充满活力的健康社区。

1. 强化基层

强化街道、社区党组织的领导核心作用，以社区服务型党组织建设带动社区居民自治组织、社区社会组织建设。搭建社区发展平台，推动社会治理重心向基层下移，把人力、财力、物力更多投到基层，以网格化管理、社会化服务为方向，健全基层综合服务管理平台，强化城乡社区自治和服务功能，健全新型社区管理和服务体制。推动政府、市场与社会，政府、街道办和社区之间沟通、协调、互动、共赢发展平台的构建。积极促成自上而下的政策落实和自下而上的诉求解决，促进社区融入城市、主动发展。

1 《龙岗区综合发展规划（2014～2030年）》研究报告；张小川. 综合发展规划的社区视角解读——以深圳市龙岗区综合发展规划为例[C]//中国城市规划学会.城乡治理与规划改革——2014中国城市规划年会论文集（09城市总体规划）. 中国城市规划学会，2014: 9。

加快公共服务向社区延伸，整合人口、劳动就业、社保、民政、卫生计生、文化以及综治、维稳、信访等管理职能和服务资源，加快社区信息化建设，构建社区综合服务管理平台。发挥社会组织作用，实现政府治理和社会调节、居民自治良性互动。发挥业主委员会、物业管理机构、驻区单位积极作用，引导各类社会组织、志愿者参与社区服务和管理。加强社区社会工作专业人才和志愿者队伍建设，推进社区工作人员专业化和职业化。促成自下而上的社区发展问题、社区民生迫切需求、公共服务及市政设施完善、社区环境美化、集体经济发展、集体非农用地落实等一系列问题的解决。

2. 优化服务

引导社区分类发展，优化资源配置。以服务人口规模、地域面积和功能类型为基本依据，科学规划、合理配置社区公共服务设施和基础设施。同时，基于社区分类发展思路，引导差异化的资源配置，满足社区多样化服务，丰富服务内涵，扩宽服务功能，提升社区居民的幸福感和归属感。

创新公共服务体系，建立多社区共享的片区（大社区）服务中心。应对不同人群的差异化需求，复合集中配置服务项目。根据公共服务特性，创新体制吸引市场、社会力量共同参与公共服务供给，提供包括公共产品、准公共产品在内的多层次、差异化的公共服务，包括医疗、职教培训、体育服务、文化服务、老妇幼服务、交通及生活服务的一项或六项，具体配置根据社区类型、社会和人口特征、产业特征的需求识别，实现更有效的指向性服务（图8-1）。功能和服务方式类似的服务项目尽可能相对集中设置，有条件的社区可以考虑利用旧厂房空间形成综合楼的形式集中布局。集中布局方便居民使用的同时，将有利于形成片区的公共活动中心，提升社区凝聚力。

鼓励社区创客空间发展。推动社区基层创意元素小品布置，将地理位置和周边环境较好的旧工业区升级打造为创客空间，并以相对较低的成本租赁给创客群体，培育创客创新氛围。政府制定政策机制，鼓励创客在社区开展创意活动，提供创新创意的沟通交流平台，以实现社区创业创意文化氛围浓厚，社区凝聚力和归属感显著提升。

3. 活化经济

大力发展社会服务产业。培育多层次的社会企业，增加社会服务业

建筑规模7000~15000m²

职教培训
综合体

职业培训机构　　　语言培训机构
(技工人才培训)　专业技能培训中心
管理培训中心　　资格认证培训中心
　　　　　　　　创业培训指导机构

职业中介服务
就业指导中心

医疗服务
综合体

门诊部　　　妇儿医疗中心　康复理疗中心
私立医院　美容整形中心　体检中心
(全科)　　口腔诊所　　　月子会所
心理咨询中心　　家庭医生诊所
社康中心　　　　海外医疗中心
宠物医院(看护)
残疾人服务中心
远程诊控中心
亚健康医疗咨询中心

老妇幼服务
综合体

老人俱乐部　　　家庭聚会中心
多功能厅　　　　社区家庭农场
老年人室外活动场地　游艺场
老人康复(保健/疗养/　儿童活动中心
心理辅导)　　　儿童照顾中心
养老公寓　　　　残疾儿童康复中心
老年大学　　　　儿童文体艺术培训
老人用品　　　　早教培训机构
　　　　　　　　特殊教育机构
　　　　　　　　妇儿商业用品
　　　　　　　　妇女公益咨询

室内建筑规模
4000~10000m²,
室外占地
1000~1500m²

建筑规模
8000~15000m²

大社区创新中心

文化服务
综合体

社区影院
社区书城
地方文化民俗馆
商业服务(文具/艺
术品/创意用品/餐厅)

建筑规模
10000~15000m²

交通及生活服务
综合体

公共自行车停车场　家政服务公司
公共机动车停车场　肉菜市场
(含充电桩)　　　房产中介公司
公交首末站　　　法律咨询公司
消费配送中心　　网购服务社区店
电子商务物流配送　(社区)
网商区域仓

体育服务
综合体

体育活动场地(室外)
室内运动场
健身馆
X-game极限运动场
体育培训机构
体育商业服务

室内建筑规模
4000~9000m²,
室外占地
3000~6000m²

建筑规模5000~10000m²

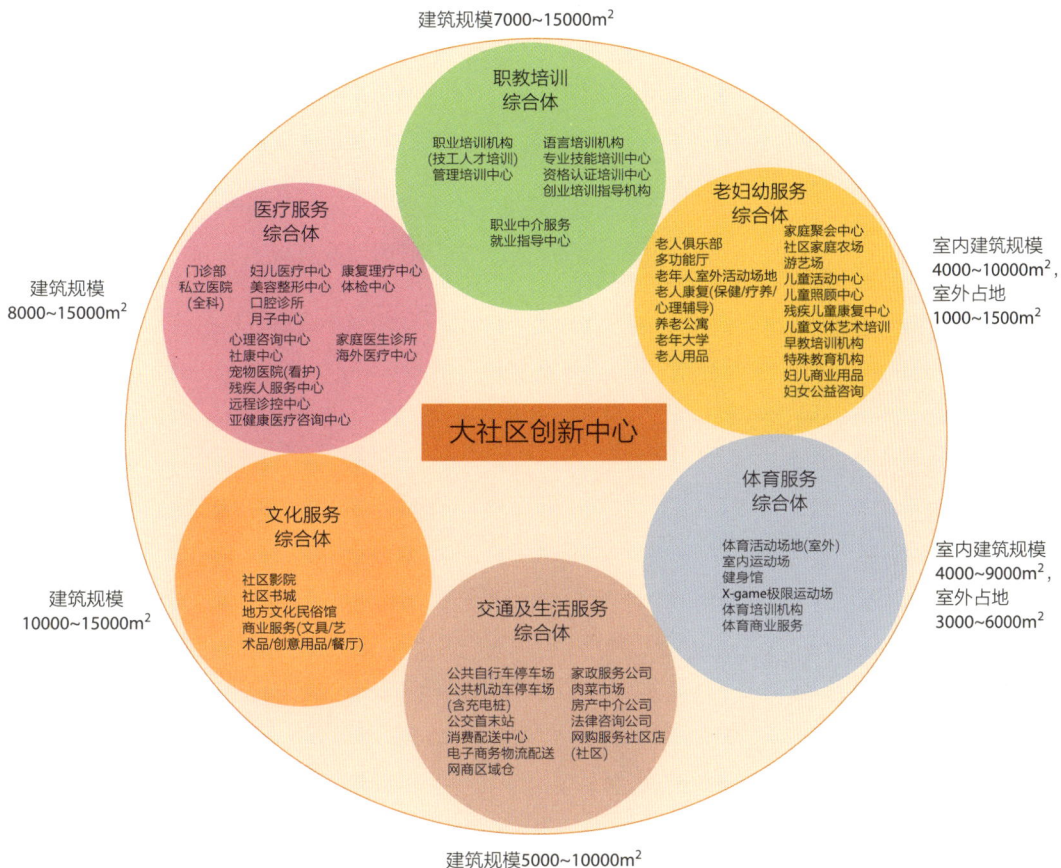

▲
图8-1
深圳市龙岗区片区（大
社区）服务中心功能构
成示意图

在第三产业的比重，培育新的经济增长点。促进社区咨询中介、幼儿托管、特色技能培训、文化艺术、电子信息服务等蓬勃生长，提高社区就业岗位规模、层次和丰富度，为居民就业创造更多空间，进而带动经济效益和社会效益整体提升。

激活集体经济、释放产业空间。完善私宅和集体产业空间的环境品质和配套标准，提升物业经济发展质量；探索股份公司合作开发参与商业、房地产、金融业的发展，引导股份公司由单一的"两租"经济向兼顾实体经济发展模式转化；剥离股份公司的行政属性和社会管理职能，引导股份公司从"福利分红型"向"持续成长型"的现代化企业运作模式转变。以淡化产权边界为原则，探索村改居社区自行整合非农工业用地或进行城市更新，政府搭建产业引导配置和综合服务平台，城市获益于优质企业、人才、税收、配套环境的提升，形成政府、社区股份公司和城市共赢的局面。

第二节　产业支撑和产城融合

立足现有产业发展基础，保持地区发展积极性和发展活力，根据资源区位条件和产业升级要求，大力引导不同地区各类产业的空间聚集和整合，促进产业集约高效发展，提升城镇就业承载力。

一、加快产业转型升级

构建具有全球竞争力的现代产业体系。坚持增量提升与存量优化并举，调结构和促发展并重，以产业创新抢占高端产业发展制高点，增强先进制造业核心竞争力，提升现代服务业发展水平，大力发展战略性新兴产业，改造提升传统产业，加快发展海洋经济，积极培育新业态和新商业模式，着力优化产业结构和产业布局，推进产业集聚化、高端化、智能化、绿色化发展。

1. 推进制造业和现代服务业转型升级

通过实施创新驱动发展战略，强化企业自主创新主体地位，打造工业转型升级新引擎。以新一轮技术改造为主抓手改造提升现有产业，推动智能制造核心技术攻关和关键零部件研发，全面提升智能制造创新能力，推进制造过程智能化升级改造，推进工业绿色发展，充分发挥工业在促进经济增长、结构优化和动力转换中的主力军作用，以工业转型升级推动广东经济转型升级。

优先发展现代物流、金融保险、科技服务、文化创意、商务服务等生产性服务业。积极发展需求潜力大的商贸、旅游、文化、健康服务等消费性服务业，大力发展电子商务，提高跨境贸易、商贸流通领域等电子商务发展水平，引领传统贸易方式向现代贸易方式转变；积极培育游艇业、航空运动业、汽车运动业，打造新的经济增长链条，引导形成南粤特色的平民化游艇产业、航空运动产业、汽车运动产业、文化休闲、旅游消费新模式；大力发展和扶持体育产业，促进体育消费，丰富体育赛事活动。

引导物流园区健康发展，提高物流整体服务水平。大力发展货运枢纽型、商贸服务型、生产服务型、口岸服务型、综合服务型等多种类型的物流园区。积极申报国家级示范物流园区，培育若干基础设施先进、服务功能完善、运营效率显著、社会贡献突出的示范物流园区，通过试点示范，形成可复制、可推广的物流园区建设运营模式，提升广东省物流园区整体发展水平，逐步建立布局合理、规模适度、功能齐全、绿色高效的物流园区网络体系，促进广东省产业结构调整和经济发展方式转变。

2. 加快重大产业区集聚发展

加快国家级、省级产业园区制造业提升、服务业扩展、功能完善的步伐，不断补充和扩大集聚的规模。珠三角地区的产业园区要进一步提升发展档次，形成融高新技术开发和相关服务、配套产业为一体的新经济集聚区。采取有效措施扶持粤东、西、北地区产业园区发展（表8-1）。

形成各有侧重的珠江口东、西岸产业集群特色。加快珠江西岸先进装备制造产业带建设，建立完善的船舶与海洋工程装备、轨道交通装备、通用航空装备等产业链，成为国内领先、具备国际竞争力的先进装备制造业基地。提升珠江东岸电子信息产业带发展质量，不断加强自主配套能力，进一步提升终端产品价值链，成为全球重要的电子信息产业基地。

支持粤东、西、北产业园区扩能增效和产业集聚发展。加快培育不同类型、不同规模的产业聚集群，提升粤东西北产业园区发展质量，提高产业集聚度。引导粤东西北产业园区依托资源、市场、乡贤等优势，发挥珠三角地区共建作用，围绕园区产业链加大招商引资力度。推动园区完善规划，依托龙头项目延伸产业链条，吸引配套项目集聚，打造一批空间布局合理、主导产业突出的专业园区。

重大产业集聚区及产业发展走廊　　　　　　　　　　　　　　　　表8-1

产业集群/轴带		区域/节点	产业发展指引
重大产业集聚区	优势传统产业集聚区	佛山—中山—广州家用电器产业集聚区、湛江—江门造纸产业集聚区、江门—中山纺织服装产业集聚区、中山—顺德—东莞家具产业集聚区、粤西北建材产业集聚区、珠三角地区和粤北地区有色金属及制品产业集聚区、粤西阳江五金刀剪产业集聚区	采用高新技术、信息技术改造提升优势传统产业，提高技术装备水平，实施品牌带动战略，重点发展家用电器、食品、造纸、纺织服装、建材、有色金属及制品、家具等产业，打造五大优势产业集聚区
	先进制造业集聚区	广州南沙—番禺—花都装备制造基地、广州—深圳—佛山汽车制造基地、广州—中山—珠海船舶修造基地、中山—珠海—佛山—江门先进装备制造业产业带、惠州—揭阳—湛江—茂名石化基地、湛江钢铁基地、广州—珠海船舶修造基地、广东南车轨道交通修造基地、大广海湾海洋工程装备制造业基地	重点发展资金技术密集、关联度高、带动性强的装备、汽车、石化、钢铁、船舶等产业，打造重大成套和技术装备制造产业基地、国际汽车制造基地、世界先进水平的特大型石化产业基地、现代钢铁基地和世界级大型修造船基地等五大重要产业基地

续表

产业集群/轴带		区域/节点	产业发展指引
重大产业集聚区	高新技术产业聚集区	珠三角地区九市的国家级高新技术产业开发区，以广州（综合性）、深圳（综合性）、珠海（航空和软件）、东莞（电子信息）、佛山（先进制造）、惠州仲恺（电子信息）、中山（生物医药）为龙头的国家级高新技术产业基地	围绕完善产业链，以重大项目和龙头企业为依托，引导人才、技术、资金等要素集聚，优化高技术产业空间布局，推进电子信息、软件、生物、新材料、航空、高技术服务等国家高技术产业基地建设，打造若干瞄准全球先进水平的龙头基地
区域产业发展走廊	沿沈海高速、厦深铁路广州—深圳—粤东地区电子信息产业走廊	广州科学城、深圳软件产业基地、深汕特别合作区、深圳（汕尾）产业转移工业园、惠州产业转移工业园、汕头产业转移工业园、中山（潮州）产业转移工业园、揭阳产业转移工业园	（1）以广州、深圳为核心，珠三角地区其余各城市为主体，以新型显示、物联网、云计算和高端消费电子产品等产业为重点，建设高端新型电子信息先导产业区。（2）以关键元器件、专用电子设备等基础产品以及精细化的新型显示装备为重点，推动粤东地区各市电子信息产业发展，提供产业链中下游服务配套，共建广东东部地区电子信息特色产业集群
	沿西部沿海高速、沈海高速粤西金属制品产业走廊	江门产业转移工业园、阳江高新区、珠海（阳江）产业转移工业园、佛山禅城（阳东万象）产业转移工业园、翠山湖产业转移工业园、湛江产业转移工业园、茂名产业转移工业园	（1）促进广州、中山和佛山等建立金属制品企业总部，加大金属制品产业转移力度，配套建设研发设计中心和国际物流采购中心。（2）阳江建设中国华南镍工业新高地和华南不锈钢原料供应中心
	沿武广高铁、京珠高速粤北机械装备产业走廊	广州（清远）产业转移工业园、东莞（韶关）产业转移工业园和佛山（清远）省级产业转移园	引导珠三角地区汽车配件、机械装备等加工制造业转移，打造生态型加工制造业集聚区和机械装备先进制造业基地
	沿阿深、长深高速粤东北机电一体化产业走廊	广州（梅州）产业转移工业园、中山（河源）产业转移工业园、河源高新区、深圳（河源）产业转移工业园	引导珠三角地区交通运输设备、通信设备计算机等制造业转移，重点发展以手机为主的电子信息产业和以模具为主的机械制造业，打造广东机电产业和机电物流基地
	沿广昆高速、西江黄金水道粤西北新型建材产业走廊	肇庆（大旺）产业转移工业园、佛山（云浮）产业转移工业园、佛山禅城（清新）产业转移工业园	（1）重点扶持非金属矿产资源丰富的粤西地区开发玻璃砂、高岭土和各种石材。（2）在加强环境基础设施配套的前提下，吸引佛山建筑陶瓷、陶瓷公仔等建材产业部分环节集聚，支撑广东建设世界建材的制造中心、研发中心、展示中心和采购中心

二、增强城市创新能力

以发展国际服务为重点，设立国际金融、现代物流、创新经济、文化创意、科研教育、医疗健康等多种类型的服务业创新发展区，强化创新要素的区域共享和产业联动机制。加快广东自贸试验区建设，引导国际性职能集聚，在相关区域内逐步实施与试验区体制相适应的通关制度、金融制度、人员流动制度等，推动自贸试验区目标实现。

建设国际一流的开放型区域创新体系。突出企业技术创新主体地位，发挥大型企业创新骨干作用，激发中小企业创新活力。重点建设一批基础研究和应用基础研究平台，加快中国（东莞）散裂中子源、大亚湾中微子实验室（二期）等大科学装置建设。深化省部院产学研合作，组建各种形式的产业技术创新联盟，引导高校、科研院所与企业共建一批协同创新中心和研发平台，推进多主体协同创新。规划建设一批民营小微科技企业孵化器、加速器等创新平台，完善孵化育成体系，打造一流的创新创业载体。加快科技中介服务机构建设，积极推进公共创新平台建设，建立健全知识产权服务体系。

培育大型龙头创新型企业，壮大创新型经济主体力量。通过实施创新型企业"院线"提升计划、制订和实施企业创新路线图、建设民营科技企业数据库和创新平台等措施，推动创新型企业尽快成长为规模上100亿元、500亿元、1000亿元的大型骨干企业。以高新区和专业镇为依托，大力发展战略性新兴产业，着力打造一批产值超千亿的创新型产业集群。深化产学研的国际化进程，构建产学研合作战略新格局。加快建设一批重大科学工程和创新平台，大力扶持新型科研机构（图8-2）。

三、促进产城融合发展

强化城市产业就业支撑，统筹城镇与产业园区基础设施和公共服务设施规划建设，完善生活功能配套和创新创业服务配套建设，实现产业园区与城镇的功能契合、空间融合、交通衔接，推动其从单一生产型向生产、服务、消费"多点支撑"的综合性城区转型。整合城区低端产业和零散产业用地，发展商务园区、创意园区、主题园区、楼宇型园区等新型产业空间，努力改善经营环境和周边服务配套设施，培育都市型产业，提升

图8-2
广东省产业布局规划图

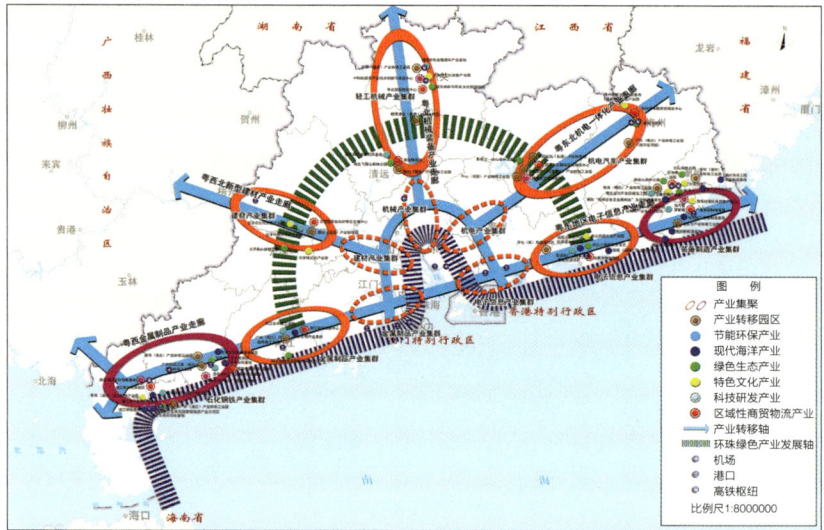

城市经济活力，推动工业化和城镇化协调发展，促进城市产业多元化发展
（表8-2）。

产城融合发展区   表8-2

区域分类	发展区名称
"广佛肇＋清远、云浮"	花都区、黄埔区、南沙区、狮山组团、佛山新城、佛山市三水区、四会－大旺组团、肇庆新区、云浮西江新城、西樵组团、九龙—龙江组团、丹灶组团
"深莞惠＋河源、汕尾"	深圳龙华—观澜、松岗—光明，东莞松山湖、虎门—长安—长安新区、生态园、东莞粤海银瓶合作创新区、沙田虎门港、惠州仲恺—潼湖、环大亚湾新区、深（圳）汕（尾）特别合作区
"珠中江＋阳江"	中山小榄—古镇、三角—民众、东部地区、中山火炬开发区、翠亨新区、三乡—坦洲，珠海斗门—金湾、唐家湾、富山、高栏港区新城、阳江滨海新区、江门滨江新区、台山广海新城
汕潮揭城市群	汕潮揭合作开发区、中德金属生态城、潮南区、普宁市、兴宁市
粤西城镇群	湛江海东新区；茂名水东湾新城、滨海新区（博贺湾海洋经济综合试验区）、茂名高新区、湛江经济技术开发区
粤北城镇集中区	芙蓉新城、东莞（韶关）产业转移工业园

1. 统筹安排产业园区与城镇建设用地布局

将产业园区纳入城镇总体规划控制范围，按照城镇新区的建设要求规划产业园区，统筹安排城镇规划区范围内的各项建设用地布局，实现以产兴城、以城聚产和产城融合。

2. 增强城镇产业承载与服务能力

提高城镇化产业发展和经济增长的就业弹性，正确处理发展高新技术产业和传统产业、资本技术密集型产业和劳动密集型产业的关系，重视发展劳动密集型产业和资本技术密集型产业中的劳动密集生产环节，发展吸纳就业能力强的现代城镇产业体系，不断增大城镇就业容量。强化都市型产业用地的供应和管理，发展都市型轻工业，解决技能型人口就业问题。

3. 推进产城融合项目专项试点

围绕"生产空间集约高效"的目标，统筹城镇与产业园区基础设施和公共服务设施规划建设，完善生活功能配套和创新创业服务配套，实现产业园区与城镇的功能契合、空间融合、交通衔接，推动产业园区从单一生产型向生产、服务、消费"多点支撑"的综合性城区转型。

第三节　基础设施的供给侧

推进基础设施建设对经济社会发展和新型城镇化建设具有关键性、引领性、支撑性作用。深入推进基础设施供给侧结构性改革，既是促投资、稳增长、补短板、惠民生的重要举措，也是推进供给侧结构性改革的创新举措，有利于尽早补齐全面建成小康社会短板，为增创广东发展新优势奠定坚实基础。

以增强供给能力、提升供给质量和效率为导向，坚持投资、建设、运营、监管、服务并重，重点推进对全省或区域发展具有重要影响的机场、港航、铁路、轨道、公路、能源、水利、信息、综合防灾等基础设施重大项目建设。形成高速公路、高速铁路、机场、港口、城市轨道等面向现代化的基础设施供给能力，补齐粤东、西、北生活污水和垃圾处理率、移动宽带普及率等供给短板，建成较高质量和效率的现代化基础设施供给体系。

一、综合交通体系

充分发挥交通基础设施对省域城镇体系及城镇化发展的引导和支撑作用，提升广州、深圳两大核心城市枢纽功能，提升粤东、西、北地区区域性中心城市交通枢纽地位，构建与省域城镇空间组织相协调、社会经济发展相适应的布局合理、结构完善、衔接顺畅、安全高效、可持续发展的现代化综合交通运输体系。

确立民航运输国际门户。进一步拓宽广州机场空域、完善国际航线网络，强化国际航空枢纽功能；提升深圳机场客货运功能，构筑华南货运门户和亚太主要快件集散中心，强化区域航空枢纽功能；完善广东与泛珠三角地区空中运输航路网络。推进湛江机场迁建工作，研究布局建设珠三角新干线机场，推进珠海、湛江、揭阳、惠州等机场低成本航空发展，形成"5+4"骨干机场格局。推进韶关机场改扩建工作，完善以梅州、韶关等机场构成的支线机场格局。推进阳江机场改扩建和珠海、肇庆高要等通用机场建设，完善干支线机场通用航空运营服务功能，构筑通用机场体系，到2020年，广东省通用机场总数达到23个，机场服务基本覆盖全省县级行政单元。

提升港口航道支撑能力。广州港加强多式联运，完善水水转运功能。深圳港推进港区布局优化和临港产业升级，加强国际物流和航运金融功能培育。珠海港加快实施"西江战略"，深度整合西江内河港口。湛江港继续强化大宗货物进出口枢纽组织功能，结合湛江保税物流中心建设加快集装箱运输发展，打造西南区域性中心港。汕头港以发展进出口贸易为主，重点发展近远洋集装箱运输，打造粤东公共物流枢纽港。加快重要内河航道扩能升级，完成西江、北江、榕江、西伶通道、磨刀门水道等13条内河航道扩能升级。加强邮轮母港建设。广州、深圳按照国际一流的标准规划建设国际邮轮母港，建设完善的登船、候船与通关设施。珠海、汕头、湛江、茂名等城市以及川岛、海陵岛、放鸡岛、南澳岛积极创造条件，适时进入邮轮旅游市场。

基本建成高快速铁路骨架网。加快以京广深通道、京九通道、洛湛通道、沿海通道为骨架的铁路网建设，实现市市通高快速铁路。加快珠三角与东、西、北快速铁路通道建设，推进深茂铁路深圳至江门段、广汕铁路、广梅汕铁路龙湖南至汕头段增建二线及厦深联络线、龙川至梅州铁路、梅汕客专等铁路项目。完善铁路出省通道建设，推进赣深客专、合湛铁路、鹰梅铁路、浦梅铁路、梅州至龙岩、韶柳铁路、黎湛铁路电气化等铁路项目建设。继续推进湛江东海岛、茂名博贺港、揭阳港、汕头港、潮州港等疏港铁路建设，促进铁海联运发展。

形成区域城际轨道网络。建设以广州、深圳、珠海为主要枢纽，覆盖珠三角地区主要城镇的珠三角城际轨道交通网，实现以广州为中心、主要城市间1小时互通以及珠三角三大新型都市圈区内部1小时互通。规划建设粤东地区城际轨道交通网。

提升公路服务里程水平。强化与周边省（区）及港澳地区的联系，加强省会与省内地级以上城市便捷连接。构建以广州为中心、辐射省内各地级以上城市的高速公路通道，尽快实现广州与全省各区域中心城市之间有2条及以上高速公路通道。实现高速公路连通全省沿海港口和民用航空机场、主要铁路客货站场和主要旅游景区，完善综合运输枢纽的集疏运体系，提升客货综合运输服务水平，促进现代物流业发展，带动旅游业持续健康发展。建设珠三角环线、都市区（圈）内联网线路。建设港珠澳大桥、深圳至中山跨江通道、虎门二桥，促进珠江两岸城市融合发展。加快粤东西北地区高速公路建设，实现"县县通高速"。积极推进普通公路网络化和等级提升；加大对欠发达地区普通公路养护资金扶持，优化普通公路建设和投资、管理机制；推进普通公路路域环境综合整治。

推进综合交通枢纽规划建设。依托铁路/轨道网络、高速公路网和机场、港口建设，加强节点城市综合运输枢纽建设，构筑层次清晰、功能明确的综合运输枢纽站场，强化不同交通系统的资源整合与高效衔接，促进枢纽与城市功能、布局的协调发展。

二、市政公用设施

完善城市供水、排水、污水、电力、燃气和垃圾处理等市政公用设施，加大城市管网建设和改造力度，推进垃圾、污水处理和资源化设施建设，加快绿色能源基础设施建设，完善设施建设标准，建立适应人口和产业聚集的城市基础设施体系，提升市政公用基础设施总体水平。

1. 供水保障

加强饮用水源地保护和利用，以西江、北江、东江为核心水源，保护利用韩江、鉴江等河流和新丰江、枫树坝、白盆珠等水库，促进区域江库联合统一调配。加强万绿湖等优质水源的保护。完善区域性供水基础设施和网络建设，重点建设珠江三角洲水资源配置工程（原珠江三角洲"西水东调"工程）、广州花都北江引水工程和汕头、揭阳引韩供水工程，以及引韩济饶，南澳引韩供水工程等，促进区域水资源优化配置。加强城际地区供水系统衔接，推动不同行政区域之间供水管网互联互通。积极推进应急备用水源建设工作，2018年底前，全省县级以上城市完成应急备用水源建设工程，2020年底前，具备条件的建制镇集中式水厂完成应急备用水源建设工程，加快村镇地区应急备用水源建设，实现城乡统一管理、科学调配。以城乡供水"同网、同质、同服务"为目标，推进城市供水设施"达镇同村入户"工程，促进城乡同饮"同源同网同质"水。

2. 供电保障

继续加大电网建设投入，优化电网结构，促进电源电网协调发展，提升电网承接各类型电源接入能力和抗灾减灾能力。加强城乡配电网建设，加快农网改造升级，推进技术进步，提高输电效率。积极推进电动汽车充电设施建设，在有条件的地区建设一批电动汽车充电站（或电池交换站）、电动汽车充电柱（柜）及维修服务网点等新能源汽车配套基础设施。推广智能微网和储能技术等新技术和新设备应用，建设区域智能电网试点工程。

3. 供气保障

加快构建多元化清洁能源供应体系，加强能源输配网络和储备设施建设。继续推进区域性环保型能源设施建设，加快推进陆上长输管线、沿海LNG接收站和海上天然气接收工程建设。结合气源项目建设，加快完善珠三角地区天然气输送主干管网，推进粤东、粤西、粤北天然气主干管网建设，逐步完善全省天然气输送管网。建设一批大中城市天然气储备设施，完善天然气储备和应急体系。加快推进农村可再生能源开发利用，积极发展农村户用沼气和大中型沼气工程。

4. 信息基础设施

加快推进宽带网络基础设施建设。珠三角地区加快完善以广州和深圳为中心、珠三角各市为节点的宽带网络基础设施布局，促进光纤网络和新一代移动通信网络融合发展，全面提升宽带网络接入速度和质量。推动粤东西北地区因地制宜部署应用新一代移动通信技术、下一代广播电视网技术和下一代互联网（IPv6），加强信息资源开发和宽带应用服务。加快农村信息网络建设，缩小城乡宽带发展差距。在行政村通宽带基础上，根据实际情况选择有线、无线等不同技术手段推进宽带网络向自然村延伸，在人口比较密集区域，实现光纤到自然村；在人口比较分散的自然村，借助无线技术延伸宽带网络覆盖面。

加快推进无线宽带城市群建设。围绕打造珠三角世界级无线宽带城市群，统筹推进无线局域网（WLAN）、第三代移动通信、新一代移动通信无线宽带网络发展，实现无线局域网在珠三角重要区域和公共场所的全覆盖。大力推动在医院、公园、政务服务中心等公共场所提供免费公共WLAN接入服务，加快推动机场、码头、车站、商场、宾馆、酒店、餐厅等商业场所提供WLAN接入服务，积极发展城市公交等移动WLAN接入服务。借鉴珠三角地区发展模式，加快推进粤东、西、北地区无线宽带城市建设，逐步实现重点城镇公共服务区域无线局域网全覆盖。

大力推进光纤入户和三网融合。实施"光网城市工程"，全面提升广东省光纤宽带接入能力。全面落实新建住宅建筑光纤到户，加快既有住宅建筑光纤到户改造。推进政府机构、医疗卫生机构、大型园区、商务楼宇、宾馆酒店等单位和场所的光纤宽带接入，逐步实现光纤到楼。深入开展三网融合试点，加快广电、电信双向业务商用化进程，拓展交互式网络电视、手机电视和基于有线电视网络的互联网增值业务，推动有线电视向下一代广播电视网络演进升级。

加强互联网宽带应用支撑能力建设。进一步加强互联网骨干网和城域网建设，优化互联网骨干网之间的互联构架，提高网间互联带宽和互联质量，推进互联网骨干网和城域网优化升级。推进互联网数据中心集约发展，加快推进中国电信广州云计算数据中心、中国联通东莞松山湖数据基地、中国移动南方基地互联网数据中心、广东广电大数据产业中心等重大项目建设。加快建设国家超级计算深圳中心、广州中心，提升海量数据分析、处理和服务能力。加快汕头、湛江和韶关等城市"云计算"区域信息服务平台和其他中心城区信息服务中心建设。加快推进基础电信运营企业网间互联，推进公共服务网络平台互联互通。

三、综合防灾体系

防洪。健全区域江海防洪系统，重点推进东、西、北江以及沿海城市堤围达标加固工程建设，实施病险水库水闸除险加固、重要城镇排涝工程、大型泵站更新改造工作。完善主要江河防洪体系，加快韩江高陂水利枢纽工程建设，稳步开展北江潖江蓄滞洪区建设和珠江河口整治，加快推进汕头大围、榕江大围等重要堤围和台风灾害易发频发地区海堤的达标加固建设，积极开展流域防洪和水资源配置重大工程前期工作。启动山区五市（清远、韶关、河源、梅州、云浮）中小河流治理工作。

排涝。实施重要城镇排涝工程，重点推进"千宗治洪治涝保安工程"建设，积极推进三八河排涝站新建工程、霄边排涝站扩建工程、横山水库涵头改造工程、莲花山水库清淤及淤泥处置工程等，完成中小河流治理、小流域综合治理和农村重点易涝区整治工程建设任务，全面建成流域性防洪骨干工程，基本建成人水和谐的防洪除涝体系。

防风。县级以上人民政府建立健全防风工作机制，沿海地区的防洪规划应当包含防御台风和风暴潮的内容。根据国家和省规定的建设标准，加强水利设施、海堤、渔港、避风港、锚地、锚位、避难场所等防御暴雨、台风、风暴潮的工程设施建设，提高防御能力。滨海浴场、景区、自然保护区、公园、游乐场等经营管理单位和主管部门应预设人员应急疏散引导线路，明确避险转移安置安全区域。

抗震减灾。国土利用规划、城乡规划以及重要建设工程规划，应充分考虑地震地质因素，选择合适的建设场址，避开不利地段。加强地震小区划，从地震安全角度对城市用地进行适宜性分区，以便在城市规划时，优化空间布局，合理布局城市产业和功能区划，降低城市中的地震灾害风险。开展断层活动性探测，对其危险性和危害性进行鉴定，从而为城市基础设施和重大工程建设选址、提高其抗震设防能力提供依据。深入开展地震安全农居建设示范工程，总结推动地震安全农居建设示范工程的成功经验，加大工作力度和覆盖面，将地震安全农居建设纳入全省农村危房改造、灾后重建等。

消防。加强"三台合一"（"110、119、122"三个接警平台合一）、消防指挥中心和消防中队接处警应急平台建设，推动消防应急平台与各级政府应急办、三防办等有关单位应急平台的互联互通。建立公安、消防、供水、供电、供气、医疗急救、工程抢险、气象等部门及社会专业救援力量参与的联勤联动机制，落实资源共享、定期会商、要情通报和联合演练制度，提高应急救援联动水平。

管理与预警。建立区域重大灾害监测预警和应急服务平台，加强气象、地震、地质和风暴潮等灾害跨行政区域监测预报。优化地震监测台网布局，重点在粤东和珠三角地区开展井下型地震观测台站建设，布设烈度观测站，建立地震烈度速报和预警系统，加快建设地震前兆观测系统，在地震重点监视防御区的主要地震活动区域形成地震预警能力。健全城乡全覆盖的气象公共服务体系，搭建乡镇（社区）服务网络，服务弱势群体，实现气象服务均等化、多元化、便利化。积极推进广东省突发公共事件预警信息发布中心建设，提高防灾减灾救灾能力。

第四节　推动农业现代化和城乡一体化

加快完善城乡发展一体化体制机制，积极探索城乡一体化发展的路径和形式，促进城乡要素平等交换和公共资源均衡配置，提高农业现代化水平，推进农业转移人口市民化，形成以工促农、以城带乡的新型工农、城乡关系。积极构建结构有序、功能互补的空间结构，强化城乡产业联动和城乡空间有序发展，促进城乡基本公共服务均等化，实现城乡协调发展。

一、提高农业现代化水平

优化现代农业发展格局。结合效益农业、生态农业发展，建设特色农产品基地、城郊型农业生产基地、现代林业生产基地、休闲观光农业基地、现代农业示范区以及现代农业示范园等。通过与我国台湾以及东盟地区的合作开发和农业示范区建设，促进都市型、精细型现代农业的发展。发展特色种养业、农产品加工业、农村服务业，推进农村一二三产业融合发展。培育新型农业经营主体。坚持家庭经营在农业中的基础性地位，重点培育发展家庭农场，推进家庭经营、集体经营、合作经营、企业经营等共同发展。鼓励发展多种形式的农民合作组织，促进农民合作社规范发展。培育壮大农业龙头企业，完善利益联结机制，有效融合带动专业大户、家庭农场、农民合作社等经营主体，提升农业生产经营组织化水平。建立健全培育培训体系，启动新型职业农民培育工程，培育壮大新型职业农民队伍。

健全农产品加工和流通体系。统筹城乡农产品市场流通网络布局，以湛江、广州为产销区节点城市，重点支持农产品产地集配中心。实施"南菜北运"产区建设工程，推进农产品现代流通综合示范园区创建，加快邮政物流服务三农综合平台建设，打造跨区域农产品流通骨干网络。推进以城镇标准化菜市场、生鲜超市、乡镇集贸市场为主体的农产品零售市场建设，积极推广农超、农批、农校、农餐对接等农产品产销衔接方式，支持大型连锁零售企业建设改造与农超对接相适应的专业生鲜配送中心，构建农产品产销一体化流通链条。

加强农业生态治理，防控面源污染。推广生态农业技术，建立、健全农业生态环境监测体系。加强农业面源污染治理，深入开展测土配方施肥，大力推广生物有机肥、低毒低残留农药，开展秸秆、畜禽粪便资源化利用。开展农村土壤状况调查，强化农用土壤环境监管和综合防治。开展污染土壤的生态修复。

二、推进城乡统一要素市场建设

建立城乡统一的人力资源市场。落实城乡劳动者平等就业、同工同酬制度。逐步建立淡化身份、以岗定薪的薪酬制度，进一步清理各类招聘中的户籍、地域等不合理限制。建立健全农村亟需的专业技术型、市场经营型人才引进和常驻机制，深入开展"大学生村干部"、科技人才下乡等工作。

建立城乡统一的建设用地市场。以佛山市南海区为试点，总结前期工作和试点经验，在符合规划、用途管制和依法取得的前提下，允许农村集体经营性建设用地使用权出让、租赁、入股，实行与国有土地同等入市、同权同价。加快建立农村集体经营性建设用地产权流转和增值收益分配制度。进一步规范集体经营性建设用地使用权抵押的评估、登记和抵押权实现等程序，鼓励开展集体经营性建设用地使用权抵押融资活动。

三、促进城乡基本公共服务和资源配置一体化

深化基本公共服务均等化综合改革试点，建立健全优质教育、医疗

城乡共享机制，缩小城乡基本公共服务水平差距。加快推进农村资产资源资金服务平台建设，全省实现互联互通。将市辖区的村镇基础设施配套建设纳入城市基础设施专项规划统筹考虑、同步推进。推进殡葬改革，加快完善殡葬资源配置、殡葬救助保障以及殡葬管理体制和运行机制等，实现殡葬基本服务全免费。

综合考虑村庄规模、生产特点和生活方式等因素，积极开展农村新型社区和村镇自然灾害防御基础设施建设，集中配套完善给排水、环卫、文体、教育、金融、医疗、养老、信息等基础设施和公共服务设施。

四、加大城乡基础设施一体化建设

打破行政区划限制，构建城乡一体化的新型基础设施体系。将城市交通、给排水、能源、通信以及环卫等设施延伸到农村地区，使农村居民能够享受现代化带来的便捷，促进城乡之间的融合；完善镇、村基础设施建设标准体系，因地制宜地开展村镇基础设施建设，实现城乡基础设施统一布局和建设。

加大供水设施投资力度，提高运行水平。实现城镇公共供水全面普及，供水水质稳定达标。适度超前对排水和环卫基础设施进行投资建设。提高县城能源基础设施水平，提高供热、燃气的普及率，加快县城及农村电网的信息化、自动化、智能化改造。

加大乡村环境保护力度。在治理农业污染的同时，加强对县域工业污染的监管力度，完善生态补偿机制，防止污染向生态脆弱地区转移，保障乡村生态安全。加大农村垃圾分类方法指导以及垃圾集中处理设施建设，每个县（市）建成生活垃圾无害化处理场（厂），在其服务范围以内的乡镇要配套建设垃圾转运站，村要配套建设垃圾收集点，实现"一县一场"、"一镇一站"、"一村一点"，在全省推行"户收集、村集中、镇转运、县处理"的农村垃圾收运处理模式，实现城乡生活垃圾收运处理全覆盖。

开展智慧城乡项目试点。统筹城乡发展的物质资源、信息资源和智力资源利用，推动物联网、云计算、大数据等新一代信息技术在市政基础设施和公共服务设施领域的建设和创新应用，推进"三网融合"工程。

第一节 绿色基础设施和低碳发展的现状与特征

一、低碳生态城市建设现状

广东省是全国第一个在全省范围内推低碳生态城市建设的省份。2009年7月，广东省被列为国家低碳省试点之一；2010年启动低碳省试点的工作；2013年11月25日，广东省人民政府、住房和城乡建设部签订《关于共建低碳生态城市建设示范省合作框架协议》（以下简称《框架协议》）。根据协议，广东省政府与住建部将在推动城乡规划创新转型、加强城市基础设施建设、实施绿色建筑行动计划等领域全面深化省部合作，力争到2020年，广东成为全国领先的低碳生态城市建设示范省。

从时间序列变化上来看，从2000年到2009年，广东省碳排放量持续攀升。从空间变化上来看，碳排放空间集聚，高度集中于珠江三角洲地区，并呈现向外围扩散的趋势。2010年全省单位GDP能耗为0.667吨标准煤/万元，处于全国领先的水平，相当于全国平均水平的65%左右。同时，广东省共76个项目获得国家发改委批准作为CDM项目，可见广东省的低碳生态城市建设的情况在国内处于较先进水平。主要体现在以下4个方面：

1. 各市积极开展低碳生态建设

从国家开展低碳试点工作以来，深圳市和广州市先后被确定为全国低碳试点城市。深圳光明新区继2008年成为国家绿色建筑示范区、2009年被评为全国低冲击开发雨水综合利用示范区后，又被授予首批国家绿色生态示范城区。2010年，深圳市政府与住房和城乡建设部签订协议，共建全国第一个"低碳生态示范市"，探索在城市发展转型和南方气候条件下的"渐进常态化"低碳生态城市规划建设模式。[1]此外，珠海中欧低碳生态试点城市、中新广州知识城、东莞松山湖科技产业园区等在全国低碳城市建设领域也产生了较好的示范作用。

2. 生态格局建设颇有成效

围绕主体功能区建设，广东省在做好南岭自然生态系统保护基础上，通过增加森林碳汇、引进森林进城和森林围城、加快城市增绿等建设，初步构建了融城区、山区、岗地、平原于一体的全省森林生态网络体

1 国际欧亚科学院中国科学中心等. 中国城市状况报告2016/2017全球视野与中国实践：谋划城市的未来[M]. 中国建筑工业出版社，2017。

系和以珠江水系、沿海重要绿化带、北部连绵山体、主要区域绿地、珠三角绿道网和城市公园为主要框架的区域生态安全体系。

3. 绿道网建设日益完善

作为广东"以人为本、贴近群众、服务民生"的生态文明建设的标志性工程，完善绿道网络体系，着力打造绿道网"公共目的地"，其生态价值和综合效益已初步显现。至2013年末，珠三角地区共建成绿道8298km，粤东、西、北地区累计建成省立绿道1183km［《广东省住房城乡报告（2013年）》］。

4. 制度建设逐步完善

自2010年全国第一批低碳省试点工作启动后，广东省发行了《广东低碳发展报告2010》，对全省低碳建设的情况进行了概述。2012年1月上旬，国家相关部委正式宣布在北京、天津、上海、重庆、广东、湖北及深圳等7省市开展碳排放权交易试点工作，逐步建立国内碳排放交易市场。提出广东省碳排放权交易试点将分三期安排，2012～2015年为试点试验期，2016～2020年为试验完善期，2020年后为成熟运行期。深圳也在2013年6月正式启动碳交易市场。

专栏9-1　珠海建设中欧低碳生态试点城市[1]

珠海是中欧合作全国两个综合试点城市之一，珠海综合试点是低碳生态城市发展的实验室。欧方将通过中欧低碳生态城市合作项目与珠海在城市紧凑发展规划、绿色建筑、绿色交通、水资源与水系统、垃圾处理处置、绿色产业发展、城市更新与历史文化风貌保护等9大领域开展试点合作。目前确定的8个重点示范项目，包括上冲有轨电车绿色生态小镇试点示范项目、前山河绿色交通示范项目、前山河流域水环境整治与修复项目、西部中心城区海绵城市启动区示范项目、西坑尾垃圾填埋场生态修复及水泥窑技术提升项目、北山村更新项目等。

---

1 国际欧亚科学院中国科学中心等. 中国城市状况报告2016/2017全球视野与中国实践：谋划城市的未来[M]. 中国建筑工业出版社，2017。

二、绿色建筑发展现状

随着我国绿色建筑理论和实践的发展，越来越多的省市积极加入到绿色建筑发展的行列中。广东省绿色建筑发展处于国内前列，绿色建筑与绿色生态城区建设快速发展。2014年，全省新增绿色建筑评价标识面积达2422.65万m²，绿色建筑首次实现地区全覆盖。在绿色建筑数量上，广东省位居全国第二，仅次于江苏省（图9-1）。

目前，深圳市和广州市的绿色建筑发展已处于全国领先，东莞市、中山市、佛山市等地区也在大力开展绿色建筑工作。2012年对全省绿色建筑项目数量进行统计显示，珠三角地区绿色建筑项目的数量多且集中，其中深圳市拥有绿色建筑项目132个，广州市拥有66个，位居全省前列，而粤东、西两翼几乎没有绿色建筑项目（图9-2，图9-3）。

从地级市层面看，绿色建筑的发展起步较早，部分城市已成为全国领先的绿色建筑示范市，然而，广东省层面对此整体的控制和要求却在近两三年才出台，且以单个政策为主，缺少成体系的政策指引。

深圳市以造"绿色建筑之都"、建设"低碳生态城市"为核心战略，

图9-1
各省绿色建筑标识数量对比（前十名）
数据来源：宋凌，李宏军，张川. 2013年度绿色建筑评价标识统计报告[J]. 建设科技，2014（06）:27-30

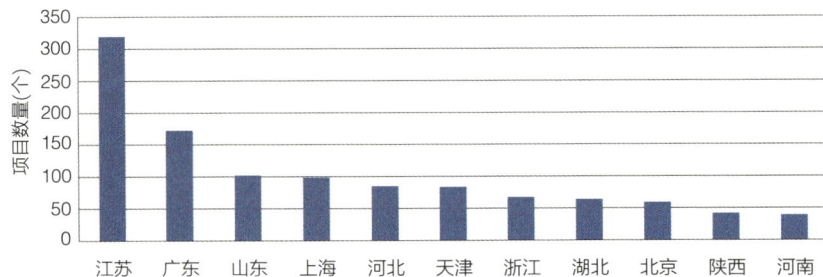

图9-2
广东省各市绿色建筑统计图

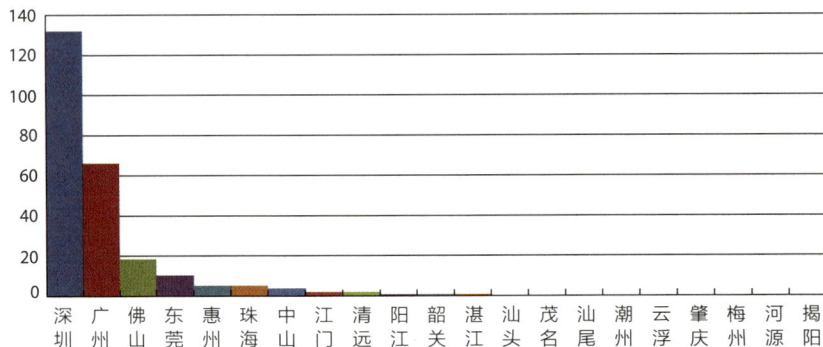

图9-3
广东省绿色建筑分布图

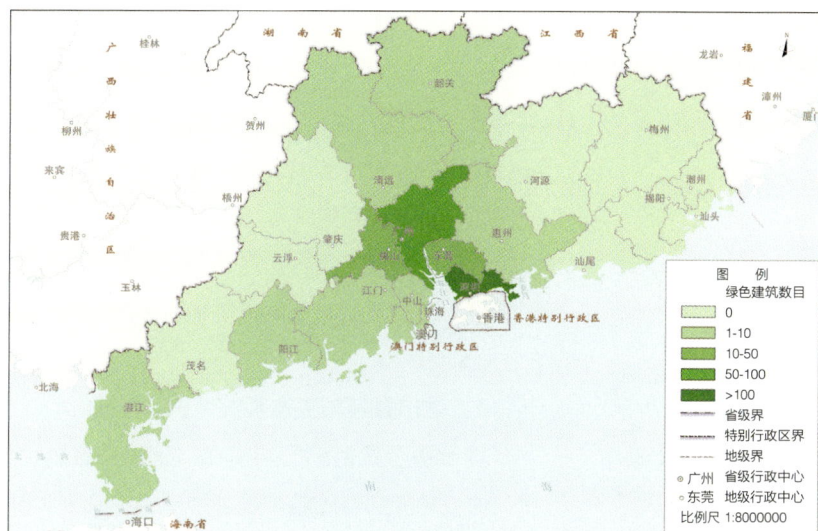

图9-3
广东省绿色建筑分布图

在绿色建筑政策方面逐步形成了较为完善的建筑节能与绿色建筑政策体系。出台了全国首部建筑节能地方法规《深圳经济特区建筑节能条例》，国内首部建筑节材地方法规《深圳市建筑废弃物减排与利用条例》，在此两个法规的基础上探索形成了一套行之有效的管理机制和管理模式，并对绿色建筑示范项目通过墙改基金给予一定财政补贴，率先在国内强制推行保障性住房按绿色建筑标准建设。2013年深圳市完成了《深圳市绿色建筑促进办法》的编制，并已于当年8月20日起施行，在全市范围内建立更全面、规范的绿色建筑政策机制。

广州市2012年颁布了《广州市绿色建筑设计指南》，同年，发布了《关于加快发展绿色建筑的通告》，规定全市使用财政资金和国有资金的新建（改建、扩建）房屋建筑项目，中新广州知识城、白云新城等城市发展新区的新建房屋建筑项目以及其他相关重点项目，要全面执行绿色建筑标准，并从土地出让、立项、规划、建设等环节对绿色建筑相关指标予以落实把关。2013年，通过了《广州市绿色建筑和建筑节能管理规定》，率先将绿色建筑建设管理要求纳入立法，明确四大类建筑必须强制执行绿色建筑标准，将绿色建筑相关指标和要求融入建设项目全过程，建立了绿色建筑建设管理制度。其中"公共建筑能耗控制指标全过程管理纳入立法"和"绿色建筑项目可申报竣工标识"为广州市创新性措施，帮助促进绿色建筑的实施。

三、广东省低碳生态城市建设的核心问题

作为南方大省，广东省拥有多样化的地理环境和生态环境，成为过去几十年中经济快速发展的优越条件。然而，在全球气候变暖、城市化进程加速、资源消耗量逐年增加的环境下，过往的经济发展模式不再适应当前的大环境和发展要求，且面临经济增长速度放缓、在国内经济地位下降的趋势，在调整经济发展模式和资源利用方式的过程中，主要出现了以下3个方面问题：

1. 城市蔓延与生态系统保护的矛盾

城市蔓延是目前国内城市群普遍存在的问题，与国内其他城市群相比，珠三角城市群的城市蔓延现象更为突出，从而城市密集所带来的生态环境问题尤为突出，尤其是珠三角大气污染、入海口水质等方面存在着较突出的矛盾。

2. 基于经济发展不平衡的城市发展不平衡

广东省经济发展水平存在较大的地区差异，珠三角与粤东西北的发展极不平衡，在支持经济发展的资源开发利用、城市建设水平上也存在极度不平衡。从资源条件来看，广东省大部分动植物资源、水资源及国家自然环境保护区均分布在粤东、西、北，珠三角地区较少，这种不均衡更多是由于支撑珠三角地区的经济快速发展，而牺牲其他地区发展造成的。在新型城镇化的背景下，城乡协调发展成为重点，广东的不均衡发展成为这一时期亟需得到解决的矛盾。

3. 需要考虑因地制宜建设低碳生态城市

基于广东省多样化的自然、生态环境和城市发展水平，以一种模式建设低碳生态城市的路径是行不通的。依据自然生态环境、城市建设水平以及经济发展水平，因地制宜地探索低碳生态城市建设的路径，是广东省新型城镇化背景下应重点考虑的方向。

第二节　生态保护格局

构建与经济大省相匹配的"两环、一带、十二核、网状廊道、多节

点"的省域生态安全格局，与珠三角世界级城市群相适应的珠三角生态内
环，确保生态安全。

一、省域生态系统格局

构建"两环、一带、十二核、网状廊道、多节点"的省域生态系统
骨架，并以此为基础，组合、串联多元自然生态资源和绿色开敞空间，通
过对大型自然"斑块"的保护、抚育及自然恢复，形成多层次、多功能、
立体化、复合型、网络式的省域生态系统格局，协调城镇建设与生态环境
的关系，维护、推动区域生态系统的稳定与平衡（图9-4）。

1. "两环"：陆域连绵的广东北部山林生态屏障和环珠三角外围生态屏障

广东北部山林生态屏障：以省域北部、东部、西部的山地、丘陵及
森林生态系统为主体组成的环状区域生态屏障，陆域重点结构性生态控制
区包括粤北南岭山区、粤东凤凰—莲花山区、粤西云雾山区。

环珠三角外围生态屏障：以珠江三角洲西部、北部、东部的山地、
丘陵及森林生态系统为主体组成的环状区域生态屏障，共有4处陆域结构
性生态控制区：以肇庆鼎湖山为中心的西北生态控制区，以江门恩平西部
天露山区为中心的西南生态控制区，由广州花都、从化北部和惠州博罗西

图9-4
广东省域生态格局规
划图

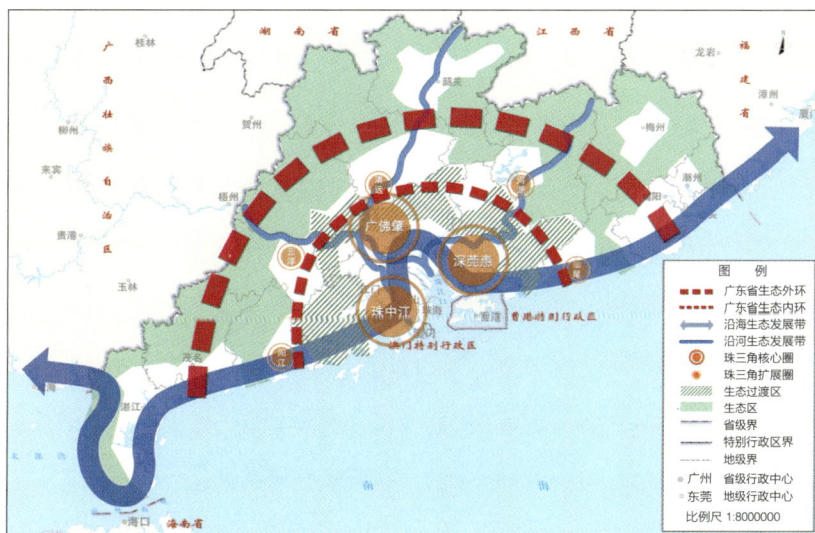

北山脉构成的北部生态控制区，以及由惠州惠东、惠阳坪天嶂、莲花山脉构成的东部生态控制区等。

2. "一带"：修复南部近岸环境、构筑海洋生态屏障的南部蓝色海洋防护带

建设由主要河口三角洲及近海水域、湾区、海岸带和近海岛屿组成的近海生态防护带，重点结构性生态控制区包括大亚湾—稳平半岛区、珠江口河口区、韩江出海口—南澳岛区等。建设由低山孤丘、农林田网、滩涂湿地、防护林带、沿海湾区、近海岛屿以及近海南部广阔的近海水域共同构成蓝色海洋防护带，保护丰富珍稀的海洋生物，并促进海陆物流交换。

3. "十二核"：有效防止城镇连绵发展的区域性生态绿核

打造城镇群之间由山、丘、岗、台等山体以及万亩良田共同构成的生态绿核，包括广州帽峰山—白云山区域绿核，广州—清远花都山地区域绿核，肇庆市区—高要市栏柯山区域绿核，佛山南部基塘区域绿核，佛山—云浮皂幕山区域绿核，江门古兜山—中山五桂山—珠海黄杨山区域绿核，东莞与深圳之间的大岭山—羊台山—塘朗山区域绿核、深、惠之间的清林径—白云嶂区域绿核，阳江与茂名之间的鹅凰嶂区域绿核，廉江、化州、高州之间的鹤地水库湿地区域绿核，潮、汕、揭之间的西山区域绿核，汕、尾、揭、阳之间的南阳山—大南山区域绿核，有效防止城镇蔓延发展。

4. "网状廊道"：加强城市内部绿核与外围生态斑块联通的蓝网和绿网

构建由区域性河流生态主廊道（东江、北江、西江、韩江、鉴江等五大江河）和次廊道（漠阳江、小北江、流溪河、增江、顺德水道、袂花江、梅江、贺江、螺河、榕江等支流河道）组成的江河流域蓝网廊道。构建由区域性道路生态主廊道（区域性铁路、高速公路隔离防护林带等）和次廊道（省域绿道网）组成的区域性绿网廊道，缓解交通、人为活动对区域生态的切割和干扰。

5. "多节点"：调节生态环境质量的城市内部关键节点

建设城郊型森林公园、自然名胜区、城市公园、中心城绿地、湿地以及独立山丘等，形成省级绿色基础设施节点，隔离城市内部各功能组团并调节城市内部生态环境质量。

二、绿色基础设施

　　绿色基础设施的概念是为将城市绿色空间提升为一个统一系统而提出。根据韦伯斯特的《新世界词典》，绿色基础设施是"社区赖以持续发展的基础或潜在根基，特别是在基本设备和设施方面"。在我国，绿色基础设施是指一个相互联系的绿色空间网络，由各种开敞空间和自然区域组成，包括绿道、湿地、雨水花园、森林、乡土植被等，这些要素组成一个相互联系、有机统一的网络系统。该系统可为野生动物迁徙和生态过程提供起点和终点，系统自身可以自然地管理暴雨，减少洪水的危害，改善水的质量，节约城市管理成本。绿色基础设施从生态系统整体性的思想出发，以区域城乡生态环境的视角，提出了城市生态建设的新理念，对目前正在推进的城乡绿化一体化工作具有很好的指导价值。

　　本书中绿色基础设施包括：绿道、自然文化遗产、地质公园、森林公园、自然保护区、风景名胜区、城市公园、湿地以及独立山丘等，形成广东省级绿色基础设施（图9-5），并提出以下措施以调节广东省内城市间生态环境质量：

　　（1）进一步完善绿道网络建设，将绿道网络向大型生态斑块和城镇建成区内部有序延伸，逐步形成由区域绿地、城乡公园、河湖湿地等生态

图9-5
广东省绿色基础设施图

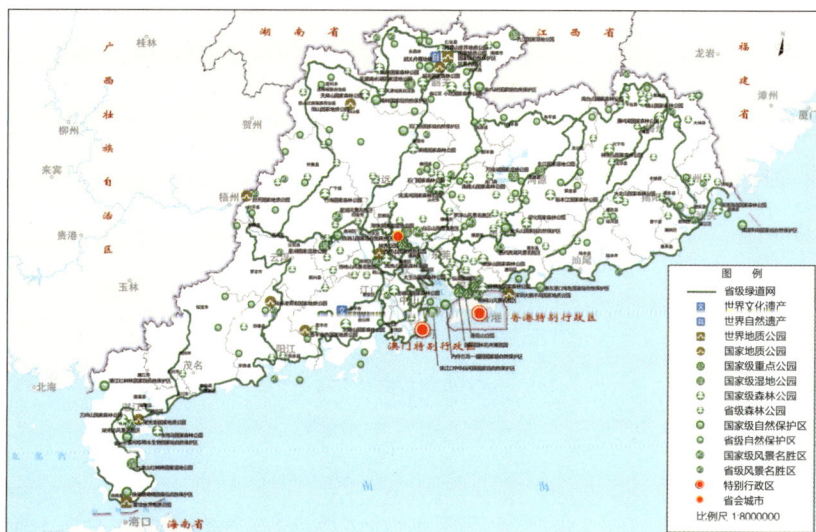

斑块和河道走廊、海岸线、绿道等生态廊道构成的绿地生态网络，推动绿道网向绿色基础设施升级，打造"绿道升级版"。组织修复和保护绿道网沿线的生态环境，提升绿道网生态景观效益和生态保护功能。大力推进城市步行和自行车交通系统建设，鼓励建设专用的慢行"绿道"，形成连续、完整的绿色慢行生活网络。研究推进基于现有绿道网络的机动车专用快速"风景道"建设。结合城市新区开发、旧区改建、宜居社区创建等工作，加快推进城市绿道和社区绿道建设。

（2）策划和规划建设绿道"节点"。完善节点服务功能，为市民提供多样化、高质量的户外活动场所，并举办运动健身、文化展示、科普教育、休闲游憩、餐饮娱乐等功能。鼓励新增具备教育、文化、体育、旅游功能等有价值的节点，优先考虑有利于展示文化、改善校园环境和学生出行条件、方便体育运动的节点。在绿道建设的基础上，利用边角地、控制地因地制宜建设社区体育公园，进一步探索基本公共服务均等化和精明增长。

（3）打造绿道科普教育品牌。建立并完善中小学的绿道科普教育体系，周期性举办绿道科普活动，打造"绿道科普教育品牌"。珠三角各市选取若干绿道打造成为科普教育绿道，举办周期性的科普教育活动，让中小学生能在绿道上接受更多的科普教育知识、生态伦理教育以及历史人文教育。

第三节　公园与碳汇网络体系

一、构建公园体系

推进城市公园、湿地公园、乡村公园、森林公园、风景名胜区、带状河道海岸绿地、环城防护林带绿地、城乡楔形绿地等各类公园绿地建设，与绿道连通形成有机的生态绿地网络，构建分布均衡、功能完备、城乡一体的省域公园体系。

合理规划建设动植物园、儿童公园、雕塑公园等不同主题的公园和街头游园绿地。因地制宜配置体育健身设施，规划建设社区体育公园。结合绿道缓冲区、绿道公共目的地，积极开展多主题、多类型的郊野公园建设，将郊野公园建设作为城乡统筹、强化城郊土地精细化管理的重要抓手，探索建立农村新的"造血"机制和公园管理体制。在省立绿道网和各类公园基础上，纳入全省区域绿色基础设施统一部署，构建省域公园体系。

二、公园体系项目

以绿道网为基础，以建设社区体育公园、郊野公园、森林公园为近期抓手，构建分布均衡、功能完备，包括风景名胜区、森林公园、海岸线公园、地质公园、城市公园、郊野公园等在内的市域公园体系。推进绿道网向绿色基础设施升级，合理规划建设联系城乡的楔形绿地。

加强居民生活与公园体系之间的联系，实现"300m见绿、500m见园"的绿地服务标准，加快开展社区体育公园建设，协同推进休闲旅游和体育产业发展。

依托海岸河溪湿地，划定滨水空间范围，打造富有岭南特色的人性化滨水空间，建设"阳光海岸带"和"沿江景观带"。

将郊野公园建设作为城乡统筹、强化城郊土地精细化管理的重要抓手，探索建立农村新的"造血"机制和公园管理体制。促进郊野公园与城市公园优势互补，成为保持生态平衡、提高居民休闲生活质量、改善城乡景观的开放活动空间。

三、绿地碳汇网络[1]

加强公园绿地的建设。严格控制绿地系统线，为城市生活预留足够的绿色开场空间。根据城市用地性质与结构，充分考虑合理的服务半径，优化布局公园绿地系统，达到"500m见园"的绿地服务标准。以城郊地区的绿道为基础，推动郊野公园建设，对接国家公园体系。逐步推进区域绿地、城乡公园、河湖湿地等保护，推动彰显岭南水乡和海岸线资源特色的生态廊道建设，加强城际合作，形成有效衔接、相互协调的绿地碳汇网络格局。

重视防护绿地的建设。优化防护绿化带系统，形成城市绿色廊道连

[1] 珠江三角洲全域空间规划项目组，《珠江三角洲全域空间规划（2014~2020年）》（征求意见稿），2015年。

接各孤立的绿地公园，规定不同类型的防护绿化带宽度要求，制定滨水驳岸形式、景观设计、植物配置等方面的具体措施。

提升公共开放空间品质。因地制宜地增加公共开放空间，提高人均公共开放空间占有面积，提升城市公共开放空间的通透性。完善公共开放空间结构组成，构建人性化的城市公共空间体系。

严格实施碳汇分区。按照生态廊道重点保护区、碳汇资源扩增区、碳汇品质提升区等不同碳汇分区，制定相应的配套政策措施，增强城市群碳汇能力。

第四节　绿色建筑和生态低碳

生态文明建设是协调经济发展、城市建设的重要途径，生态系统的稳定是建设新型城镇化的基本保障。广东省有着先天良好的生态资源，优质的生态环境本底，包括水资源、森林覆盖率以及光热条件等，新型城镇化必须生态优先，走低碳发展之路。

低碳发展是经济可持续发展的必然要求，是新型城镇化的重要模式。新型城镇化的低碳发展本质上讲是在碳约束前提下，实现城镇化的稳健、快速、可持续发展，是构建社会主义生态文明的重大举措。广东省在绿色建筑、生态文明城市建设等方面处于全国领先水平，有着良好的建设基础和制度保障。

因此，走广东特色的新型城镇化道路，通过低碳生态城市建设的模式来推动广东省的新型城镇化，是广东省经济、社会、生态和谐发展的必须途径。

一、生态低碳城市建设

根据世界自然基金会（Word Wild Fund，WWF）的定义，低碳城市是指城市在经济高速发展的前提下，保持能源消耗和二氧化碳排放处于较低水平。一般认为低碳城市是在城市中发展低碳经济，最大限度减少城市温室气体排放，实现低碳社会的目标，其内涵主要体现在"低碳经济"与"低碳社会"两个方面，低碳经济是通过更少的自然资源消耗和更少的环境污染，获得更多的经济产出。

1. 健全低碳生态城市建设管理机制

落实省部共建低碳生态城市建设示范省合作框架协议，以珠三角为试点，健全从规划编制到实施全过程的低碳生态城市建设管理机制。要求各市加快编制低碳生态建设规划和绿色生态城区规划，以城市总体规划和控制性详细规划为基础，指导制定城市低碳生态建设策略和措施。

将低碳生态城市规划建设要求引入城市规划建设管理体系，构建与低碳生态城市建设相适应的土地利用模式及空间格局，优化城市形态结构和用地功能分区。加强公共交通体系建设，加强城市步行和自行车交通网络建设，倡导绿色出行。打造低碳循环型生产方式和生活方法，以清洁生产为龙头带动，从节能、综合利用、园区循环化改造以及再制造等方面对生产流程进行升级改造；以推进垃圾分类、资源回收网络、智能物流、电子商务、绿色消费等方面改善城市资源流通环节，提高资源产出率，形成低碳健康的城市生产生活环境。

2. 构建三大低碳生态示范城市群

根据城镇化发展的空间形态，形成以珠三角世界级低碳生态示范城市群为引领，以三大城市推动珠三角及环珠三角地区低碳生态发展，以粤东城市群、粤西沿海城市群和粤北生态发展区为试点，在县城和小城镇推行低碳生态建设，实现大中小城市和小城镇协调发展的低碳生态城市建设目标。

加大对试点示范项目支持力度，支持广州、深圳、珠海等基础条件较好的城市，率先建设成为绿色建设示范城市；总结光明新区、深圳前海、中新广州知识城经验，指导各市开展绿色生态示范城区建设。通过综合协调城市经济社会活动与资源环境间的相互关系，实现经济持续稳定发展、资源能源高效利用、生态环境良性循环、社会文明高度发达。

（1）珠三角世界级城市群实现低碳生态示范

"广佛肇+清远、云浮"大都市圈：依托广州市低碳生态建设，带动佛山、肇庆、清远、云浮四市发展低碳生态城市。重点围绕提升土地利用效率、改善空气质量、建设花园城市、建设岭南水城、妥善处理固体废弃物、实施低碳绿色产业发展等方面，开展低碳生态建设。

"深莞惠+河源、汕尾"大都市圈：以深圳市为国家低碳生态示范市引领东莞、惠州、河源和汕尾四市发展低碳生态城市建设。主要任务为：

积极引导城市紧凑发展、推行产业低碳化发展、建立低碳清洁的能源供应体系、打造绿色交通体系、促进绿色市政设施建设、大力发展绿色建筑。

"珠中江+阳江"大都市圈：以珠海成为中欧低碳生态城市合作项目综合试点城市为契机，带动周边中山、江门和阳江三市发展低碳生态城市。重点建设城市紧凑发展规划、清洁能源利用、绿色建筑、绿色交通、水资源与水系统、垃圾处理处置、城市更新与历史文化风貌保护、城市建设投融资机制、绿色产业发展等项目。

（2）粤东、粤西地区打造低碳小镇示范

粤东城市群：汕头、潮州、揭阳和梅州市建设汕潮揭同城化低碳发展先行区。以绿色交通为主导，推进揭阳潮汕空港、潮州厦深铁路潮汕站和汕头港"三港联动"发展，构建以汕潮揭轨道交通网为主体的同城化交通网络体系，强化机场与城镇的快速联系，形成汕潮揭"半小时生活圈"。以低碳经济发展为理念，实现产业转型，打造以桑浦山为中心，以"客家文化产业园"、"客天下旅游产业园"、"广东麓湖山文化产业园"等汕潮揭三市的文化旅游园区、创意产业园区为核心，打造潮汕文化旅游、创意产业发展经济带，促进区域文化资源的共享，打造循环经济，实现集群规模化发展。优化海岸带低碳发展，促进都市区西部重化工生产岸线、中部城市生活岸线和东部自然生态岸线三类海岸线的整体分工，增强海洋经济与城市发展的相互促进作用，携手共建"黄金海岸带"。加强低碳减排宣传工作，积极发展节能环境产业。提高产业技术水平，优化城市产业结构。推广绿色建筑，实施对民用建筑的节能改造。

粤西沿海城市群：湛江市与茂名市以推进海洋低碳开发为主，打造中国海洋资源开发的重要示范基地。优化雷州半岛多个国家级保护区，加强保护区的建设，提高森林覆盖率，加大基础设施建设，推广旅游业及低碳产业发展。在城市建成区的绿地率、绿化覆盖率和人均公园绿地面积均争取达到或超过新的国家园林城市标准。利用海上风能资源丰富的优势，加快推进海上风电开发建设，形成区域级主要新型能源开发。

（3）粤北生态发展区谋划生态小镇示范

韶关市借鉴国内外经验，制订低碳城市发展规划，调动企业、居民积极融入低碳城市建设的积极性，协同企业、居民、行业协会等部门关系，建立激励与约束机制，建立健全监管机制，加大激励和奖惩力度，使低碳城市发展战略有效、持续地发挥作用，形成良性的反馈循环。

保护生态环境，加强生态文明制度建设，贯彻实施《韶关市国家生态文明先行示范区建设方案》，形成符合主体功能定位的生态发展格局，建立覆盖全社会的生态文化体系，普遍推行绿色生活方式，有效落实最严格的耕地保护制度、水资源管理制度、环境保护制度，为全国同类地区生态文明建设提供经验。

推进大丹霞国家级旅游度假区、大南华禅宗文化旅游区、大南岭生态旅游区、大珠矶历史文化旅游区建设，引导旅游产业集聚，打造环丹霞山旅游产业园，培育发展综合性旅游产业园，把韶关市建设成为国家旅游产业集聚区、国家生态旅游示范市和国际绿色生态旅游目的地。

3. 推进绿色生态示范城区建设

支持各地级以上市创建和申报国家绿色生态示范城区，粤东西北地区地级市新区起步区选取 $3 \sim 5 km^2$ 区域，按照国家绿色生态示范城区要求进行建设。强化绿色生态示范城区建设的规划引领：一是完善规划体系。研究制定绿色建筑、绿色市政、绿色能源、绿色交通等专项规划，强化综合引导作用；二是健全指标体系。建立包括空间利用率、绿化率、可再生能源利用率、绿色交通比例、材料和废弃物回用比例、非传统水资源利用率等指标的控制指标体系，全面指导绿色生态城区建设[1]。

二、绿色建筑行动

绿色建设是以人与自然和谐共生为理念，以节约资源、保护生态、可持续发展为原则，以管理创新、科技创新、产业支撑为立足点，促进城乡建设转型发展，实现城乡统一协调，创建岭南特色宜业宜居城乡的建设模式。

广东省绿色建筑的发展居于全国领先水平，仅次于江苏省位于全国第二位。但广东省的绿色建筑发展存在严重的不均衡，绿色建筑的发展仍是低碳生态城市建设的一项重要任务。在新型城镇化要求指引下，以加快转变广东省城乡建设模式和建筑业发展方式，促进资源节约型、环境友好型社会建设为目标，大力发展绿色建筑，逐步推行绿色建筑标准，切实提高绿色建筑在全省新建建筑中的比重，维持国内领先的绿色建筑发展位序，有效控制建筑领域碳排放增长。

1. 确定符合广东省实际的绿色建筑发展技术路线

建立健全绿色建筑标准体系，以政府投资建筑、保障性住房、大型

1 珠江三角洲全域空间规划项目组，《珠江三角洲全域空间规划（2014～2020年）》（征求意见稿），2015年。

公共建筑（单体建筑面积在2万m²以上）为重点，逐步推行绿色建筑标准，切实提高绿色建筑在全省新建建筑中的比重。从2014年1月1日起，全省新建大型公共建筑、政府投资新建的公共建筑以及广州、深圳市新建的保障性住房全面执行绿色建筑标准；从2017年1月1日起，全省新建保障性住房全部执行绿色建筑标准，广州、深圳市实行大型公共建筑能耗定额管理。到2020年底，绿色建筑占全省新建建筑比重力争达到30%以上，建筑建造和使用过程的能源资源消耗水平接近或达到同期发达国家水平，公共建筑全面实行能耗定额管理。

2. 建立绿色建筑和绿色住区分区引导体系

绿色建筑和绿色住区基础较差的地区，以政策推动和项目示范为先导，通过省或市的财政激励，鼓励绿色建筑和绿色住区的发展；绿色建筑基础较好的地区，建立绿色建筑全寿命周期管理制度，推动绿色建筑由点到线、由线到面的加快发展（图9-6）。

图9-6
绿色建筑发展模式分布图

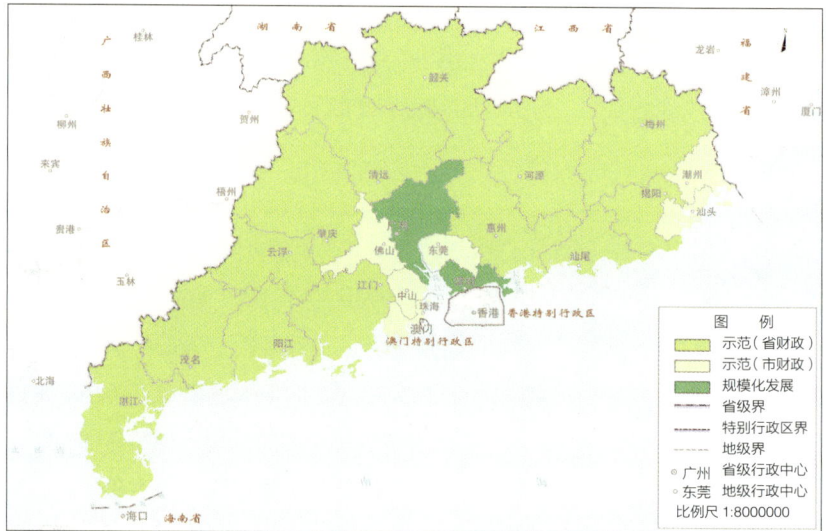

广州、深圳绿色建筑发展基础较好，进展较快，未来以规模化的发展模式为主。广州市应加强绿色建筑体制系统管理，在规划、设计、施工、运营、养护和拆除过程中需要严格把握的关键环节，新型大型公共建筑和政府投资新建的国家机关、学校、医院、博物馆、科技馆、体育馆、其他公益性建筑及新建保障性住房全面执行绿色建筑标准；深圳市严格落

实已提出的全面建设绿色建筑，新建民用建筑至少达到绿色建筑评价标识国家一星级或者深圳市铜级的要求，鼓励高星级绿色建筑的规划、建设和运营，实现绿色建筑规模化发展。

佛山、中山、珠海和东莞有一定的经济实力和一定的绿色建筑基础，可由市财政拨款激励，示范带动。在市级范围内健全绿色建筑政策法规体系，推行强制性政策与激励性政策，对绿色建筑项目、绿色生态城区项目、可再生能源技术用示范项目、既有建筑节能改造项目、绿色建筑专业人才培养项目和建筑节能宣传项目等进行市级财政拨款激励，以政府建筑工程作为示范，带动社会企业逐步落实绿色建筑。

其余地级市绿色建筑基础较差，需由省财政鼓励支持，建立适合当地的绿色建筑示范项目。严格落实广东省绿色建筑相关工作，各级政府对行政区域内符合广东省财政鼓励支持的项目或企业应积极推行其申报工作，同时以保障性住房为重点建立适合当地的绿色建筑示范项目，加强宣传推广绿色建筑，推动社会企业自主建设绿色建筑。开展存量建筑绿色化改造，在推进新建建筑绿色化的同时，促进存量建筑绿色化改造。

3. 完善推动绿色建筑和绿色住区发展的配套政策

研究制定低碳生态城市示范政策与绿色建筑、绿色住区激励政策，省财政实行对粤东、西、北地区推广绿色建筑和绿色住区工作的资金支持。研究制订绿色生态示范城区奖励政策，开展绿色生态示范城区省级试点工作，对符合条件的绿色生态示范城区给予奖励，具体奖励金额根据规划建设水平、绿色建筑规模、能力建设情况等因素进行调整和分配。运用经济杠杆的作用，对取得运营标识的绿色建筑项目和通过绿色住区认定的项目进行一定补贴。开展绿色建筑宣传工作与绿色建筑相关技术的研究和绿色建材的研发工作，组织相关的绿色建筑培训。扶持绿色建筑、绿色住区及相关技术产品的研发、培训、宣传推广工作的行业协会、科研机构、大专院校、企业等。

第三篇

广东新型城镇化的主体形态……

空间模式与功能组织

在"一带一路"倡议下的包容性全球化时代，省域城镇化战略不仅局限于省域内部，还应该着眼于城市群、城市在全球体系中的分工与能级，提升城镇化质量，发挥增强省域国际竞争力的重要作用。对比其他世界级城市群，珠三角地区仍延续原有以制造业扩散带动城镇发展的模式，服务和消费对于区域发展的核心带动作用尚未有效发挥，围绕制造业生产、以高速公路为主体的综合交通运输模式已经难以适应全球化和现代服务需要，同时，广州、深圳等核心城市距一流的全球城市尚有一定差距。因此，珠三角作为新时期推动高质量城镇化进程的重要空间形态[1]之一，亟待向以全球城市为组织核心、依托高端职能分工的世界级城市群转型，提升发展能力，增强全球竞争力。

第一节　优化世界级城市群功能体系

全球化和信息化时代，城市空间不断极化，并朝着更加紧密联系的区域化方向发展，呈现都市圈、城市群等多种集聚形态特征。与此同时，全球化和信息化加速了新的全球城市等级体系的形成，超国家尺度、国家、跨区域、区域和地方城市政府等多元主体均具备了参与全球竞争的能力，部分城市密集地区内部形成了数个深度参与全球经济活动、具有强大国际经济支配力的城市节点，逐步成长为全球经济体系的重要参与主体之一——世界级城市群[2]。

1 马学广. 全球城市区域的空间生产与跨界治理研究[M]. 北京：科学出版社，2016。

2 易干枫，张京祥. 全球城市区域及其发展策略[J]. 国际城市规划，2007，22（5）：65-69。

专栏10-1　世界级城市群的典型特征和发展趋势

以纽约为中心的美国波士华城市密集地区、以伦敦为中心的英国中南部城市密集地区、以东京为中心的日本太平洋沿岸城市密集地区均为具有超强全球影响力和控制力的世界级城市群。这些公认全球世界级城市群是全球最主要的金融和科技创新中心、生产组织和运营中心、现代文明和时尚文化的引领中心，并通过跨国公司、国际组织形成了"超国家"的全球治理功能。

这些成熟的世界级城市群具有以下共同特征：①区域内城镇密集，一个或数个核心城市在经济、政治、创新等方面都是具有世界影响力的全球城市，集聚了高等级城市功能；②城市之间有紧密的社会、经济、文化、生态和空间等内在联系，呈现出整体发展的关联性、协同化和一体化特征；③区域内拥有高速铁路、高速公路等发达交通网络；④拥有多个国际贸易大港、航空港及信息港的枢纽；⑤城市群、都市圈为主要主体，推进区域的开发，带领国家参与全球竞争。

世界级城市群发展需要依托大量高端国际功能，因此其竞争力主要包括：①强化配置全球资本的控制能力，增强全球交通枢纽支撑水平，以发挥辐射世界、服务全球的引擎作用；②引导创新动力从单纯的基础研究拓展至应用和技术创新，并从主要依托产业园区转向更加多元化、多层次的创新空间，积极培育战略性新兴产业；③重视文化、创新和消费服务发展，提升服务和消费有关的经济要素比重，并逐步居于主导地位；④强调"在岸发展"，重视经济、社会、文化功能的多领域实力。

根据世界银行《东亚变化中的城市图景：度量十年的空间增长》研究报告，珠三角世界级城市群建设初具成效，在人口和用地两个方面已经成为世界最大的巨型城市连绵地区。与国内其他城市群相比，珠三角无论是人均GDP、人口密度、经济密度等指标均居于全国领先地位，其中心城市的发展完备度、区域城市体系与城市网络的联系度已经初步成为具有全球竞争力的城市群。对比美国纽约—波士顿、英国中南部、日本太平洋等成熟的世界级城市群，珠三角区域在人口经济总量、城镇密集度、城镇化水平和国际经济联系度方面均已具备建设世界级城市群水平，但从其国际功能及其对世界的影响力方面，抑或作为世界级交通、信息、技术和服务的枢纽的能级上，都与世界级城市群存在较大差距。

当前，"一带一路"倡议所倡导的包容性全球化思路，赋予了珠三角城市群再一次引领国家高位开放的使命和深度连接亚非拉新兴市场的契机，促进珠三角从"世界工厂"的单一角色转变为全球新兴经济枢纽、国际交往中心和现代服务门户，成长为具有世界竞争力的世界级城市群。

因此，广东省亟待以珠三角世界级城市群为城镇化的主体形态之一，构建具有全球竞争力的高端职能体系和空间发展格局，不断推动珠三角城市群由以制造业和国际贸易为主要城镇化动力的城市群转向以科技创新、文化创意、消费休闲等服务业为城镇化动力的世界级城市群阶段转型。而珠三角地区将迈入转型发展的新阶段，将建设世界级城市群成为新一轮发展的核心目标，承担起广东省提升城镇化质量的重要任务。

一、提升高端服务能级

1. 建设双向开放的国际总部集聚地和生产服务中心

新自由主义背景下，欧美的传统全球城市发展模式突出强调"离岸发展"，依托国际功能、离岸业务、中转职能来达成经济的结构转型与规模跃升，通过众多跨国公司、国际组织支撑"超国家"功能。然而，因为全球金融危机中国际投资的不稳定性极易导致经济波动，这种单纯的"离岸发展"发展模式也给城市带来了一定脆弱性，很容易使全球城市遭受到沉重的打击。

而珠三角地区起步发展阶段主要依托制造业发展和国际贸易起步，以面向欧美地区的单向开放为主，以国际分工为契机推行制造业跨国公司全球化，受欧美市场经济波动影响较大，亟待加强对"在岸发展"的关注，经营好城市自身和直接腹地，谋求根植性的发展，建立面向全球与国家的"在岸"与"离岸"并行的双重发展取向，不断巩固提升自身全球地位。

未来，珠三角城市群将可以利用面向海陆的双向开放特征，通过区域策略、空间体系和基础设施等多方面应对，将进一步统筹国内、国际两个扇面，构建对外与对内双向开放格局，在贸易、金融等传统国际服务功能基础上，重视保险、法律、广告和设计行业等生产服务功能，肩负起协调与控制全球制造业生产网络、管理生产资源分配的总部区域的角色，成为国际市场与国内市场、国际产业分工与国内产业循环的对接地，建设国际发展世界先进制造业和现代服务业基地、全球生产和贸易组织中心。

2. 打造国际化城市环境

珠三角城市群当前在创新服务、贸易投资、营商环境和生态条件等方面的国际化程度较高，但在城市文化、教育、医疗等方面的设施水平和软性服务能力仍有待提升。

在"一带一路"倡议等背景下，珠三角地区打造世界级城市群，必须要加强国际要素集聚和流动，不断提升国际化建设标准、公共服务水平和基础设施条件，营造高标准的生产与生活环境，培育利于跨国企业和人才发展的国际化城区，建设适于全球人才工作和生活的国际化城市环境。同时，充分探索自贸区、自贸港等国家特殊政策地区的体制机制创新，提高营商制度、现代服务与人才管理的国际化水平，打造利于跨国企业发展、便捷高效的国际化营商环境，为高水平的企业、人才和资金的引进奠定基础。

3. 重视国际化企业主体作用

目前，珠三角地区，尤其是深圳已经初步形成本土跨国企业集群，华为、中兴、招商局等企业在全球生产、贸易、投资、管理和技术创新服务的领域开展了大量实践，积累了丰富的海外发展经验。

在城市群城镇化高质量发展的阶段，珠三角地区将充分发挥跨国龙头企业的引领作用，加快培育具有国际竞争力的本土跨国公司，开拓海外市场、开展国际贸易，提高产品、技术和管理的输出能力，以企业为主体链接全球市场。同时，应鼓励和引导企业参与境外经贸合作区、跨境经济合作区等各类产业园区和互联互通基础设施的建设、运营和管理，推动更多企业拓展海外发展空间，主动在更高层次参与国际分工，实现全方位、高水平的"走出去"，提高开放型经济质量和全球资源要素的配置能力，形成国际经济合作与竞争的新优势。

二、增强科技创新动力

当前，国际国内经济形势面临深刻变革，创新驱动是世界大势所趋。全球新一轮科技与产业变革加速演进，颠覆性技术不断涌现，以智能、绿色、泛在为特征的群体性技术革命将引发国际产业分工重大调整，重塑世界城市竞争格局。与此同时，引导城市发展驱动力在不断转变，在注重资本、土地等要素的基础上，更加重视科技、文化、创意与教育等服务要素的驱动作用，科技创新驱动成为许多国家和地区谋求竞争优势的核心战略。

改革开放以来，珠三角地区成长为中国开放程度最高、开放时间最长、市场经济最成熟、改革创新最活跃的城市群。当前，广东省依托国家科技产业创新中心和珠三角国家自主创新示范区建设，不断提升区域创新综合能力。2018年，广东省研发经费支出居全国第一，国家级高新技术企业跃居全国第一，拥有华为、中兴、腾讯等一大批具有国际竞争力的科技龙头企业，有效发明专利量、PCT国际专利申请量及专利综合实力连续多年居全国首位。尤其是深圳，PCT国际专利申请量连续14年稳居全国首位，根据2017年世界知识产权组织发布的《2017全球创新指数报告》（以下简称GII），在"数字通信"创新领域，深圳—香港地区在全球创新集群中排名第二，超越了硅谷，毫无疑问，深圳—香港地区已经成为非常具规模的全球性科技创新中心。

从空间上看，珠三角地区的创新要素开始区域化布局，深圳和广州作为两个极具潜力的全球创新城市，依托高速公路、轨道等复合型区域交通要道，集聚了大量科技企业、人才、技术、信息和资本，区域创新网络和创新创业生态体系已经初步形成，并不断完善。

专栏10-2　珠三角地区科技创新功能发展现状及空间分布特征

珠三角地区科技创新功能呈现以下特征：一是科技创新载体丰富，类型多元，数量众多；二是珠三角内部创新资源整合互动不足，未能充分发挥高校、产业园等创新要素资源集聚的优势，创新链尚不健全；三是东西岸创新空间在发展阶段和空间形态上的差异巨大，其中东岸地区沿着广深高速和铁路等的"创新走廊"正逐步崛起，集聚了高科技企业、人才、技术、信息、资本等创新要素，正在逐渐形成新的高水平的创新型产业协作区，西岸地区整体依然呈现破碎化的发展格局，创新空间的规模偏小，空间集聚程度不高。

珠三角东岸地区的广州、深圳、东莞三市创新空间带状或据点集聚的特征十分明显，创新能力极高区域呈现据点集聚，在广州东部、深圳北部呈现连续带状集聚，东莞呈现大分散小集聚特征，部分地区创新空间呈现带状连绵特征。

但是，目前珠三角地区的创新实力，尤其在高精尖创新基础资源不足、国际化创新企业数量不多、高水平创新人才吸引力不高、创新集聚发展态势有待提升等方面，仍与成熟的世界级城市群存在一定差距，基础性、原创性、颠覆性创新相对匮乏。

未来，随着全球新一轮科技革命和产业变革的加速演进，全球创新区域的竞争力很大程度上依赖创新实力的竞争，唯有勇立世界科技创新潮头，才能尽快实现城市发展动力向创新驱动的转换，尽快摆脱对资源环境的依赖，赢得发展主动权，步入创新发展的"高速路"。因此，未来珠三角地区建设世界级城市群，率先实现从世界级制造基地向全球创新区域的跃升，通过积极培育面向未来的先进制造业，加快智能化转型，促进创新动力从单纯的基础研究拓展至应用和技术创新，引导分散独立的创新产业园区、大学城等节点，共同构建更加多元化、多层次的一体化区域创新空间。

专栏10-3 广深科技创新走廊

2017年，广东省委省政府出台广深科技创新走廊规划，提出打造"广深科技创新走廊"，"到2020年科技产业创新能力领先全国、到2030年建成具有国际影响力的科技产业创新中心、到2050年建成国际一流的科技产业创新中心"的目标愿景。广深科技创新走廊是依托广深高速、广深沿江高速、珠三环高速东段、穗莞深城际、佛莞城际等复合型的交通通道，集中穗莞深创新资源，三市连成一个产业联动、空间联结、功能贯穿的创新经济带，建设成为珠三角国家自主创新示范区核心区。在2018年广东省政府工作报告中，明确要求把广深科技创新走廊作为核心区域，统筹规划产业链、创新链、资金链、政策链，加快布局"一廊十核多节点"重大创新平台，沿穗莞深轴线打造高度发达的创新经济带，加快催生一批高成长性科技企业，做大做强创新型产业集群。

专栏10-3图1　广深科技创新走廊空间结构图
资料来源：广东省人民政府，《广深科技创新走廊规划》，2017年。

1. 完善区域"基础研究—研发孵化—中试转化—规模生产"的创新链条

珠三角建设世界级城市群，应该着力整合全球创新资源、占据全球创新链高端环节，在全球创新网络中具有突出的技术创新和产业创新领导力。一方面，通过大力引进一流大学、国际科研机构和实验室、500强企业研发总部，构建强大的国家智力资源平台，形成"基础研究—研发孵化—中试转化—规模生产"的完整功能体系，建设具有国际影响力的科技创新区域。另一方面，从区域视角，配置创新资源、整合创新链条、提升创新能级，触发和带动创新资源的联动发展，大力发展和引入先进制造顶级企业和高科技核心技术企业，促进"整装+核心部件+关键材料"等生产部门和"大型实验室+测试机构"等服务部门的一体化布局。

2. 加强区域创新合作，建设创新走廊

充分发挥创新产业园区、大学城等创新节点功能，加强区域分工合作，培育多样化、区域型的产业发展集群。以珠三角核心湾区为例，深圳前海可以进一步加强与香港合作，利用自贸区及金融创新区的优势，重点发展企业金融、信息服务以及航运、物流服务等；深圳大空港与东莞长安新区加强合作，依托先进制造业基础和互联网服务优势，打造网络经济创新中心、高新技术企业培育基地，加强文化创意、国际合作交流与合作创新；广州南沙新区可以依托与香港合作，探索产学研一体化发展，建设金融创新、先进制造等创新产业基地；中山翠亨新区，可以依托本地文化、休闲、职业教育等基础，加强文化传承、生态文明和旅游休闲功能发展，完善职业技术教育体系，带动西岸产业升级。

完善珠三角区域交通网络，打造多条区域级创新走廊。以东岸地区为例，依托深圳高新区、西丽大学城、空港新城、广州科技城、东莞松山湖等节点，构建广深创新走廊，率先引领珠三角金融—科技—产业创新联动发展，大力发展创新型产业，促进科技金融的发展，拓展产业创新投资渠道，形成若干个创新产业集群，建设具有国际影响力的高水平创新型产业协作区。同时，顺应深中通道、珠三角城际网络等区域交通设施带来区域格局的变化，加强深中、深莞惠、广佛肇等大都市圈创新合作，发挥深圳、广州在创新服务、基础研发、先进制造等领域的领先作用。此外，整合珠江西岸先进制造、科技研发等创新节点，积极培育新的创新走廊，带动珠江西岸地区发展。

赋予创新节点政策优惠条件，促进区域的无障碍流动。从区域角度，共同完善创新扶持政策、税收优惠政策、人才吸引政策等，包括加强对企业、高校和个人创业创新的支持，促进高校智力资源与创新企业的结合，鼓励高校更多地参与企业技术及产品研发，推广委托研发、组建联合实验室、合作开展中试及技术转让等模式，建设产学研合作公共信息平台，加大财政和金融支持。

3. 打造全球创新城市，营造更多元化、多层次的创新空间

率先将深圳、广州建设为全球创新城市，探索营造多元活力的创新创业生态，打造多类型、宜居宜业的创新空间。随着产业间融合的趋势愈加明显，以及对人性化的需求的回归，创新空间也从主要依托产业园区转向更加多元化、多层次的创新载体。未来，深圳、广州应进一步统筹整合科研院所、高新园区、众创空间和创新社区等多样化的城市创新功能节点，构建丰富多元的城市创新空间。一方面，保障大学城等基础创新设施和空间，加强与全球科研机构的合作，不断提升本地高校及科研机构的强大基础研究能力。同时，保留合适比例的产业用地，培育或引进具有全球影响力的高科技企业，构建研发—转化—生产的完整功能体系，为创新创业预留成本适宜的创新空间。另外，结合特色型的存量地区，利用低成本优势打造的"双创"空间和文化创意空间，优化创新创业环境，促进各类科研技术人员、大中小微企业、普通城市居民等各类创新主体的协作配合，营造集聚创新要素、服务创新人群、引领创新产业、具有较强辐射带动力的城市创新生态系统。

专栏10-4　城市区域多元化的创新空间

各类创新要素往往与校区、园区和社区相结合，形成不同类型的区域创新空间。

第一类是与社区相结合，自下而上形成的创客空间。创新社区既作为日常生活的场所，为人们提供居住空间，也成了非正式交流的场所，支持创新创业。

第二类是与校区相结合，自发形成与自上而下政府培育相结合形成的创新带或创新集群，如波士顿、硅谷。该模式起步期依托知名高校，通过高校、科研机构的知识外溢，校办企业的带动作用，以及高校人才的兼职和创业，在学校周边地区形成浓厚的创业

氛围和知识密集型产业集群。波士顿在经历1980年代的衰退以后，围绕麻省理工学院的优势学科加快发展各类创新孵化器，打造生物医药产业集群。硅谷的起步源于斯坦福大学及斯坦福科技园的早期发展。

第三类是与园区相结合，由政府自上而下打造的研究园和科学城等创新空间，如东京筑波科学园、新加坡裕廊工业园。该模式一般从工业园区起步，通过政府自上而下的规划，引进高校、科研院所等知识机构，完善商业、居住及公共服务设施，逐渐发展成为融产、学、研、居于一体的科技城、创新园等形式。

4．营造包容开放的创新生态，建设全球创新创业人才集聚地

创新人才和创业人群是珠三角区迈向世界级城市群的重要支撑，为经济发展、技术创新、文化创意等活动提供了先决条件。对珠三角地区而言，能否建立对人才、资本、信息等要素具有高度吸引力和凝聚力的创新生态，建设全球创新创业人才集聚地，是珠三角迈向世界级城市群的关键。

首先，提升人才吸引力。加强区域合作，共同打造规范的市场运行秩序、宽松的资本流通环境和国际化优越营商规则，建设全球知识产权高地和风投创投中心，构建和谐、宜人、包容、高效的商业、文化和社会氛围，创造宜人的生活、工作和休闲环境，发挥社区在吸引人才方面的重要作用，大力吸引国内外创新创业人才。

其次，完善人才教育体系，统筹培育创新创业人群。发挥区域优势，共同建设高质量的大学、科研机构、技术创新平台体系，依托博物馆、图书馆、文化馆等设施建立区域文化服务体系，建立终身学习和培训机制，增加高技术人才培训机会，促进创新创业人群的快速成长与集聚，同时，加强对人才就业供给与需求的衔接，建立、完善人才评估机制，提高人力资源利用的质量和效率，建构区域型的人力资源管理系统，推进珠三角世界级城市群建设成为高素质的人才储备和科研教育基地。

三、优化休闲消费品质

当前，随着全球发达地区经济向后工业时代转型，文化、创意、

休闲等消费性产业成为新的动力和影响力，例如，美国塑造了好莱坞、NBA、迪士尼等世界性品牌，并通过上海、东京迪士尼乐园建设的方式对外传播美式价值。纽约、伦敦等全球城市已经正在逐步由从生产型向消费型转变，文化创意、旅游休闲等消费性服务业成为新的增长领域，艺术化、创意化的多元消费活动将成为了国际大都市转型的重要新动力。

目前，大部分的世界级城市群中与服务和消费有关的经济要素比重也在不断上升，并逐步居于主导地位，文化创意和旅游休闲消费影响力将成为世界级城市群影响力的重要体现，文化创意和旅游休闲消费空间成为展示区域文化魅力、提升区域城镇化品质的重要承载平台。

专栏10-5　芝加哥都市区迈向世界级城市群的文化和休闲消费发展战略[1]

打造国际性旅游和会展目的地是芝加哥大都市区发展成为全球城市的重要途径之一，历次大都市区规划和中心区规划，从宏观到微观，均强调旅游、会展等消费活动是芝加哥经济发展和文化传播的重要组成部分，在国际性的旅游和会展目的地建设中，融入文化发展与历史保护，推进文化和休闲消费相关产业。例如，2003年中心区规划提出保护和利用百年城市肌理、建筑和构筑物遗产，促进城市文化、旅游的同步发展，2005年规划提出在原有区域性的社交中心和文化、教育与旅游中心的基础上，上升为国家级或世界级中心，以更高标准来制订相关功能的规划和设计。在历次战略规划中，对于国际性的旅游和会展目的地的措施包括：①扩建和整合会展空间；②更新原有会展中心的配套设施（餐饮、娱乐、住宿）；③完善从机场和交通门户区域到滨湖区及会展中心的道路和公共交通建设；④密歇根湖滨湖区域开发与芝加哥河沿岸开发；⑤保护城市肌理和建筑遗产，塑造芝加哥的城市文化；⑥创建多元包容的社区文化。

1 王兰，叶启明，蒋希翼. 迈向全球城市区域发展的芝加哥战略规划[J]. 国际城市规划，2015，（4）：34-40。

在新型城镇化背景下，珠三角地区建设世界级城市群，必须率先提升国际休闲和消费服务能力，将发展重点从规模粗放向质量集约型转变、从增量扩能向做优存量调整，利用现有文化资源和禀赋来推动城镇化进一步发展，形成基于生活休闲娱乐、文化与艺术的消费新动力，提升珠三角地区的城镇化发展质量与内涵，必须带动区域在全球发挥更加全面多样的影响力。

1. 吸引国内外旅游客流，打造世界级旅游消费和文化休闲目的地

发掘区域本土的历史传统、文化底蕴、社会特质、生态环境等要素，弘扬岭南传统文化，保护历史建筑环境，复兴旧城和传统历史文化地区，塑造珠三角整体文化形象，形成具有地方特色的人文休闲消费空间。充分利用乡村生态特色资源，发展生态农业和旅游业，重视文化投入和发展文化创意产业，带动文化旅游产业发展，营造文化休闲和文化创意空间，提升珠三角的国际文化影响力。增强国际国内可达性，依托重大交通枢纽，打造综合枢纽型活力地区，支撑国际与城际旅游客流集散，拓展国际旅游合作领域，在大都市外围培育的大型旅游消费空间，预控大事件活动地区，为远景举办重大体育赛事、博览活动等预留条件。

专栏10-6　世界级城市群的典型休闲消费空间布局

从空间分布来看，传统文化休闲和创意空间位于城市中心区，大型消费空间则逐渐从核心区分离，主要位于大都市核心区50km外，形成主题公园群或大事件预留区。从空间类型来看，包括以下三种类型：

第一种类型是位于城市内部，依托城市历史人文遗存形成的文化休闲、创意和交往密集区。如，伦敦通过对老建筑加以保护和改造、参照老建筑进行复制和规划等一系列更新方式形成了伦敦古老区域的重生。

第二种类型是结合重大体育赛事以及世博会等博览活动所形成的国际活动区和大事件预留区。如伦敦奥运东区、上海世博园，迪拜F1功能区等，规模2~5km²不等。

第三种类型是统一品牌经营的主题公园群，各主题公园组团往往依托城市道路、轨道交通网络串联形成主题公园发展带。以奥兰多为例，奥兰多拥有4个迪士尼主题乐园、2个环球影城和1个海洋世界，每个主题公园3~6km²，是全球最大的主题公园群，全部游玩需5天时间，年接待游客量为1350万人，其对区域空间结构和交通需求带来的影响深远。

2. 推动珠江西岸和珠三角外围建设珠绿色休闲湾区

依托珠三角外圈层丘陵和山地地区的旅游休闲资源与历史文化遗产，共同划定区域绿地、绿线，推进区域绿道网络建设，建成"生态节点、生态廊道、生态保护区"点、线、面有机结合的生态格局，形成"层次分明、功能完善、廊道畅通、基质稳定"的区域网络化生态安全体系。依托大鹏国际滨海旅游岛、银洲湖—鹤州环球主题公园以及珠三角核心区外围生态休闲空间，构建珠三角绿色休闲湾区，完善珠三角功能体系，推进珠三角从"世界工厂"向"世界级休闲旅游目的地"转变。

第二节　增强中心城市全球竞争力

随着全球信息技术革命的加速和知识经济时代的来临，全球经济一体化程度的加深使得世界范围内的竞争从国际转移到地方，城市群和城市发挥越来越重要的作用。城市之间依其历史传统、利益关系结成不同的区域联盟，形成新的竞争单元参与全球竞争。城市竞争则由单纯的城市间竞争转向到中心城市及其腹地城镇与地区组成的城市区域之间的竞争。同时，在全球化与地区化的双重力量作用下，依托区域中全球城市的全球资源配置能力以及区域的生产能力，世界级城市群成为全球竞争中的首要空间单元。因此，以全球城市为组织核心的世界级城市群的一体化发展成为当今世界城镇化进程新时期的主要特征[1]。

一、发挥中心城市核心组织作用

在城市群的形成、发展和演化过程中，中心城市发挥着重要的核心和主导作用，具有超强的集聚和辐射功能，是城市群经济社会发展的先导区域，是区域资源要素配置中心、产业扩散中心、技术创新中心和信息中心。在城市群经济一体化的过程中，中心城市将以高水平的现代服务业为主，如金融、物流、商务及高新技术等，部分产业则转移到外围中小城市与县城，以促进其产业发展，从而形成城市群内"分工合理、战略合作、错位发展"的经济格局。同时中心城市将以产业、信息、人

1　马学广. 全球城市区域的空间生产与跨界治理研究[M]. 北京：科学出版社，2016。

才、科技等方面的自身优势，不断强化集聚和扩散功能，提升辐射带动能力，发挥其主导作用，进而促进城市群内中心城市与其他城市之间的互动协调发展。

珠三角地区建设世界级城市群，必须有效整合核心城市中心城区与周边腹地的资源，通过经济紧密联系和功能互补协同，实现区域良性互动。其中，核心城市的中心城区侧重于发展城市的金融、科技、文化与管理职能，致力于提升全球城市功能；中心城市边缘的城市化地区，侧重生产制造、物流交通等功能，分布大量城乡混杂、村镇混杂地区，有潜力通过产业和空间重塑，形成功能多样的区域次中心，与中心城市的高端服务职能相互配合，构建区域型的产业功能体系；中心城市外围郊区以农业和生态地区为主，集中休闲旅游、生态保育和农业生产功能。

其中，广州、深圳将在世界级城市群建设中发挥核心组织作用，带动大中小城市分工合作、协同发展，推动珠三角地区走向以广深引领的多中心、网络化的整体空间格局。珠海、佛山、东莞、中山等城市，在商务、金融、国际交往等功能分工和空间优化趋势，承接广州、深圳的生产性服务、高端制造、科技创新功能溢出，引导金融业功能细化和向中心城区拓展，积极构建面向期货交易、金融后台和风险投资的专业化金融中心，培育专业性中心和次级服务中心；同时，推动制造业转型升级，加强与全球市场的联系，为全球提供优质的新兴产品、智能技术、物流服务和休闲服务功能，成为全球加工制造、技术创新与物流运营网络中的重要支撑节点。

促进中心城市高端服务业的创新发展。加快"中国粤港澳自贸区"的设立和建设，积极引导国际性职能集聚，在相关区域内逐步实施与自贸区体制相适应的贸易制度、金融制度、货币制度、人员流动制度等，推动自贸区目标实现。设立国际金融、贸易物流、创新经济、文化创意、科研教育、国际医疗等多种类型的新型服务业政策试验区，强化创新要素的区域共享和产业联动机制，成为珠三角地区各类产品研发、设计、营销、科研的创新平台。积极推进区域合作，创新发展自由贸易港制度（表10-1）。

中心城市高端服务业创新发展指引　　　　　　　　　　　　　　　　　　　　　表10-1

服务业类型	空间载体	发展方向及政策创新
国际金融	前海深港现代服务业合作区	前海建设成为我国金融业对外开放试验示范窗口
门户贸易	前海/南沙保税港区、白云空港经济区	（1）争设国家进出口贸易促进创新示范区，鼓励离岸贸易等新型贸易业态。 （2）积极推动体制创新，完善现代物流体系建设，积极发展"无水港"
创新经济	广州国家高技术服务产业基地、深圳国家高技术服务产业基地、东莞松山湖科技园区等	（1）加快国家高新区建设，加强关键领域核心技术的研发及产业化，以技术突破带动产业升级。 （2）支持深圳高新区、广州高新区、东莞松山湖科技园区创建国家自主创新示范区
文化创意	广州珠影文化创意产业园、深圳文化创意产业园、东莞水乡万江文化创意园	推动粤港澳文化创意产业深度合作，重点建设珠江两岸文化创意产业圈；依托广府文化、客家文化等地方特色资源优势，发展区域特色文化产业集群
医疗教育	广州国际医疗中心、龙岗深港教育基地	扶持广州、深圳建设国际健康医疗中心和科研教育基地，针对香港、澳门两地开放医疗和教育的注册、管理，推进教育、科研和健康服务业发展
加工贸易转型升级	佛山中德工业服务区、东莞台湾高科技园区	（1）促进技术创新平台建设，增强自主创新能力，推进深圳、东莞、佛山等加工贸易产业转型升级。 （2）建设东莞国家加工贸易转型升级示范区

二、提升广深两大全球城市能级

　　珠三角地区建设世界级城市群，必须要以打造全球城市为引领，推动广州、深圳功能升级，继续发挥其在国际服务、科技创新、文化康体、枢纽组织方面的区域引领和支撑作用。广州、深圳的中心城区应当提高标准，营造适于全球人才工作和生活的国际化环境，构建"跨国公司全球或区域总部＋金融中心＋国际交往＋国际会议展览"等在内的国际服务功能体系，培育国际政治、会展交流和对外交往空间，吸引国际机构与组织、企业总部，承办国际会议、展览和重大体育赛事，提升开放型经济质量，发挥科技创新中枢作用，增强全球资源要素的配置能力。

　　顺应国际贸易从传统型向现代型转变，以保税区、自贸区等区域为重点，大力发展离岸贸易、电子商务贸易、供应链管理等新型贸易空间，实现从物流仓储、商贸向总部运筹、全球采购等功能拓展，推动传统出口加工区向总部运筹中心、运营管理中心转变，将"贸易、航运公司总部＋跨境电商＋离岸金融"作为门户功能区升级新方向。

同时，应尽快引领珠三角城市群，从高度依赖低价劳动力和规模化土地、资源等生产要素的城镇化驱动模式，向人力资本、科技创新要素驱动的城镇化模式升级，改变重生产、轻品质的低成本建设方式，重视城镇化空间质量、土地使用效率以及生态空间保护，将城市更新作为提升城镇化质量的抓手，有序推动存量用地的"二次开发"，增加公共空间、公共交通、公共服务供给，不断提升城市建设品质，弥补公共服务设施短板，改善半城镇化面貌，树立区域空间精明增长的典范。

第三节　构建多中心网络化发展格局

在全球产业分工和功能拓展的背景下，城市群将依托交通、生态等各类廊道和资本、信息、人力资源网络，区域内部的全球城市将联合腹地内的大中小城市节点，整合起区域内部处于不同政治经济体制下的行政区，构建明确的产业分工体系，形成沟通便捷、紧密联系的有机整体，形成高效率的空间扁平组织模式，促进区域转变为内部功能高效分工、空间网络联系的世界级城市群。

一、构建梯度层级的多中心体系

改革开放以来，随着大规模的外资引进和对外贸易活动，珠三角地区参与全球化生产和贸易的程度不断深入，已成为我国在全球化进程中率先融入世界经济的重要区域。在此过程中，珠三角城市群的空间格局不断演化，计划经济时代依托行政体系形成了以广州为核心的单中心空间结构。改革开放后，香港成为城市群发展重要动力，穗莞深经济走廊逐步形成，逐渐形成了广深两大核心城市。

当前，珠三角城镇化率超过80%，进入城镇化成熟发展阶段，城镇群连绵化更加明显，城镇结构将不断优化。未来，香港、澳门将进一步深度嵌入全球经济，广州与深圳等初步跻身全球城市体系，城市群多中心、网络化趋势愈发明显，逐步从以广州、深圳为核心，其他城市同属下一层级的两层结构，优化为以广州、深圳为第一梯队，佛山、东莞为第二梯队，其他城市为第三梯队的梯度层级的多中心体系。

二、促进大中小城市协同发展

随着珠三角城市群步入成熟阶段，数量庞大的中小城市作用将更加巨大。与中心城市相比，中小城市虽然规模与中心城市存在差异，但是其与中心城市交通便利，通信设施健全，具有很强的群体优势和经济活力，总体上呈现有序发展态势，一方面对强化城市群城际经济联系起到重要的作用，另一方面促进农村经济社会发展，不断推动城市群经济一体化的进程。

中小城市的人口规模往往在20万人以上，已经具备城市各种经济活动的集聚效应，可以凭借自身独特的资源和优势，探索专业化的发展道路。未来，珠三角城市圈应在继续发挥中心城市的辐射作用的基础上，进一步加强中小城市的建设，同时在土地、财政、人才、资金等方面将进一步向中小城市倾斜，增强其与中心城市的互动发展能力，共同构成城市群的城市等级体系。

其中，专业镇作为珠三角中小城市差异化发展的典型模式，是珠三角区别于其他城镇群、具有地方特色的经济集群现象，是珠三角地区推动工业化、城镇化和农业现代化的重要力量，也是广东省重要的经济支柱和最有特色、最具活力的经济增长点。不同的专业镇形成的主导产业，对地区就业和经济的带动非常明显，未来应促进专业镇依据自身的资源条件、区位条件和发展机遇，搭建创新公共服务平台，优化配置土地资源，提高优势产业创新能力差异化发展，引导主导产业向高层次、专业化提升，带动本地经济的整体发展。

三、“集合城市”缝合区域城镇跨界空间

随着交通、公共服务、居住等设施的区域一体化不断提高，进一步打破了区域内部的行政边界，使得城市间的联系越来越依托城市内的功能组团。区域交通条件的改善促进出行时间进一步压缩，引发工作、居住、休闲、购物、出行等活动在空间上呈现区域化分布态势，促使部分地区依托交通枢纽成为跨行政边界、服务周边地区的功能节点，打破了依托城市

中心的极化格局。广州、深圳为核心的都市圈通勤交通特征日益显现，东莞、中山等地区以镇为单元的扁平空间组织特征，使不同城市的各功能节点之间更易于形成一体化的跨边界城镇密集地区。

同时，受功能过度集聚、土地成本高涨等因素的影响，广深等核心城市面临的"城市病"问题愈发突出，核心城市通过疏解功能、转移产业，进一步加快与周边地区一体化，也推动了跨越行政边界的城镇密集地区快速发展，使外围城镇逐渐成长为区域主要走廊的若干城镇节点，特别是具有城市行政边界地区的中间节点的枢纽地位不断提升，形成面向区域的服务和组织功能。

因此，珠三角地区建设世界级城市群，必须尽早打破行政区限制，主动应对和引导边界地区发展，改变现状管理能力和服务配套不足问题，基于便捷、快速的城际轨道交通体系，建设区域协作发展型的"集合城市"，进一步优化区域服务与就业关系，以公共空间、公共交通、公共服务的均衡供给为突破口，区域协同共同推动边界地区的城市化进程，改善当前"半城市化"面貌（图10-1）。

基于城市交通、公共服务等基础设施的运行效率和宜居生态要求，考虑到规模效益和功能网络联系，以"集合城市"为平台，缝合和重构珠三角内部不同城市之间的临界地区，通过共建共享内部的公共服务中心、公交交通枢纽和公共开敞空间，形成一体化发展地区，提升珠三角内部跨边界地区的城镇化质量。

图10-1
珠三角内部相互关联的城市网络
资料来源：《珠江三角洲全域空间规划（2014～2020年）》（过程稿）

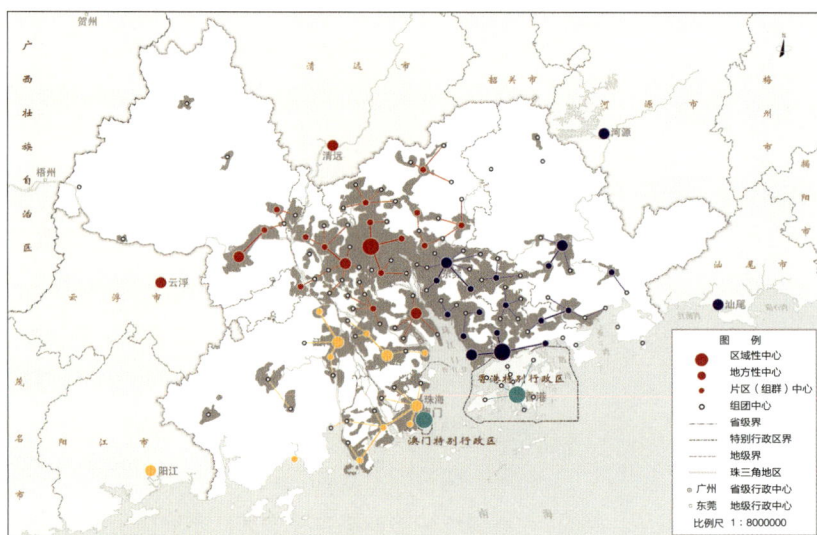

专栏10-7　集合城市

　　集合城市是在珠三角"城市区域化"背景下，针对远离城市中心的大规模工业化地区居住服务配套不足问题，提出的新型区域城镇组合关系。主要是通过将中心城区外围地区紧密相连、具有密切功能和人员联系的组团，进行整合重组、统筹发展，从而打破原有的城市中心集聚而外围扁平的格局，形成"分散化的集聚"态势。在每个集合城市中，建设串联集合内部各城镇节点的公共交通；围绕公交枢纽开辟公共开敞空间，提升环境品质；围绕公交枢纽及城镇中心，建设集合公共服务中心，为集合内居民提供优质便利的服务。

　　以"集合城市"为枢纽，优化珠三角城际轨道网络。打破核心—边缘的传统区域交通组织模式，以城际轨道公交化运营的方式，缝合边界地区的交通联系通道，建设串联集合内部各城镇节点的公共交通，推动内部区域公交一体化。

　　以"集合城市"为节点，推动基本公共服务均等化。整合已有的城市、街镇服务中心，重构综合性、分层级的公共服务体系，提供行政、商业服务、贸易服务、旅游服务、文化娱乐、体育和医疗等公共服务功能，通过交通网络，加强"集合城市"服务共享和功能联系。

　　以"集合城市"为单元，提升城乡环境品质。充分利用区域自然生态要素，提供具有休憩娱乐等多功能、多尺度的公共开放空间，构建集合城市内部生态景观体系，建设品质型城市节点。

四、国际交通支撑网络型城镇化空间

　　世界级城市群功能的提升对其交通建设和组织也提出了更高的要求，通过对典型世界级城市群交通特征的分析，可以发展世界级城市群的交通体系应该有以下特征，包括：①具备高等级的对外交通设施以支持世界级的门户枢纽职能，有效地发挥对全球的控制和中枢能力；②强化功能联系和资源流动方面的规模水平、频繁程度和密集程度，减少交通耗时，使面对面的交流更为便捷；③都市圈之间及都市圈内部，主中心与外围次中心之间的交通联系需求将更加强烈，出行服务要求与城市交通趋同。

　　因此，珠三角建设世界级城市群，为了进一步强化国际职能、增强全球要素控制能力，则需要高频、高密、高覆盖且分工有序的航空及海运体系作为支撑与保障。不仅要着重于提升国际功能，更要以高水平的交通基础设施网络支撑国际功能，统筹考虑轨道交通与城镇空间发展，支撑世界级高端功能提升，促进区域更高效地运行。同时，珠三角区域交通组织已不能简单区分"内部"与"对外"的交通需求特征，而是需要同时提升城市内部和城际间的交通运行效率，协同各种交通方式，重构区域交通组织结构，引导布局紧凑、集约高效的区域空间结构优化，构筑与城镇空间发展高度耦合的区域轨道交通系统。

1. 提升国际交通枢纽功能能级，打造海空洲际门户

　　海空洲际门户是全球城市发挥人流、物流节点枢纽功能的重要体系，是汇集全球关键资源要素的重要保障，也是珠三角地区建设世界级城市群的重要支撑。珠三角应着力构建区域协同、一体化发展的对外基础设施体系，共同建设区域港口和机场联盟，提升国际航空、航运服务功能，着力培育复合型、高等级的对外门户枢纽地区，带动区域物流、商贸服务功能的转型发展，为建设国际贸易、物流运营中心提供有力支撑。

　　首先，完善城市对外交通设施网络，提升全球物流运营和服务能力。高度重视港口、机场等对外交通设施服务能力和效率的提升，建设世界级机场群和港口群，加强国际合作和互动发展，提升空港服务能级，完善机场枢纽体系，建设错位发展、功能互补的洲际门户机场群，保障核心湾区"一小时"国际航运服务水平。加快港群协调转型，建设世界级国际航运中心，拓展海外航线，提高国际及中转旅客比例，增强国际枢纽功能。以区域企业为主体参与国际交通设施及通道的规划建设、运营管理，提升全球物流运营和服务能力。

　　其次，强化门户枢纽地区的综合国际服务职能。重点提升交通门户枢纽地区的金融、保险与法律等高端国际航运服务职能，吸引更多全球港口运营、物流服务和船舶代理企业落户，成为全球航运、物流服务的管理指挥中枢，并建立国际采购、国际配送和全球集拼分拨管理平台，实现在更大范围的高端要素聚集、区域腹地拓展和功能外溢水平。

2. 加强互联互通，对接泛珠的交通设施网络

　　面向国内区域开放格局则强调以高速铁路为主导的区域交通支撑，向

内通过京广发展轴、贵广发展轴、南广发展轴、粤赣发展轴、二广发展轴、滨海发展轴等向西南地区、华中地区及华东地区的交通廊道，进一步拓展向中国内陆地区辐射的扇面，拓展"在岸"发展的市场腹地，进一步强化珠三角对内陆腹地的辐射能力与控制能力，向内陆传递全球化发展的势能。

拓展"多通道多枢纽"高铁网络。加快联通内陆的高铁通道建设，改变现状"通道单一"的格局，在现状贵广高铁、南广高铁、武广深高铁、厦深高铁、广汕高铁和广湛高铁基础上，打通武广深第二高铁、粤赣高铁、新沿海高铁、渝澳（成都至珠海、澳门）高铁、赣汕（鹰潭至汕头/汕尾）高铁等通道，进一步加强高铁与机场、自贸区、口岸和区域休闲功能等门户地区的衔接建设，支持泛珠三角对内对外双向开放发展格局的形成和促进港澳与内陆的融合。

形成"分区分级"的枢纽布局。随着城际交通网络的完善，为了满足珠三角区域城际客运需求呈现多中心、网络化及高频度的特征，利用主枢纽或枢纽组合，支撑"三大都市圈"区域空间结构；加强中心城区及相邻区县的多级、网络化的交通联系，突破市域行政区划，与周边区县建立多级、网络化的交通联系，利用次一级枢纽推动服务的网络化、均衡化，实现广佛、深港、珠中江三大都市圈分别布局大型（组合）枢纽或特大型枢纽，东莞、惠州、南沙、花都、惠阳—大亚湾布局大、中型枢纽，湾区主要节点地区布局中小型高铁枢纽，实现都市圈内各节点与内陆腹地的快速联系。

3. 强化区域交通网络建设，提升区域交通集散能力

随着珠三角地区城市空间及产业的演变，城市交通区域化、城际交通公交化的趋势已初步显现。区域性产业链的布局，以及生产和服务功能空间分离，带来城市之间的商务出行日益增长。特大城市中大尺度的职住分离，导致城市通勤圈扩大，例如广州—佛山、虎门—长安—深圳、深圳东部—惠州、深圳—香港等城市间通勤人次明显上升。随着特大城市区域辐射力提升，包括金融服务、旅游、贸易等高等级服务功能将带来更多区域间的弹性出行。

随着珠三角空间发展的广域化、扩散化趋势，多中心网络化的区域空间格局将持续强化，城际出行需求将由传统的沿广深港城际客运走廊为主，逐渐向网络化态势转变。但是目前，珠三角区域单中心放射状城际轨道系统的规划建设难以支撑多中心和网络化出行需求，特别是湾区高端功能的崛起、广深中心城市创新空间的外溢、"珠中江"高端区域旅游产业

珠三角区域内部城际轨道网络现状

　　根据规划至2017年底，广东省高速公路通车总里程达到8140km，高速公路网密度将达4.5km/km²，接近国际发达城市群的密度水平。未来交通出行的便捷、舒适、高效、低碳等趋势将使得城际出行需求更加多样化。可以预见的是，珠三角未来将进入城际轨道建设的时代。

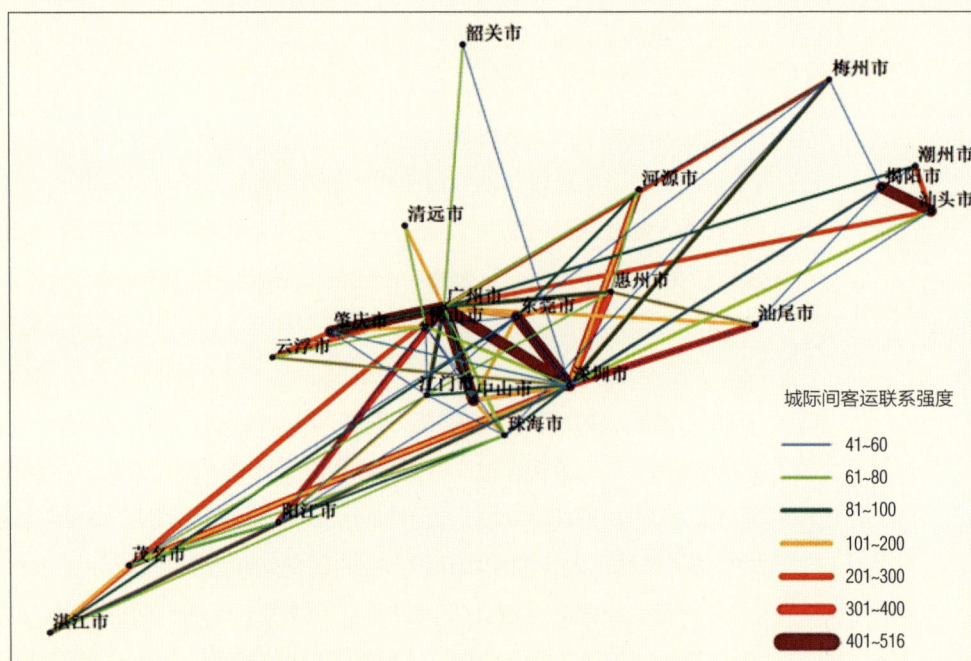

专栏10-8图1　广东省城际间客运联系强度

　　但根据珠三角现状城际轨道规划，与东京湾、纽约湾的城际轨道、通勤铁路相比，珠三角地区城际轨道不仅建设滞后，且城际轨道规模和密度偏低。从已有的城际轨道规划和建设时序安排来看，至2020年珠三角地区将建设形成以广州为中心的"环放"城际轨道格局。同时，现状跨江联系高度依赖公路系统，环湾地区联系缺乏城际轨道系统支撑。

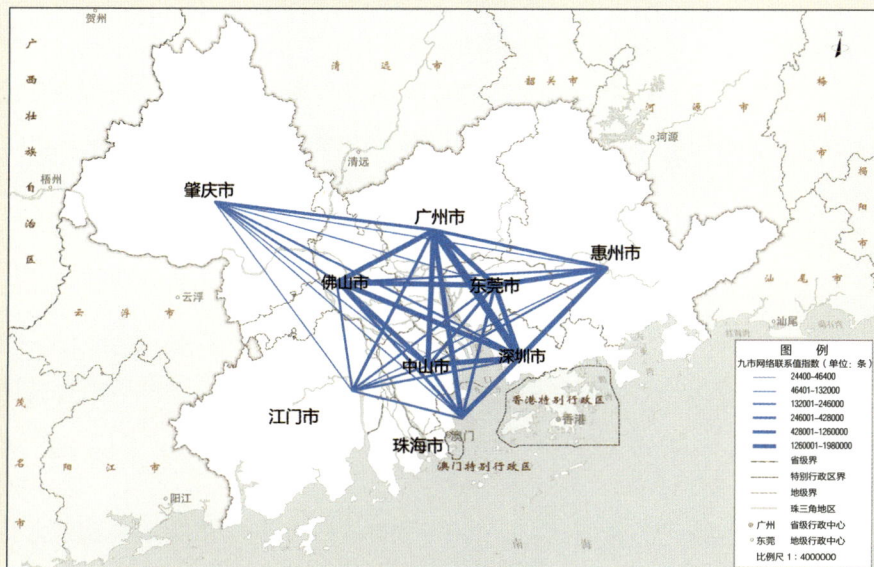

专栏10-8图2 珠三角城市间"联系指数"分布图（2014年）

的植入，区域交通设施亟待加快网络化进程。

建设轨道上的珠三角，构建"一小时"城际轨道出行圈。多中心的发展格局，决定了珠三角城际轨道布局应与东京湾以区部为核心的"环放"城际轨道结构（大型枢纽集中布局于区部）、纽约湾以曼哈顿为中心的放射结构（大中央车站、滨州车站）不同，未来珠三角地区城际轨道的规划建设应形成兼顾中心集核化和网络均衡化的双重模式。通过环湾城际轨道构建、新增深莞城际、开通国铁城际和调整线路，形成"九大城市"具有"高铁为核心的区域枢纽+城际轨道核心的城市型枢纽"的组合枢纽，同时利用高铁开通城际线路，保证每个集合城市中心均有城际轨道交通枢纽。

构建区域内部联系紧密、层级分明的基础设施支撑体系。完善区域内部的交通服务能力，依托港珠澳大桥、深中通道、虎门二桥及深茂铁路等设施，加强东岸与西岸城市的交通联系，支撑珠三角国际湾区建设。同时，提升区域城际轨道、通信网络设施等对人流、物流与信息流等流动空间的服务能力，强化城市群内部的人员、经济和产业联系，支撑城市群不断发展。通过轨道自身系统及其与空港、海港等其他运输方式的组合及合理建设时序，形成都市圈内的"1小时通勤圈"以及城市群内主要城市间

"1~2小时高效商务圈"、"1~3小时绿色休闲圈",以形成支撑不同类型发展空间的高效综合运输体系。

　　完善城际轨道交通,建设1小时宜居生活圈。进一步完善区域高速公路系统,加强各城市之间及城市内部组团之间的快捷联系。以广州、深圳、珠海等中心城市为中心,重点建设城市轨道交通系统,将城市轨道交通系统延伸至清远、河源、汕尾、云浮、阳江五市中心城区,加强其与中心城市的联系,促进居住与就业空间的完善,建设1小时宜居生活圈。

专栏10-9　旧金山湾区——以环湾捷运轨道+放射性通勤铁路组织湾区内外交通

　　旧金山轨道交通系统以湾区捷运及放射形通勤铁路为骨架,其中湾区捷运主要串联环湾重要城市中心区和功能区(机场、港口、科技园),放射铁路主要以环湾轨道为终点(加州通勤火车、首府通道、阿特蒙通勤特快等州际轨道),服务湾区内外多个圈层之间的交通联系。跨湾区交通主要通过一隧三桥联通,以湾区捷运系统为主要依托。

　　湾区轨道以BART(Bay Area Rapid Transit)捷运系统及通勤列车(Caltrain)为主体,其中BART跨越湾区4个县22个城市,主要包括6条线路及39个车站,线路总长约152km,平均站距约3.89km,年客运量达9亿9千万人次。通勤列车线路总长123km,包括34个车站,平均站距约3.61km,年客运量约1000万人次。

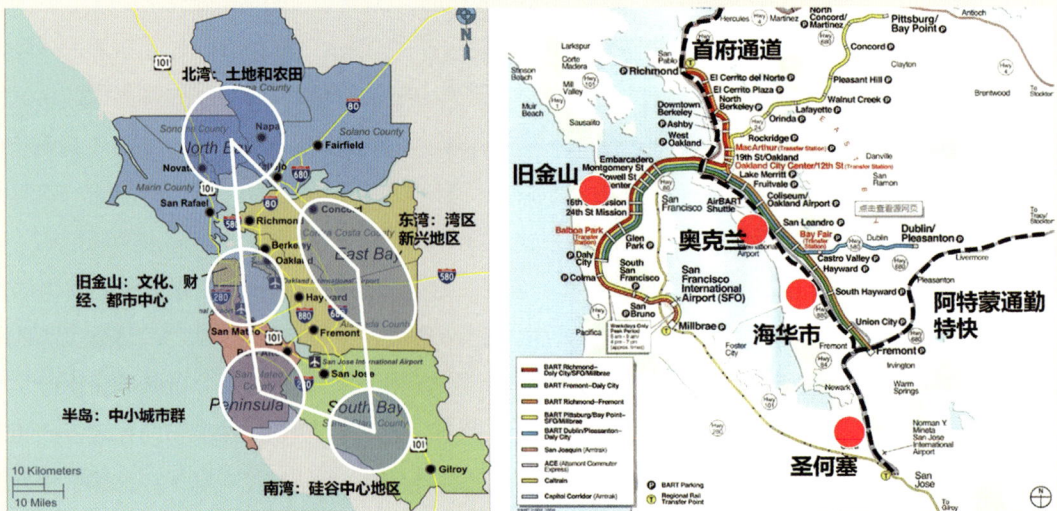

专栏10-9图1　旧金山湾区功能布局及主要轨道交通布局

五、蓝绿生态空间确立区域城镇化发展基底

优质的生态环境是区域可持续发展的关键。不论是以纽约为中心的美国波士华世界级城市群，还是以东京为中心的日本太平洋沿岸世界级城市群，以及以伦敦为中心的英国中南部世界级城市群，都曾经历过生态环境恶化，严重影响区域经济生产和社会生活的阶段，但通过及时的产业结构调整和城市功能优化，以及全方位的区域生态环境改善措施，有力改善了区域生态环境状况，从而支持了区域可持续的高质量发展。

珠三角区域作为世界最大的城市连绵区，快速发展造成区域生态环境压力与日俱增。当前，珠三角区域植被分布不平衡，近年来城市化与工业化的快速发展，使得生态用地被严重侵占，整体生态管控和保护格局尚未建立，土壤保持、水源涵养等生态服务功能下降。由于珠三角区域地处南海之滨，在温室气体浓度上升和全球变暖的宏观气候背景下，若本地生态环境得不到有效改善，将导致高温日数和极端天气发生频率加剧，海平面上升、风暴潮灾害等风险不断加大，使得环境舒适度下降、城市安全频繁遭受考验、区居民生命和财产安全受到严重威胁。

未来，珠三角区域一方面应加强对区域自然山体、水系等生态要素的系统保护，构建区域生态安全格局，形成可持续发展的绿色基底；另一方面，应在保障生态安全的前提下，推动绿色经济发展，加强历史文化资源的保护和修复，重塑区域生态文化的多元活力和特色魅力。

1. 构建基于蓝绿生态网络的区域生态安全基底

珠三角区域内部河道纵横交错，西部、北部和东部丘陵山地环绕，"三面环山、三江汇聚"，独特的地形地貌深刻地影响了珠三角区域空间格局。珠三角推进高品质的城镇化，需要构建生态安全格局和健康宜居环境，支持区域构建更具韧性的世界级城市群。

管控城镇开发边界和生态底线，锁定总量。珠三角各个城市通过划定永久基本农田保护红线、城镇开发边界和生态保护红线等界线，明确城镇、生态、农业三类空间，实施基本生态控制线的分区管制，确定建设用地的"终极规模"。尤其是，对于惠州、江门等珠三角外围地区市域面积较大、国土开发强度尚有余地的几个城市，应该增强底线思维，提前明确生态保护空间和结构，确定城市发展的绿色基底，引导城市结构合理发展。

图10-2　珠江三角洲滨江绿廊及区域休闲网络规划图[1]
资料来源：《珠江三角洲全域空间规划（2014~2020年）》（征求意见稿）

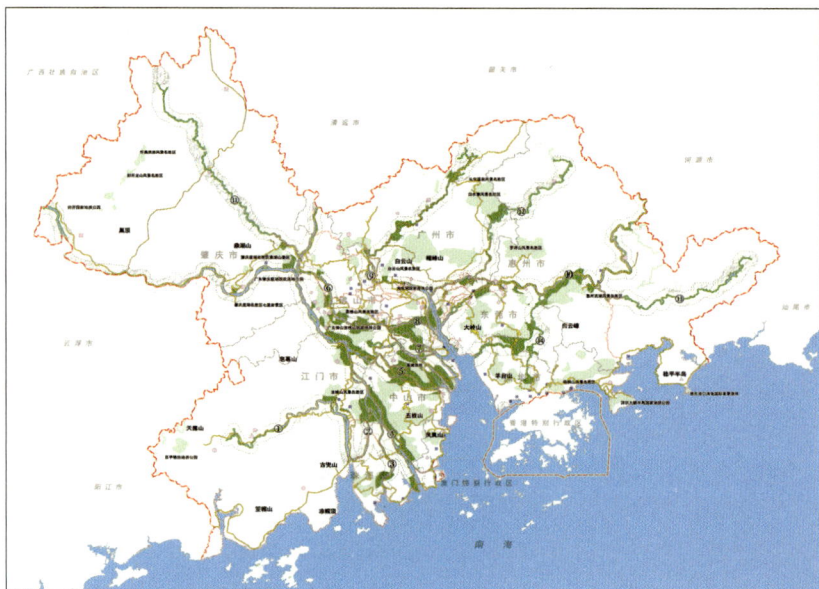

1　根据《珠江三角洲全域空间规划（2014~2020年）》（征求意见稿），区域绿廊分别为1号"崖门—潭江"绿廊、2号"虎跳门—西江"绿廊、3号"鸡啼门—西江"绿廊、4号"磨刀门—西江"绿廊、5号"横门—西江"绿廊、6号"洪奇沥门—北江"绿廊、7号"蕉门—沙湾水道—东莞水道"绿廊、8号"虎门—陈涌水道—东莞水道"绿廊、9号"虎门—西航道—流溪河"绿廊、10号"虎门—东江北干流—东江"绿廊、11号"绥江"绿廊、12号"增江"绿廊、13号"西枝江"绿廊和14号"石马河"绿廊。7条生态绿楔自西向东依次为笠帽山—凉帽顶—古兜山绿楔、天露山绿楔、皂幕山—桑基鱼塘区绿楔、鼎湖山绿楔、南昆山—帽峰山—白云山绿楔、象头山绿楔和羊台山—大岭山绿楔。

　　以珠三角骨干江河水网为依托，结合区域通风条件和主要供排水通道，建设功能复合的区域绿廊，即集生态保护、防洪防护、区域通风、休闲游憩等功能为一体、蓝绿交织的带状开敞空间。以区域绿楔连通珠三角外围的连绵山脉与内部的城市绿心、水系、绿道等要素，形成具有生态系统的完整性和生态通廊的连续性的生态绿楔（图10-2）。

　　内圈层地区：既拥有丰富的海岸生态资源，同时又是城镇化高度发达地区，面临交通网络发达、人口高度集聚、生态环境恶化、土地资源紧张等"大城市病"问题。未来，应重视内部的小型生态绿地斑块、公园绿地等点状要素，划定生态控制线，划定若干城市绿心，打造战略性优质城市公园，为城市生活提供更好的生态环境和居民休闲空间；从被动消极补救走向主动调整优化，通过林相改造、生物治理、建设清退、"海绵城市"建设等若干手段，依托江河水系构建区域廊道网络，加强生态空间精细化管理，加快生态廊道、关键性生态节点、生态源地、湿地红树林等的生态修复进程，加强生态网络连通性；引导陆海统筹发展，坚持海洋生态环境保护优先的原则，实施流域环境和近岸海域综合治理，加强对海洋生态系统、海洋自然历史遗迹的有效保护，预留足够的空间建设堤围和缓冲区，预先应对全球气候变化带来的海平面上升、洪涝灾害和极端天气等的威胁，提高区域和城市应对全球气候变化的能力。

中圈层地区：以工业化促进城镇化为主导方向，集中大量城乡混杂、村镇混杂地区，呈现半城市化特征，面临生态基底破碎化、公共设施供给不足、整体空间品质偏低、历史文化风貌逐步消失的危机。未来，应针对重要生态斑块，依托区域性生态山体绿地和河流水系，实施区域性生态空间的精细化管理维护和修复，引入生态空间社会监督机制。同时，将生态资源作为地区发展和环境提升的重要组成部分，将生态环境保护与提升城乡居民的幸福感和获得感结合起来，建设充满野趣的自然公园，兼顾科普教育、郊野游憩功能，支持实现生态安全、城乡一体化发展，充分发挥生态开敞空间对半城镇地区在空间优化和生活品质提升等方面的效能。

外圈层地区：是以自然生态为主的地区，目前生态本底保持得较为完好，提供了良好的外围天然生态屏障。未来，重点构建环珠三角北部绿色生态屏障，由天露山、鼎湖山、南昆山、罗浮山、莲花山等外围连绵山地丘陵的生态保护和生态建设，构筑高质量的陆域连绵山体生态屏障，提升珠三角北部生态保护、水源涵养、生物多样性保护的承载力。对区域内的森林林地、基本农田保护区及一般农地、大面积集中水域等面状要素，以及河流水系、风廊、绿化廊道、绿道等线性要素进行严格的生态控制和管控，通过绿色生态基础设施的建设，逐步恢复、培育和构建连绵生态斑块，建设区域通风廊道，引导污染物扩散，发挥面向区域的生态服务功能。同时，转变将城市与自然二元分离的观念，在充分保护自然环境的基础上，在原来纯粹的外围绿色基底中，适度导入休闲健康、文化创意、科技研发等功能，实现城市与自然的良性互动，为区域的城市居民提供更多生态休闲、亲近自然的机会。

2. 构建高品质的区域生态产品系统

拓展区域生态空间的复合功能。随着休闲消费时代的来临，区域自然郊野、生态空间对改善居民生活品质、提高区域吸引力具有重要意义。当前，珠三角区域尽管有丰富的生态资源，但是普遍存在生态空间利用方式单一、频率较低等问题，为更好应对人民日益增长的高品质美好生活的诉求，珠三角区域应加快发掘和拓展生态空间的潜在休闲功能，加强生态空间复合利用，在保护生态环境的前提下，适度将更多的健康、文化、休闲、运动设施引入生态空间，使功能单一的生态空间转变为功能更加复合、可达性更高的区域活动空间。

培育区域性高品质休闲空间。在具有良好的生态环境与较高的可达性的地区，建设一批具有较高知名度的休闲旅游场所，将稔平半岛、大鹏半岛、上下川岛、万山群岛、环鼎湖山、环南昆山、环天露山打造为国际休闲旅游目的地；将西樵山、梧桐山、罗浮山、西江公园带建设成具有较高知名度的区域公园，兼具生态保护与游人活动功能，增强外围地区发展动力。

建设特色魅力的绿道蓝网体系。在珠三角绿道网体系基础上，依托丰富的河流水网与城市滨水空间，串联沿线的湿地公园、堤岸公园、海岸公园、农业公园等各类生态休闲区，促进水生态保护与生活休闲功能有机结合，建设水岸公园体系，加强对珠三角蓝绿空间的有效保护和利用。

塑造岭南特色乡村风貌景观。挖掘传统村落岭南特色，对濒危建筑物、构筑物及时抢救、修缮和整治，深入挖掘和发挥传统文化遗产资源价值，拓展旅游观光业发展，支持传统村落保护和可持续发展。结合珠三角地区典型的田野、鱼塘、果园等景观，适度丰富农业用地功能和使用方式，增加必要的农业生产和休闲设施，发展体验型现代农业，建设集农产品消费、休闲旅游、科技研发和农业生产功能于一体的现代农业集聚区。

3. 建设珠三角生态内环，构筑生态休闲旅游圈

珠三角城市群西部、北部、东部的山地、丘陵及森林生态系统为主体组成的环状区域生态屏障，是介于珠三角城市群核心区与拓展区之间的生态缓冲区。包括以肇庆鼎湖山为中心的西北生态控制区；以江门恩平西部天露山区为中心的西南生态控制区；由广州花都、从化北部、惠州博罗西北山脉和河源万绿湖及其周边山体构成的北部生态控制区；以及由惠东、惠阳白云嶂、莲花山脉构成的东部生态控制区。依托珠三角城市群丰富的文化、生态与旅游资源，构筑环珠三角生态休闲旅游圈，加强珠三角核心区城市与外围中小城市和县城的功能联系，在珠三角核心区与拓展区之间形成功能互补、各有特色的生态功能体系。

第四节　推动城市群弹性协同治理

对于世界级城市群而言，每个城市依靠单打独斗，很难在全球竞争中赢得一席之地，而且，在环境、设施等涉及区域整体利益的领域，若没有预先从区域整体发展的视角进行协同，往往还会给区域和城市发展带来负面影响，需要通过更高层面治理主体的介入，来促成区域整体利益最大化。从纽约、伦敦、东京为中心的三大世界级城市群的协调机制来看，尽管其管治力度各有不同，但在协调发展的组织模式方面却有一定的共同点，即在市场之外形成了政府机构、行业协会等区域协调机构，以法律形式明确规定地位和职责权限，促进世界级城市群形成具有共识的发展目标，负责建立区域统计信息平台、制订区域发展规划、保护区域整体生态环境、建设区域大型基础设施项目等协调事务。

珠三角地区当前跨区域开发的利益共享和平衡机制尚不健全，导致跨市合作平台推进缓慢。例如，深莞惠交界的"坪新清"合作区，是深莞惠三市同时接壤的地区，三市的地理几何中心，被认为区位优势明显、土地资源丰富、有巨大开发潜力，2011年，深莞惠三市签署《深莞惠边界地区坪新清片区规划开发的合作框架协议》，成立边界地区规划开发推进工作组，但由于三方利益诉求不同，难以调和、磨合不易、体制未能突破等原因，"坪新清"合作区公开宣示两年后便搁浅，合作区的发展建设推进缓慢。

一、完善世界级城市群的协同治理机制

从世界级城市群发展经验来看，基于共同目标的区域协同发展至关重要，是影响群整体竞争力和可持续发展能力的重要因素。世界级城市群肩负代表国家参与全球竞争的重要使命，在区域一体化发展的大趋势下，区域内的城市间应该构建更加平等的伙伴关系，来共同提高全球竞争力和影响力，应对区域性协同问题。当前，珠三角城市群在功能分工、规划建设、服务配套、生态环境保护和社会治理等方面存在比较突出的协同性问题。尤其是环境污染等问题具有明显的跨区域性特征，靠单个城市已无法有效解决自身的环境问题。因此，必须依赖世界级城市群整体协同机制，制订弹性的区域治理机制，推进世界级城市群协同治理。

分类治理。分领域、分门类建立专项规划与建设的日常协调与协商工作机制，在交通、旅游等方面加强对接，提升区域整体合作共赢的正面效应，在产业、重大设施方面加强功能互补，警惕重复浪费和发展失序，在生态环境保护领域防止边界壁垒和区域结构失衡，避免负面效应。

弹性应变。在社会、经济、文化、生态等方面强化治理和整体协同

发展，提升世界级城市群应对外部变化的适应能力和应变能力。以更加多元的经济结构增强应对外部经济动荡的能力；以超前的空间布局、功能结构和基础设施，增强应对自然灾害和突发事件的能力；引导社会群体的多元融合和公平发展，提升区域社会自我调节能力。

系统优化。立足区域生态环境承载力和社会经济发展阶段，构建多中心治理模式，通过整体结构的优化提升、节点地区的专业化开发、通道地区的高效组织，优化城镇群的空间功能、基础设施、生态系统和公共服务的合理配置。

先行先试。立足世界级城市群的目标，通过简政放权、区域共建合作区、设立创新区域发展区等方式，优化区域行政管理与管治模式，形成"以大带小"的扁平化空间发展格局。

专栏10-10　珠三角城市群区域治理的现状与问题

1. 合作模式单一、产业结构趋同，合作空间有待拓展

传统合作空间与合作模式受限。从产业类型上看，珠三角制造业具有明显的重型化倾向，而香港服务业的对象主要是加工贸易、进出口以及消费等轻型产业，在如何为重型产业提供服务方面，香港缺乏相关经验积累和国际网络。

香港与珠三角产业结构趋同，区内的竞争与合作关系日益复杂。当前各主要城市重点发展的现代服务业都集中在金融、物流、会展、科技服务、文化创意等方面；粤港在现代服务业发展中，竞争性将逐渐大于合作性，而且这种竞争未来将趋于白热化。

航运业竞争愈发激烈。珠三角未来将超越香港成为集装箱大港。近年来，随着珠三角港口凭借人工成本、运营成本的优势，不断发展，香港和中国内地之间以及香港和珠三角之间的港口转运货运量所占比例自2003年后呈下降趋势。

2. 跨界、跨流域环境问题突出

广东省跨界、跨流域环境污染问题突出，协调难度大。例如，西江上游集中了华润水泥大量水泥磨粉线及熟料生产线生产基地，下游为混凝土搅拌机站，上下游城市取水与排污的矛盾突出，同时西江上游城市发展诉求强烈，污染企业集中。

省域环境污染与破坏难以防治。粤东西北在地方经济发展诉求下，矿石开采等自发型、散点式的资源型工业带来区域生态破坏和污染，珠三角的土壤、环境污染向外围特别是粤北扩散。

1. 创新区域协同发展政策，开展区域合作试验

设立区域协同发展试验区。强化政策供给，以政策改革、服务业发展和管理制度创新为重点，设立区域协同发展试验区，积极探索投融资制度、产权保护制度、财税制度等方面的体制机制创新。在深圳前海、深圳落马洲河套地区、广州南沙、珠海横琴等地区，先行开展区域合作政策改革试验，探索跨界地区的飞地园区共建模式。

完善国际化的法制化营商环境。加快与国际市场的全面接轨，形成符合国际准则的市场环境，增强对国际竞争要素的集聚能力，探索改革面向国际人才的税收、社保、住房等政策，提升国际公共服务水平，加大国际高端人才和留学归国人才引进制度，形成有利于国内外高端人才自由流动和定居的制度环境。

2. 构建以土地、财税和资金引导的区域激励与调控机制

建立多级土地开发权的区域转移机制。探索构建空间发展权交易模式，建立"区域—大城市—中小城市"为主体的多层级城乡区域空间开发保护机制和利益平衡机制。在锁定总量的基础上，在城市内部和区域城市之间，探索通过建设用地与非建设用地挂钩，以及新增用地与存量用地开发挂钩等"增减挂钩"的形式，实现建设用地总量不增加，生态和农业用地面积不减少、质量不降低，城乡用地布局更合理的目标。

强化财税政策的导向作用。明晰各级政府的责权，探索支持区域共同发展的财税协调分配制度，在深汕合作区等区域共建地区探索财税分成机制，加大对区域潜力发展地区的财税支持力度。探索土地流转和财政转移支付政策。打破行政区划和部门边界，提出基于产权明晰与利益公平的区域土地利用补偿制度和措施，规范城乡土地市场，促进土地资源合理流转与持续利用。

设置区域调节基金。参考欧盟区域发展基金、社会基金和凝聚基金（结构基金）机制，建议由中上级政府组织筹建并通过转移支付提供资金，形成由上级政府拨款与都市圈内部成员单位按比例分摊费用相结合的资金筹集机制，鼓励和支持区域的产业结构调整、基础设施建设、生态环境治理。

创新区域基础设施投融资平台和管理机制。创新机制设计，整合多方政府和市场的力量参与，通盘考虑区域重大基础设施、公共设施对区域土地价值的影响，构建不同地区在交通设施和公共设施建设中的利益和风

专栏10-11　欧盟结构基金

　　欧盟为了缩小其内部区域经济发展的不平衡，专门设立了欧洲结构和投资基金（简称"结构基金"），主要任务之一就是支持落后地区或产业衰退地区的经济发展与产业结构调整。结构基金来源于欧盟预算，由欧盟理事会和欧洲议会批准，属于欧盟财政专项支出，是欧盟首创的一种全新的产业政策工具。

　　结构基金主要由四部分组成：欧洲社会基金（ESF）、欧洲地区发展基金（ERDF）、欧洲农村发展农业基金（EAFRD）以及欧洲海事和渔业基金（EMFF）。欧洲社会基金主要提供职业培训和就业帮助，以解决青年和妇女的就业问题；欧洲地区发展基金是四个基金中最大的，约占整个结构基金的一半，该基金的主要目的是支持落后地区的中小企业的发展、促进投资和改善基础设施；欧洲农村发展农业基金主要是为农村地区采用农业新技术、改进农业产业结构和发展非农产业提供资金支持；欧洲海事和渔业基金是为帮助沿海地区受渔业生产萎缩影响的渔民而设立的。

　　基金的筹集。欧盟预算收入来源有三，即关税及农业税、增值税和成员国GDP上缴。其中，欧盟规定每个成员国每年要上缴本国GDP的1%作为欧盟预算经费。这笔经费占欧盟年度总预算的76%，其中四成用作各种基金扶持区域协调发展。因此，结构基金的筹集体现了"取之于国、用之于国"的原则。

　　基金的通用规则。为避免各成员国的内部区域发展政策影响地区的公平竞争，经过长期讨论和谈判，欧盟与成员国就地区发展政策达成协议，并制订了一些通用的规则，包括集中使用原则、伙伴关系原则、计划性原则、附加性原则、辅助性原则、效率性原则。

　　险分担机制，推动区域交通设施形成从规划、投资、建设到运营管理的协调、高效的组织，协调城市之间的发展利益，实现共同建设、统一运营。

　　3. 增强区域性规划、评估、考核的统筹作用

　　建立区域统计标准、数据收集分析系统和考核评价机制。参考美国大都市区管理经验，客观统计区域人口、经济、产业数据和变化情况，掌握区域基础设施建设、环境生态等情况。强化对经济结构、资源消耗、环境保护、自主创新以及外来人口公共服务覆盖面等方面的人均指标考核，构建体现竞争力、发展质量和区域协同的考核评估机制。

专栏10-12　美国大都市统计区

大都市统计区（United States Metropolitan Statistical Areas，MSA）是美国定义的核心都市人口密度相对较高，和地区全体经济有密切关系的地理区域。这些地区由美国人口普及局和其他联邦政府机构出于统计目的而定义。核心都市区域人口超过5万人的，可被定为大都市统计区。有些相邻的大都市统计区被合称为联合统计区（Combined Statistical Area，CSA）。人口多于1万但少于5万的，则是小城市统计区（United States Micropolitan Statistical Areas）。

加强区域性规划的编制实施，健全规划的综合协调平台。推进空间开发与保护、综合交通、重大公共服务与市政基础设施、生态环境治理规划、综合防灾等领域的区域性规划和研究，开展跨界地区功能协调布局规划等专项规划，强化上级政府在区域基础设施、生态环境、土地利用等方面的综合调控力度。

建立区域协调发展的监测评估体系。加快制订区域协调发展监测评估体系，实施动态监测与跟踪分析，开展城市群规划中期评估和专项监测，推动规划顺利实施。委托第三方机构，每年对珠三角城市群、三大都市圈规划实施和协调发展程度开展评估工作，以蓝皮书形式公开发布，接受社会监督。

建立以都市圈整体健康发展指数为核心的考核机制。改变单一GDP总量和速度导向的政绩考核制度，增强对体现城市群、都市圈整体竞争力、发展质量和区域协同的指标考核，强化对整体经济结构、资源消耗、环境保护、自主创新等方面的考核。加大深圳、东莞等发达城市对口帮扶工作的评估考核，把合作共建园区和跨界地区的合作发展纳入相关城市政府的考核体系中。按照不同区域的主体功能定位，建立差异化的考核体系。在强化各地区在落实产业发展效益、土地集约节约发展和基本公共服务投入、资源环境保护等可持续发展能力方面评价的基础上，实行各有侧重的绩效考核评价办法，并强化考核结果运用。

4. 完善区域环境、生态和文化保护和补偿机制

制定区域生态安全相关管理法规。对区域生态建设进行协调分区和生态功能分区，制定相关管理办法，明确区域生态、水环境保护等方面的针对性要求。

建立区域环境监测、控制与市场交易机制。建立区域水环境、海洋环境、大气污染和固体垃圾处置的监测网络和环境数据管理平台，实施区域总量控制。建立排污权交易市场以及平等高效的区域生态补偿机制。

完善生态补偿机制。从整体利益平衡和公正的原则出发，广州、深圳、东莞、佛山等核心城市应加大对外围地区的财政转移支付力度，建立下游发展地区补偿上游保护地区的环境治理的补偿机制。积极开展经济圈内部的生态受益区域和生态功能区之间的对口帮扶工作。鼓励当地居民保护生态环境，发展优势产业。加强对外围乡村地区的农业保护和扶持政策倾斜力度，提高农业补贴，积极鼓励发展现代农业、特色农业和有机农业，争取将农业打造为乡村发展的"新亮点"。

建立空间开发权转移机制。土地发展权（空间开发权）转移具有以市场的方式完成空间资源优化配置并实现保障财产权利的制度优势。近期可试点以都市圈范围内的历史文化保护区以及生态保护线内的建筑清退区为空间发展权的转出区，以城市新区、战略发展区、经济密集区为接收区，试点建立空间发展权交易平台，市场化配置空间资源。远期进一步培育以"增减挂钩结余指标"为内容的跨地区土地发展权交易市场，重点鼓励文化生态保护区与工业发展区、城市化地区用地指标的交易，使得在保障文化生态保护区环境的同时，能把发展权转移到能够实现其市场价值的区位，保障工业发达地区、城市化地区的用地指标，在生态文化保护区与工业化地区之间形成共同发展的格局。

保护地域文化遗产。完善历史文化名城、名镇、名村的各级保护机制，强化传统文化与特色民俗文化载体的功能，构建基于绿道网的文化遗产网络，丰富文化遗产内涵。

5. 推进城乡一体化的社会治理机制

跨行政区组建行业协会。区域协调必须依赖地方政府、社会团体和大众的一致努力，利用各种非正式的渠道，建立城市与城市之间、区域与区域之间不同层次的合作网络。跨行政区组建行业协会可突破行政地域界限，共同制订区域行业发展规划、区域共同市场规则，推进区域市场秩序建立，探索区域各类市场资源的连接和整合等。例如民间组织巴黎大区工商会作为成员企业利益的代表，在企业之间、企业与政府之间发挥"桥梁"

和"纽带"作用，由于在行政上不受政府约束，更不会受制于行政区划范围的约束，可以在更大区域范围内发挥社会资源整合和跨界服务功能。

鼓励组建民间智库。鼓励建立以各地经济专家、区域发展专家为主体的，不同于一般研究机构的区域地方政府政策的咨询参谋机构，以民间自下而上的力量推进区域政府合作，进而实现区域协同发展。

优化区域市民化结构和进程。加快建立城乡统一的人力资源市场，促进城乡劳动力合理流动。制定差别化"市民化"政策，优先将在城市稳定就业并长期生活在城市的"沉淀型"跨省农民工转为城市居民，通过社保、医疗、教育、住房等政策引导，鼓励外来人口向潜力地区和中小城市转移。

创新中小城市和小城镇的社会管理。以建成区常住人口为标准，完善行政管理体制，改变行政等级配置公共资源的管理体制，科学设置城镇政府职责和机构人员编制。

二、构建依托三大都市圈的区域治理机制

随着珠三角世界级城市群建设的不断推进，要从原有路径的"单核心区"向边缘区扩散推移发展。考虑到珠三角地区与周边地区的空间尺度以及跨江、山脉河流的分隔，形成"广佛肇+清远、云浮"、"深莞惠+汕尾、河源"、"珠中江+阳江"三大都市圈。针对三大都市圈的区位、动力、阶段、结构等方面存在的显著差异特征，因群而异、因地制宜，提出差别化规划引导和实施管理对策，解决各自面临的紧迫性问题。

由于国家、地区政体差别、文化背景差异及所面对的具体问题不同，国外都市圈政府的架构方式与运行机制是多种多样的。政府主导的协调模式基本包括两种类型，一种是集权型，由上级政府安排和指导下级政府的协调；一种是联盟型，由地方政府自主形成横向合作。

随着经济一体化进入制度改革的深水区，区域合作的协调机制需要进一步细化，建立多层次、多部门、多主体的组织协调机构，专门负责研究策划、统筹规划、联系沟通、指导实施、信息服务、政策法规咨询等方面的工作，引导区域经济全方位、多层次和高效益的全面合作。

决策层：吸收国家部委、广东省有关领导加入经济圈协同发展领导小组。在当前党政联席会议及办公室制度的基础上，成立都市圈协同发展

领导小组，由都市圈各个城市的党政主要领导、国家部委、广东省有关领导组成，对国务院、广东省及城市人民负责，独立于城市党政机构，形成更有效力的决策机制。

执行层：成立城乡规划、产业、交通等重点领域专责小组（专业委员会）。加强城乡规划、产业发展、区域科技创新、交通运输、跨界流域治理、信息网络、环境生态、警务协作、社会公共事务等专责小组（专业委员会）与城市职能部门的工作对接，分工推进城市各主要方面合作事项的落实。

监督层：设立都市圈协同发展监察评估委员会。成立监察评估委员会，对城市协同发展决策执行情况进行监察和评估，直接向都市圈协同发展领导小组负责。具体而言，对合作事项从工作目标、进度、法律、绩效、经济方面作监督检查，确保工作执行有力，符合预期，并做出有效性评估。

咨询层：设立都市圈协同发展专家咨询委员会。邀请国内外相关领域的专家学者、官员、企业家和市民代表等成立专家咨询委员会，并按一定的比例组成，意在通过引入第三方咨询力量，帮助都市圈协同发展领导小组进行科学决策。

专栏10-13　国外都市圈治理模式

国外都市圈治理主要包括三种方式：单层级整合治理、双层级重构治理以及网络化多主体协作治理模式。

单层级整合治理方法是基于集权的区域治理方法，强调以单个政府行动的权威性及规划协调性来对公共资源进行配置。例如，一些都市圈通过行政区划调整合并成为单层级的大都市政府，以处理水、大气污染、垃圾处理、供电、交通、土地利用规划等区域性公共问题。

双层重构治理方法强调在地方分权基础上，将对区域性公共问题的治理与一般性地方公共事务管理相剥离，建立区域层面双层制的"城市县"（urban county）治理机构，地方性机构负责承担与生活品质相关的一般性公共供给（包括控制区划、地块面积、教育等），县域政府则负责基础设施、排污、水处理等系统性服务功能的提供，运作资金由区域内税收作为保障。

广东省省域城乡发展和城镇化进程极不平衡，协调是省域城镇化的重要任务。珠三角地区以外向型城镇化、外资推动、出口导向、渐进式改革效应为特征实现了经济起飞，而外围的粤东、西、北地区，由于地理环境的山体阻隔，位于开放政策边缘，中心城市的服务功能和设施水平尚未充分发展，本地城镇化动力不足，一直是省内人口的快速流出地区。破解广东省域发展不平衡问题，粤东、西、北地区必须破解中心城市城镇化动力、承载力、服务能力不足等问题，以大幅提高人口集聚度，解决粤东、西、北地区发展滞后的困境。

2012年，广东省第十一次党代会首次提出，支持粤东、西、北地级市城区提质扩容、聚集发展、率先崛起，随后印发了《广东省促进粤东西北地区地级市城区扩容提质五年行动计划》、《关于进一步促进粤东西北地区振兴发展的决定》、《推动粤东西北地区地级市中心城区扩容提质工作方案》等一系列政策文件，其中，《关于进一步促进粤东西北地区振兴发展的决定》要求推动粤东、西、北地区地级市中心城区提质扩容，推动全省区域均衡协调发展，达到或超过全国平均水平。整体来看，新时期粤东、西、北地区，将依托高效的城镇空间格局、产业集群布局和功能运行体系，成为未来推动省域城镇化协调发展的主要地区（图11-1）。

图11-1
粤东西北中心城市提质
扩容思路
▼

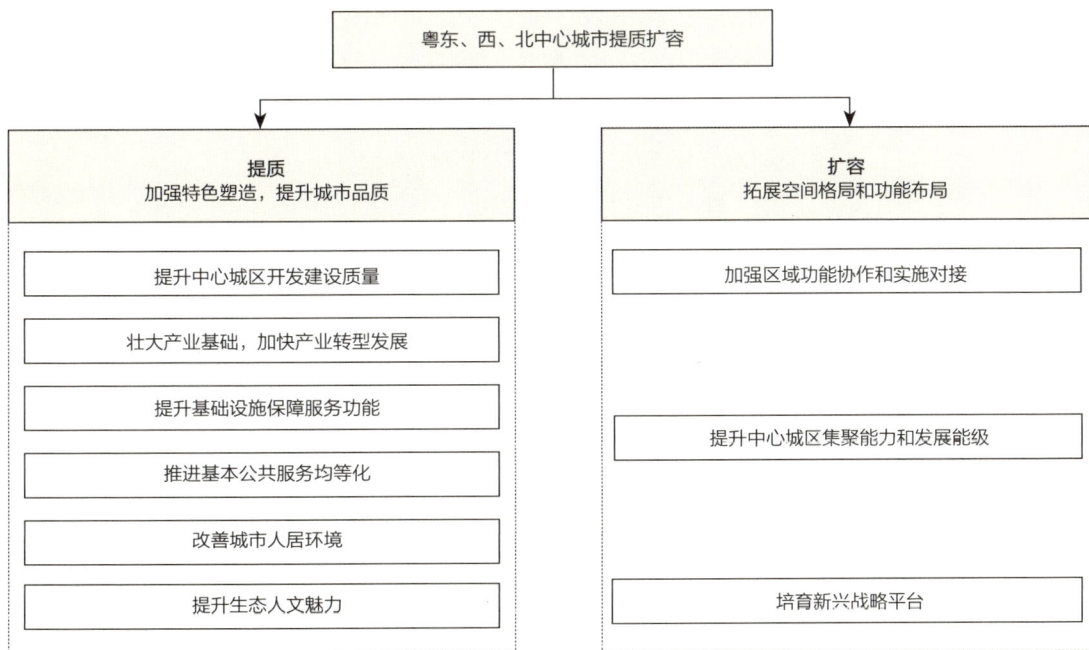

```
                  粤东、西、北中心城市提质扩容
                              |
          ┌───────────────────┴───────────────────┐
          │                                         │
    提质                                        扩容
加强特色塑造，提升城市品质                   拓展空间格局和功能布局

  提升中心城区开发建设质量                  加强区域功能协作和实施对接

  壮大产业基础，加快产业转型发展

  提升基础设施保障服务功能                  提升中心城区集聚能力和发展能级

  推进基本公共服务均等化

  改善城市人居环境

  提升生态人文魅力                          培育新兴战略平台
```

第一节　提质：加强特色塑造，提升城市品质

一、提升中心城区开发建设质量

1. 积极探索建设中央活动区

探索中心城区的土地混合利用，改变传统中央商务区（CBD）功能相对单一的开发模式，积极引导商业居住、行政办公、教育医疗、娱乐休闲等功能向中心城区集聚，逐步形成中央活动区（CAZ），为商业开发、中介机构、高等院校及各类服务机构的发展提供支持。

2. 推进中心城市旧区有序更新

创新制定城市更新扩容管理、空间发展权置换和地下空间开发权等非用地指标管理政策，促进存量土地开发，实现资源集约节约利用。继续开展宜居城乡建设工作，营造适度宜人、富有文化内涵的生活空间。充分利用"三旧"改造政策进行用地挖潜，优先安排旧区市政基础设施和公共服务设施建设。开展小型便民设施整治工程，完善社区便民服务系统，打造"十五分钟便民服务圈"。优化城区公交服务，探索建立地面快速公交系统，完善城市非机动交通系统，鼓励在城市中心区、居住社区、大型公共交通枢纽等地区建设有盖步行连廊。积极构建滨水景观带，围绕沿海、沿江公共岸线，深入发掘乡土景观元素、文化符号进行整体打包开发，打造兼具休闲娱乐、商务服务和旅游商业等功能的滨水带状公园，营造富有鲜明地域文化特色的滨水公共空间体系。

3. 推进低碳生态城市建设

按照集约、智能、绿色、低碳的理念，实施中心城区提质扩容的开发建设，打造成为绿色生态示范城区，改变传统蔓延发展模式，培育组团式、紧凑集约、功能复合的生态城市空间结构和形态。加强城市基础设施的低碳化改造和设计，推广低影响开发模式在道路设计、市政设施、雨洪管理、公园绿地、城市水体、社区环境等方面的应用，提高硬化地面中可渗透地面面积比例。建设低碳生态社区，逐步通过市场行为推动新建社区达到低碳生态标准要求。积极探索推进旧社区低碳生态化改造。实施绿色建筑行动计划，加快建立健全符合岭南地域特色的建筑节能和绿色建筑标准及指标体系，推动新建大型公共建筑以及政府投资新建的学校、医院、

博物馆、体育馆等建筑物及其他公益性建筑项目全面达到绿色建筑标准，新区内的新建项目全面执行绿色建筑标准。加快既有建筑节能改造，对重点建筑实行能耗动态监测。

二、壮大产业基础，加快产业转型

1. 增强产业自我造血能力

推动传统产业转型升级，做大做强特色产业。结合资源环境承载能力、产业基础和发展优势，推动中心城区传统产业转型升级和低端产业空间整合，建设集约集聚程度高、经济带动能力强的现代产业园区，加快培育各具特色的现代产业体系。培育产业集群和知名品牌，支持优势企业发展壮大，着力提高企业规模水平和产业集中度。其中，汕头、阳江、湛江、茂名等市要加快发展海洋经济，建设临海产业聚集区；韶关、河源、梅州、清远、云浮等市要适度发展资源型产业，优先发展生态旅游业。

2. 发展都市型新兴产业

加强中心城区科技服务、金融服务、电子商务、商贸会展等生产性服务水平，培育科技创新、医疗卫生、教育培训、文化创意、绿色低碳等都市型产业，发展现代服务业和绿色低碳循环型都市产业，进一步增强中心城区的集聚资源和引领服务能力。

三、提升基础设施保障服务功能

1. 完善城市综合交通体系

加快区域性轨道网、高速公路网和机场、港口及其集疏运体系，以及联系中心城区各功能组团之间的快速交通干道建设，加强城区对外交通联系，积极发展城际公交。完善城区交通设施网络，优先发展公共交通，汕头、湛江等市率先开展地面大运量快速公交系统建设。开展步行道、自行车道等城市绿道建设，鼓励在城市中央活动区、大型公交枢纽等地区建设步行连廊。

2. 加强城市环保设施建设

落实城市生活污水处理、危险废物处理处置、污泥处理处置及生活垃圾无害化处理设施建设要求，重点推进旧城区和重污染河涌周边的污水收集管网实施雨污分流改造。以汕头、汕尾、阳江、湛江、茂名等市为试点，开展城市再生水示范项目建设。加快建设生活垃圾收运处理设施，支持各市建设集焚烧发电、卫生填埋于一体的生活垃圾无害化处理基地。

3. 改造升级城市安全基础设施

推进堤围达标加固工程和生态雨洪调蓄系统建设，加强市政地下管网建设和老旧管网改造升级，重点提升城市防洪排涝能力。加快城市天然气管道工程、骨干输配电网和环保型骨干电源项目建设，保障能源供应安全。强化抗震、人防、消防等设施和避灾场所建设，建立重大灾害监测预警和应急服务平台。制定城市地下管线综合管沟规划和建设标准，率先在城市新区开展综合管沟试点工作。

4. 提升智慧城市建设水平

加快实施宽带普及提速工程和无线城市示范工程，提高城市信息化建设水平。加快智能交通系统建设，提高路网运行效率。深化社会综合治理信息化应用，加强跨部门信息共享和业务协同。推进云浮智慧城市试点工作，支持汕头、韶关、梅州、湛江、清远等市建设"云计算"服务平台和发展物联网。

四、推进基本公共服务均等化

1. 完善城市基本服务系统

加强中心城区各功能组团及周边地区交通联系便捷，建立大运量公共交通体系，合理配置教育资源，改善基层公共卫生服务供给条件，提升教育、医疗、文化、体育等各项公共服务设施水平。

2. 以社区为单元推进宜居城市建设

重点推进综合性社区服务中心建设，鼓励发展社区服务业，配套完善社区小游园、体育公园、小型休闲游乐设施、托儿所、老年人服务中心等便民设施，打造文体设施完备、基本公共服务齐全的社区。

五、改善城市人居环境

1. 加强环境治理

制订低碳生态城市建设规划，将低碳发展、环境保护等刚性约束指标落实到城乡规划控制单元，依法严格实施对中心城区的规划空间管制。积极推进应急备用水源建设，完善应急供水预案，建立相邻城市饮用水源共同保护机制，推进城市供水工程项目建设，加强对饮用水源地和水厂水质的监测监管。加强重污染流域及内河涌综合整治，积极开展受污染土壤的整治和生态修复。

2．建设绿地生态网络

以中心城区居民使用率高的地区为重点，开展城市绿道建设，逐步推进区域绿地、城乡公园、河湖湿地等保护，加快建设连续的河道走廊、海岸线等生态廊道，形成有效衔接、相互协调的生态网络，进而向具备良好生态服务功能的绿色基础设施升级。

3．开展生态控制线划定和管理工作

开展生态控制线划定，明确界定各类自然保护区、水源保护区、生态公益林区、森林公园、湿地公园、基本农田保护区、风景名胜区、地质地貌风景区、重要江河湖泊、水岸、海岸、沼泽湿地、大型城市绿地、生态廊道以及重要野生动植物资源的控制范围，并按职责分工实施有效保护和严格管理。

4．加强住房保障工作

以实现住有所居为目标，建立市场配置和政府保障相结合的住房制度，鼓励社会资本参与公租房建设。创新棚户区改造机制，加大对中心城区棚户区改造的投入力度。在有条件的地区试点建设绿色生态保障性住房小区。

六、提升生态人文魅力

1．打造特色魅力空间

完善历史街区与建筑保护名录、历史建筑保育活化措施。加快推进汕头小公园地区、湛江三民街等特色历史文化街区复兴，加强梅州和潮州市国家级历史文化名城保护工作，支持韶关、揭阳市申请国家级历史文化名城。继承和创新潮汕民居、客家围龙屋以及雷州古民居等传统建筑风格和街区空间布局理念，建设适应亚热带气候特征、彰显岭南文化元素和人文形象的新建筑和公共空间。

2．开展特色化城市风貌设计和建设

充分挖掘各市人文自然优势，建设环境宜人、特色鲜明的中心城

区，探索低丘缓坡地利用的模式，加强城市滨水空间建设，完成榕江、韩江、北江、东江、梅江、西江、漠阳江等沿江景观带城区段的环境整治和滨水景观示范段建设。

第二节　扩容：拓展空间格局和功能布局

一、加强区域功能协作和实施对接

1. 加强相邻城市之间的功能协作和设施对接

推进汕头、潮州、揭阳市中心城区同城化发展，完善汕潮揭等相邻城市之间的同城化发展协调机制和规划建设协调机制，加强对具有区域性影响的重要资源的配置、基础设施和重大项目建设的资源整合与衔接，重点加强生态、营商和社会环境建设，促进区域内基础设施互联互通，推动与海峡西岸经济区联动发展。促进湛江、茂名、阳江市中心城区合作建设临港经济带，加快机场、港口、铁路等重大基础设施的共建，强化水资源、生态环境的共同保护，加强与北部湾、海南岛及大西南和东南亚的区域合作。

2. 推动与珠三角融合发展

着力推进紧邻珠三角的清远、云浮、汕尾、河源和阳江等城市的区域融合发展新格局，共享发展空间拓展、社会资源扩充、事业发展统筹等诸多红利，合力提升区域综合竞争力。

清远、汕尾、阳江作为中间城市，应重点关注其在珠三角核心区对外联系中的中间性、传递性和过渡性机会。深入实施珠三角带动粤东、西、北战略，推进韶关、河源、汕尾、阳江、清远、云浮市中心城区与珠三角地区融合发展，促进产业优势互补、资源共享、互利共赢，打造环珠三角城市发展带。其中，清远重点对接广州北部地区，成为大广州卫星城，成为广佛都市区向北辐射的重要节点；汕尾重点推进深汕合作区建设，加强粤东地区与珠三角的联系；阳江重点融入和对接珠中江都市区，成为珠三角产业转移外围试验区、粤港澳区域合作次级合作试验区。

与珠三角共建三大新型都市圈，加快建设"广佛肇+清远、云浮"、"深莞惠+汕尾、河源"、"珠中江+阳江"三大都市圈，促进韶关、清远、云浮市中心城区加快融入广佛肇都市区，阳江市中心城区融入珠中江都市区，河源、汕尾市中心城区融入深莞惠都市区。大力推动珠三角城际轨道及铁路向环珠三角各市中心城区延伸，加快广佛肇城际佛山至肇庆段、广清城际广州北至清远段、莞惠城际及贵广铁路广东段、南广铁路广东段建设。

3. 探索省际区域多元合作

粤东、粤西部分地区分别纳入海西经济区、泛北部湾经济区和珠江—西江经济带的范围，积极有效地参与福建、广西、海南等地发展合作。云浮市加强与广西在交通基础设施对接、产业布局和生态环境保护等方面的合作，积极推进珠江—西江经济带发展。强化韶关、梅州市中心城区出省门户城市地位，构建与泛珠三角地区之间的产业协作网络。推动跨省地区的港口、铁路等重大基础设施的协同共建，加强省际在交通基础设施对接、产业布局和生态环境保护等方面的合作，促进产业、资金、人才的省际畅顺流通。

4. 加强跨界地区共建共享

进一步推动省内相邻城市有条件区域发展跨界地区的合作，包括湛茂临港交界合作区和汕潮揭空港经济合作区等，大力加强规划的对接和共建共享，完善综合交通体系和能源保障体系。重点培育环珠江口湾区、汕潮揭空港经济区、雷州半岛经济区、东江下游流域合作区、西江流域合作区等跨界重点合作区，促进区域协调发展。

5. 促进区域交通一体化

完善纵贯南北、横跨东西的全省综合运输通道，以高速公路、城际轨道等重大交通基础设施建设为重点，打造东、西、北地区内部和对外畅达联系的交通廊道，促进其与珠三角之间、城市之间和城市内部的无障碍沟通，构建人流、物流、资金流、信息流等生产要素高效流动和优化配置的流通网络，重点推进珠三角地区城际轨道网向湛江、汕头等粤东、粤西中心城市延伸。

二、提升中心城区集聚能力和发展能级

1. 引导中心城区度规模化发展

适时开展行政区划调整。加快中心城市的转型提升，通过行政区划

调整扩大可统筹空间与资源，优化中心城区行政区划结构，加快适度规模发展和空间结构优化，引导产业和劳动力的合理转移。对于中心城区发展空间已饱和的地级市，可对毗邻的县（市）、小城镇适时进行行政区划调整，整建制撤县（市）设区，或将与中心城区联系紧密、条件成熟的部分镇划入中心城区。

有序拓展中心城区发展空间。合理扩大规划建成区面积，划定城镇开发边界，有效管制生产、生活、生态空间，以新区起步区为核心，推进新区功能区与中心城区协调发展，重点对重要发展平台、生态斑块、基础设施廊道等战略要素进行引导，推动产城融合，实现中心城区产业、居住与公共服务功能整体优化，形成合理的生产、生活、生态空间结构。

2. 积极推进中心城区人口集聚

加快人口管理体制改革，引导人口合理分布。加强人口发展功能分区的研究，加大中心城区吸纳农业转移人口力度，有序分类推进农业转移人口市民化。统筹人口分布与城乡发展、产业布局和土地利用，制定引导人口有序流动、合理分布的政策，优化人口空间布局，发挥粤东西、北地区城市对珠三角地区城市人口的疏散、接纳功能，均衡布局全省人口。

优化人才引进和创业环境。实施城市创新创业人才引进计划，引导大学生赴粤东、西、北地区就业创业。鼓励高等学校、科研院所、企事业单位科研人员在粤东、西、北地区创办技术型企业，深入开展产学研合作。提升进城务工人员技能，加大面向本地农村劳动力的技能培训和公共实训基地建设力度，强化职业技能培训，提升进城务工人员的劳动技能和综合素质。

三、培育新兴战略平台

1. 协作共建"飞地型"合作产业园，推进区域产业协同发展

有序引导珠三角世界级城市群的产业和功能外溢，在粤东、西、北地区联合培育新兴产业平台，共建一批产业协作、利益共享的跨市飞地合作区，打造引领型的区域增长极，探索建立粤东、西、北与珠三角地区融合发展的合作新机制和新模式。探索珠三角城市与粤北城市签署区域经济合作协议，以深汕特别合作区、深圳（河源）产业城等区域产业园区为先

行探索，有序促进珠三角产业转移和资源要素的溢出辐射，推动科技创新成果在外围地区转化和生产，共建"飞地型"区域合作产业园，打破行政区划限制，建立科学的利益分配机制，从而实现两地互利共赢的经济发展模式。

专栏11-1 珠三角佛山市顺德区与粤北清远市英德市共建"飞地型"区域合作产业园

2010年顺德与粤北的英德市签署区域经济合作协议，共建区域合作产业园，顺德获得英德市36km²的土地开发权，同时英德市向以顺德为主导的园区管委会下放相应的经济事务审批权限并由顺德组建产业园投资公司进行开发，园区GDP、工业总产值等由双方"五五分成"，这一发展模式既破解了顺德面临的资源匮乏、发展空间受限等难题，为传统产业升级提供发展平台，为战略性新兴产业腾出发展空间，还可以缓冲顺德产业转型升级可能出现的GDP波动风险。

2. 支持新区高标准、高质量开发建设

积极推进汕头海湾新区、韶关芙蓉新区、河源江东新区、梅州嘉应新区、汕尾新区、阳江滨海新区、湛江海东新区、茂名滨海新区、清远燕湖新区、潮州新区、揭阳新区、云浮新区等新区规划建设，合理确定新区发展目标，统筹空间布局、产业安排、重点项目、基础设施、环境保护、人口聚集及社会管理，把握开发建设时序，加快推进公共交通、文化教育、医疗卫生、商业服务等综合功能配套，适度超前推进城市道路、污水处理、公共服务及信息基础设施建设，实现集约紧凑成片开发。

3. 培育特色型功能节点

在粤东、西、北生态环境较好、历史底蕴深厚的地区，依托粤东、西、北地区广府文化、客家文化、潮汕文化、雷州文化、南江文化、少数民族文化等特色地方文化资源，建设特色小镇，打造面向专业特色型功能节点。在农业型地区发展高端、精致、休闲现代农业，在生态型地区适度建设集旅游、休闲、度假于一体的休闲度假区，以及以绿色旅游为主题的森林度假区、野外营地和特色景区，为都市居民提供优良农副产品和休闲旅游服务。

第十二章

小城镇：特色发展

小城镇一直是我国城镇化发展重要的基层载体。改革开放以来，随着我国小城镇发展政策方针的推进和乡村产业的兴起，小城镇数量实现了爆发性增长，全国建制镇数量由1978年的2176个增加到2014年的20401个。但同时也出现了小城镇基础设施配套不足、综合承载力不充分、建设风貌上"千镇一面"等问题。

为适应新型城镇化发展需要，推动小城镇从数量扩展转向质量提升，中央各部门和地方各级政府先后开启了发展重点镇、推动小城镇综合改革、强镇扩权、小城市与特色镇培育等创新实践与改革探索，为新时期小城镇的转型和特色化发展做了大量有益的尝试。特别是在践行"以人民为中心"和生态文明的新时期，提升小城镇产业发展、公共服务、吸纳就业、人口集聚等功能，因地制宜发展特色鲜明、产城融合、充满魅力的小城镇，已经成为各级政府落实中央要求、推动新型城镇化建设的重要途径和抓手[1]。

特色发展是小城镇建设与培育的重要导向。2016年，国家住房和城乡建设部、发改委和财政部三部委联合发布了《关于开展特色小镇培育工作的通知》，特别提出要在因地制宜、突出特色的指导思想下，积极培育休闲旅游、商贸物流、现代制造、教育科技、传统文化、美丽宜居等特色小镇，引领带动全国小城镇建设。就广东而言，改革开放以来，小城镇同样经历了长期的迅速发展，规模不断扩大，经济实力不断增强，对全省城乡建设和经济社会的发展、城镇化水平提高有重要作用。广东的城镇化发展不仅仅是城市群和大城市的城镇化，未来更需要关注县城、专业镇、特色小镇等多种城镇化形态，以推进人口集聚、产业集中、功能集成，大力发展县域经济，实现以县域为单元的本地就近城镇化。

2017年6月，广东省发展改革委、省科技厅、省住房和城乡建设厅联合印发了《关于加快特色小镇建设的指导意见》提出，要分类探索城镇发展新路径，按照特色小城镇和特色小镇两种形态，因地制宜、分类指导，加快建设一批符合广东特色的小镇，进一步对小城镇的特色化城镇化提出了新要求。

[1] 田冬. 新时期政策调整下的小城镇演变特征与趋势研究[J]. 小城镇建设, 2017（09）: 68-72。

第一节　提升县域经济发展活力[1]

一、促进县域三次产业协调发展，繁荣县域经济

县域经济是扩大内需增长的潜在市场，是加快转变方式，优化经济结构的主战场。县级政府应该以市场为导向，依据自身资源禀赋和生态环境承载力，着力优化产业结构，培育优势产业，促进产业转型。

大力支持农业及涉农产业。重点支持安全农产品生产基地建设，全面加强农产品安全生产管理与监控。发展农业科技、管理、营销等农业服务业，建立农资市场体系和综合型、专业型互补的农产品市场体系。明晰涉农企业门类，制定支持涉农产业的专门政策，采用备案制降低涉农企业设立门槛，对涉农产业设立专项土地指标，给予金融和税收等支持。

加快工业发展，引导产业合理布局。创新县域工业生产组织模式，建设产业集中区，引导工业企业在县城和重点镇布局，整合分散的劳动力资源，集聚人口和消费，促进形成集中紧凑的小城镇。中央和省级财政对中西部县城和重点镇的产业集中区基础设施建设给予重点支持。

促进生产性服务业发展，构建三产融合发展的平台。建设专业市场和流通网络，促进本地农业、工业和服务业融入区域市场。繁荣生活性服务业，释放消费潜力。完善覆盖县域的便民商业体系，加强休闲娱乐、体育文化等服务设施建设。鼓励具有区位和资源优势的县级单元，发展区域性商贸流通、休闲旅游等服务业。

二、加大体制改革和下放管理权限力度

尽管近年来广东省依照"能放都放"的原则对县（市）进行扩权，但由于各县均有较多职能部门垂直管理，实际调控能力大大受限，县级"责权"不对等，严重挫伤了县域发展经济的积极性。建议加大改革力度，改革阻碍县域经济和小城镇发展的各种体制性弊端，彻底放权，理顺关系，为县域经济的发展提供宽松的外部环境。

近年来，各地积极探索"省管县"体制：一是实行财政体制"省管县"，扩大县级财政收支管理权限。二是进行扩权试点，扩大县级经济社

1　广东省人大常委调研组，关于广东省促进县域经济发展情况的调研报告，2015。

会管理权限并赋予人事权，如浙江省、安徽省、湖北省等。三是全面实施"省管县"，如海南建省之初就实行县、市分治，县由省直接管理。目前，在全国试点的24个省、自治区中，约60%的地方实行了财政体制"省管县"，约40%的地方实行了"扩权强县"改革，约40个县实行了全面省直管县试点。

广东可以借鉴其他兄弟省份经验，积极探索"省管县"体制，在县域经济发展潜力较大而发展上又受制于地级市的地区或地级市管辖县过多的地区，应当尽快推广"省管县"体制。对于经济带动能力一般的市，或者市县经济发展差距大、关联度低的地区，应当在试点基础上积极推进"省管县"体制改革。

三、加大对县域财政的转移支付力度

大部分山区县，财政实力薄弱，财政供养人员经费等刚性支出占财政预算支出的大头，还有数额不少的县存在历史欠债，需要长达十多年时间在税收中抵扣，因此，财政存在着一定压力和风险。建议国家和省财政进一步增加对县域财政的转移支付资金，对财政困难县增设农村医疗和社会保障体制建设的专项转移支付补助，对财政困难县的政府债务采取豁免部分本金利息或延长还款时间等措施，使县（市）政府能够轻装上阵，积极培育财源，实现良性发展。同时，建议进一步规范完善分税制，增加欠发达地区县域税收留成比例，使地方财政在税收增长时获得同步增长。继续落实好已经一出台的"强县新政"激励型财政机制配套政策，增强地级市对县域的帮扶责任，加大市对县的财政转移支付力度，加大对县域基础设施投入，帮助县域解决镇（乡）财政困难。建立健全监管机制，加强广东省地方政府债务管理和债务风险的化解工作。尽快出台《加强广东省地方政府债务管理的意见》，逐步消化旧债，防止发生新的不合理债务，防范政府债务危机。

四、加大中小型企业融资的支持力度

目前中小型企业贷款难、融资难问题已严重阻碍县域经济的发展，必须引起高度重视，切实加以解决。建议抓紧制定《中小企业发展基金管理办法》和《中小企业信用担保管理办法》，推动金融机构组建中小企业发展基金，加快中小企业信用担保体系建设，并调整贷款利率管理办法，允许金融机构对中小企业信贷投放实行更大幅度的浮动区间，以调动金融机构增加对中小企业贷款的积极性。

第二节　强化县城的综合服务能力

县城是县域城镇化的核心，需要充分发挥县城在沟通城乡中的桥梁和纽带作用。县城应依托区域中心城市，结合区域产业发展方向，加强与区域中心城市和其他非县城重点镇的产业分工协作。进一步发挥好县城在公共服务均等化、吸纳农业转移人口和产业发展中的作用，推动有条件的县城加快发展为小城市，促进县域经济的增长。

一、强调县城基本公共服务均等化的载体作用

县城通常是所在县域内城镇化水平最高、经济要素最集中的地区，同时也是与附近中心城市、周边乡镇地区联系的枢纽。相对于所辖区域内的各个乡镇，县城具备相对完善的教育、医疗、养老等社会服务体系，同时为城镇、乡镇居民提供基础性公共服务的保障。县城的基本公共服务尤其是基础教育成为吸引县城人口集聚的重要动力。在中国尊师重教的传统文化下，大量农业地区、非发达地区的中小学生在县域寄宿上学，学生及家长在县城租房就读陪读的现象十分普遍，成为县域居住人口的重要组成[1]。

就广东而言，应进一步提升县城的公共服务水平，尤其是教育、医疗等代表未来可持续竞争力与宜居水平保障的基本公共服务供给。一方面要引入特级教师等优秀师资进入县城教育单位，鼓励县城设置三甲医院，缩小县城与城市公共服务差距，以优质的公共服务吸引农村转移人口向县城集聚，提高人口集聚能力。另一方面要大力发展职业教育，特别是中等职业教育，提升农村年轻劳动力的就业能力。同时，应积极发展农村劳动力技能培训，促进农村劳动力向城镇技术性岗位转移和农业生产率提升。

1 中国城市规划设计研究院，深圳市数字城市工程研究中心，东南大学，中央财经大学，中山大学。中国县（市）域城镇化研究[R]．2017。

二、提升县城接受大城市人口疏解与本地城镇化的承载能力

根据第六次全国人口普查统计，我国县级单元内城镇人口占比高达43%，在承载城镇化方面发挥了重要的基础作用。随着地区经济差距逐渐缩小，外出人口回流现象开始显现，县城成为重要的回流选择地。县城是我国吸纳农村转移劳动力，实现就地就近城镇化的重要载体空间。鼓励以县城为核心的就地就近城镇化，有利于解决农民工市民化的问题，对于缓解大城市人口、资源、环境和服务等各方面压力也能发挥重要作用。

2016年，广东的县域人口占比达到35.6%，未来仍将是全省城镇化发展的重要载体，应着力建设一批综合实力强、有特色的县城，提升县城的吸引力与承载力。县城具有相对优良的人居环境和生活服务配套、相对低的住房价格和生活成本、稳定又相对开放的社会关系，更容易满足乡村人口、外出农民工购房需求，也成为外出农民工安置老人、儿童，安排子女就学和自己养老的首选之地。未来应通过整合现状城区与周边镇发展资源，提升城区的综合服务水平和空间环境品质，吸引人口集聚，扩大县城发展规模。

提高中心镇的服务功能和就业承载力。强化中心镇服务功能，建设人居环境良好、服务功能完善的新城镇。积极引导村镇第二、第三产业向中心镇集聚。集中规划工业区，鼓励和引导中心镇周边的一般建制镇新建工业项目向中心镇工业区集中。切实抓好规划编制和管理，提高中心镇的规划建设管理水平。强化中心镇社区服务功能，建成人居环境良好、服务功能完善的新城镇。

开展小城市培育试点。在全省123个全国重点镇中择优选择若干个镇开展小城市培育试点，制订3年行动计划，根据产业特色、区位特色、历史文化资源等特点，对不同类型的试点镇进行科学功能定位，按照"规模适度、产业集聚、功能集成、要素集约"的要求，引导和培育中心镇成为现代小城市。建立健全建设用地支持保障制度，将试点镇符合条件的重大基础设施、社会事业、水利建设、工业技术改造和服务业发展等工程统筹纳入省重点项目管理。设立省小城市培育试点专项资金，用于试点镇的基础设施、社会事业、产业功能区、技术创新和人才集聚平台、

公共服务平台、规划编制及体制机制创新等项目的补助。推动各银行业金融机构贷款优先向试点镇倾斜，重点加大对基础设施建设、产业发展等领域金融服务支持。

推进小城镇环境整治。提升小城镇规划建设和管理服务水平，增强服务城市、带动农村、承接转移人口的功能。推进小城镇市政公用设施建设，改造提升农贸集贸市场。以供水污水和生活垃圾处理设施建设、沿街建筑立面控制、绿化美化、环境卫生等为重点，加大小城镇面貌整治力度，切实解决小城镇环境"脏、乱、差"问题，着力打造一批产业发展、环境优美、适宜居住的小城镇。

三、促进县城多元化就业和三产融合发展

县城具备县域经济要素和社会要素集聚的优势，以及农村地区富余劳动力就近工作就业的优势，因此有条件发展形式多样的第二、第三产业，为城乡居民提供多产业、多门类、多形式的就业岗位。县级单元的社会结构稳定，具有传统熟人社会的特征，因此县城成为返乡农民工创业、兴办小微个私企业的重要空间。县城也是农业现代化、产业化发展中人才、技术、物资及农民工技能培训等服务的供给地，是发展农产品深加工和本地资源加工业、延伸涉农产业价值链的重要载体。

相比大城市，县城具有更强的就业包容性，私营、个体从业、非正规就业等多种就业形式在县城占据十分重要的地位。根据2013年全国20县城镇化调查显示，非正规就业占县域就业比例50%～70%，县城对于充分、多元、包容性的就业与工作机会的供给，对农民保障就业、脱贫致富、提高生活水平、全面实现小康起到重要的支撑作用。

广东省一方面应该加强合理统筹全域各县城的功能职能导向，尤其是粤东、西、北地区，作为推动全省均衡发展的重要抓手；另一方面应优化县城工业园区、生活居住区、城乡交通枢纽和生态环境建设，强化县城的产业功能、服务功能、居住功能和城乡衔接功能，引导农村剩余劳动力向第二、第三产业转移，促进就近就业，形成县域的辐射带动极核（表12-1）。

县城职能规划——粤东西北地区　　　　　　　　　　　　　　　表12-1

职能	区域节点	发展指引
综合服务型	（1）粤西：廉江市区、高州市区、吴川市区。 （2）粤东：普宁城区、惠来县城、陆丰市区；海丰县城、兴宁市区、丰顺县城、饶平县城。 （3）粤北：乐昌市区、南雄市区、英德市区、罗定市区、连州市区、紫金县城、东源县城	强化经济集聚和综合服务能力，发挥县城的辐射带动作用，加强基础设施和公共服务设施建设，逐步建设成为市域副中心
工业型	（1）粤西：化州市区、阳春市区、阳西县城。 （2）粤东：潮南城区、揭西县城、五华县城、平远县城。 （3）粤北：广宁县城、德庆新城、封开县城、仁化县城、乳源县城、始兴县城、佛冈县城	依托现有工业基础条件，积极培育资源依托型和劳动密集型工业为主导产业，在保护生态环境的前提下，推进产城融合发展，成为区域重要的加工制造基地和传统优势产业基地
旅游服务型	（1）粤西：雷州市区、廉江市区、吴川市区、徐闻县城、遂溪县城、高州市、化州市、信宜市。 （2）粤东：揭西县城、南澳县城、大埔县城、蕉岭县城、平远县城、陆河县城。 （3）粤北：广宁县城、德庆新城、怀集县城、封开县城、仁化县城、乳源县城、阳山县城、连南县城、连山县城、始兴县城、龙川县城、龙门县城、新兴县城	强化旅游组织与服务职能，面向区域和国内旅游市场，发挥区域集散作用，成为区域旅游组织中心
工贸型	（1）粤西：信宜市区、阳东县城、遂溪县城、徐闻县城。 （2）粤北：怀集县城；和平县城、郁南县城、翁源县城、新丰县城	发挥交通枢纽节点优势和边界地区的区位条件，大力发展工业和商贸、物流等特色型服务业，成为地方性集散中心
农业加工服务型	（1）粤西：雷州市区、遂溪县城、高州市区。 （2）粤北：翁源县城、新丰县城、连平县城	加强对特色农产品进行精深加工与商贸流通，加快促进农业产业化经营和优势特色资源型产业的发展，成为具有较突出区域影响力的城市

注：部分县城具有多重职能，粤北山区的部分县城应在生态保护的同时，坚持工业化、城镇化与旅游发展等多轮驱动。

第三节　推动专业镇转型升级

一、专业镇是珠三角改革开放以来经济发展的重要载体

20世纪90年代以来，在改革开放和市场经济大环境下，以珠三角为主的村镇地区出现以中小企业为主，以某一种或两种产业的专业化生产为主，产业空间相对集聚且成规模，专业化配套协作程度较高的新型经济形态。专家学者将这种以镇（区）为基本地理单元，主导产业相对集中，已

形成较大经济规模，呈专业化协作配套发展的新型经济形态作为一个成长中的靠科技推动地域集群经济发展的新模式，即"专业镇"。从此，专业镇成为广东特色的集群经济代称[1]。

广东省政府对专业镇的健康和可持续发展也提出了诸多政策措施。为提升专业镇产业技术水平和创新能力，2000年3月，广东省委办公厅、广东省人民政府办公厅在关于贯彻《中共中央、国务院关于加强技术创新，发展高科技，实现产业化的决定》的通知中，提出要"积极开展专业镇技术进步试点工作"，这是广东首次在政府文件中涉及产业集群，也拉开了广东省开展专业镇技术创新工作的序幕。

经过10多年的快速发展，广东专业镇的产业从传统的工业扩展到农业、服务业以至高端的创意产业，覆盖了30多个产业和产品类别，专业镇的分布从珠三角扩散到东西两翼和粤北地区，专业镇的发展模式从低端徘徊到走向技术创新[2]。广东专业镇已成为我国乃至世界电视机、空调、陶瓷、铝材、服装、玩具、灯饰、家具、皮具、珠宝等产品的重要制造业基地。专业镇的许多产品产量达到全国总产量的30%～50%，玩具、鞋类产量占世界的20%～30%[3]。专业镇的迅速崛起提升了广东中小企业的技术创新水平，极大地推动了广东的经济社会发展。

至21世纪初，专业镇已成为广东省——尤其是珠三角镇级经济单位的一种主要发展模式，据统计，在珠三角404个建制镇中，已形成明显的专业镇约有100个，占25%左右[4]。专业镇的发展很大程度上推动了广东省的经济发展，其利用空间集聚效应大大地降低了企业的生产成本和交易成本，在国内外竞争中形成了自己独特的优势，也是促进中小企业发展的重要平台。

回顾专业镇发展历程，纵观珠三角专业镇的发展历程，市场与政府均在其中起到了不可或缺的作用。首先是市场导向下的产业集聚过程，各种不同产业在一个镇开始集聚，这预示着专业镇工业化初期的积累过程，然后是某一类或者两类产业突出，出现分工和专业化，专业镇最终形成，这一过程也是企业价值链逐渐的生成过程[5]。随着专业化产业达到一定规模和政府培育主导产业意识的增强，地方政府开始有意识地引导专业化产业的发展，有的在招商引资上明确了产业类型，有的建立专业化市场和举办博览会，有的建立专业化产业工业园区等等，广东省开展的专业镇技术创新试点工作，也是政府由意识引导专业镇产业发展的一项措施。然而，

1 广东省专业镇发展促进会. 广东专业镇工作开展历程[N]. 科技日报；周轶昆. 广东专业镇发展现状与转型对策[J]. 南方农村，2012（03）：53-56；沈静，陈烈. 珠江三角洲专业镇的成长研究[J]. 经济地理，2005（03）：358-361.

2 广东省专业镇发展促进会. 广东专业镇工作开展历程[N]. 科技日报.

3 广东专业镇的成功路径，http://finance.sina.com.cn/roll/20071207/00041841501.shtml?from=wap。

4 路平. 广东的"簇群"（专业镇）经济（下：2000-2002）[J]. 广东科技，2003（Z1）：25-30。

5 沈静，陈烈. 珠江三角洲专业镇的成长研究[J]. 经济地理，2005（03）：358-361。

　　广东省专业镇的发展也并非一帆风顺，二十多年的发展历经了多次经济危机与发展转型，新时期新常态的发展环境下也面临着诸多新的挑战，专业镇需要进一步改革创新，以迈上新型城镇化的新台阶。

专栏12-1　新时期专业镇的特征与新挑战[1]

　　在2015年经济下行的压力影响下，广东地区不少专业镇的工厂提前进入"寒冬"，一些传统制造业工厂纷纷倒闭。有媒体报道，2015年广东东莞市各镇至少有4000家企业关门，进入新一轮"工厂倒闭潮"，主要以电子行业的生产制造企业为首[2]。

　　广东省专业镇产品大都为小商品，其特征是起点低、制作工艺简单。较低的市场门槛吸引了大量家庭作坊式企业进入，形成了要素驱动主导的发展模式。总体上，专业镇企业创新能力不足，处于全球制造业的底端，且存在大量的同质竞争现象。随着全球制造业向不发达地区转移，以前受益于人力成本优势的广东已经举步维艰，加之人们对生态与环境保护的日益重视，一部分小企业已经处于破产的边缘，产业转型迫在眉睫[3]。在新的形势下，专业镇的产业发展面临着优势减弱、竞争激烈等新挑战，主要表现在以下几个方面：

1. 工业生产方式以粗放型为主，实际经济效益不高

　　专业镇工业发展的主要依托是地缘优势和政策倾斜、外向发展，粗放经营和高强度的资金投入，大量的能源、原材料投入和数量众多的劳动力投入来实现。在外向工业发展中表现为引进外资企业规模小、技术水平偏低、产品相同、重复引进、能力过剩；引进的技术许多是国外淘汰技术，生产出来的工业产品主要是劳动密集型产品，档次低、竞争力弱，而且生产成本高，资金占用多，资源耗费严重，所以，专业镇工业发展虽然速度高，但是产出低、效益低。此外，工业粗放式经营还带来了自然生态地表（耕地等）破坏、环境污染严重、生态环境恶化等严重问题。

2. 技术结构偏低，劳动密集型产业仍占主体，高新技术产业仍相对滞后

　　专业镇的工业主要是靠大规模利用外资、发展乡镇企业崛起的，大多数企业属于劳

1　小城镇产业发展研究。

2　东莞企业陷入倒闭潮一年关闭4000家企业。http://finance.sina.com.cn/china/dfjj/20151125/023123842759.shtml。

3　江成涛，朱喜钢. 广东专业镇转型新思路初探[C]. 2015中国城市规划年会，中国贵州贵阳，2015。

动密集型企业，技术水平较低。在工业发展中，引进的技术大多数是照搬使用，吸收、消化、创新能量差，技术的自我开发能力也很差，造成工业技术整体水平低。在产业结构和工业技术调整中，高新技术产业发展滞后。专业镇高新技术产业的产业档次、产品技术水平同其他国家和国内其他先进地区相比仍有差距，具有国际先进水平的产品和高技术产品的品种仍有待提升。

3. 缺乏必要的协调，重复投资现象突出，产业结构趋同，工业产品结构不合理，各专业镇之间的竞争多于合作

受市场需求的强烈牵引，各种形式的资本在珠三角投资的取向基本是"什么赚钱就投资什么"，政府在区域层面上也未能对工业全局和长远发展进行利益研究与有效引导，各地盲目引进，重复建设，造成产业结构趋同的特征十分明显。工业产业结构的不合理造成工业产品结构调整滞后，适应不了需求结构的要求，随着国内外市场的发展，很多工业产品由卖方市场转向买方市场，转向名优特产品，由于产品结构调整滞后，仍然是大路产品、低档产品多，产品产销率不高，库存增加，纺织、机械产品、化工产品和电器更为严重。有些工业产品的生产能力明显超过了国内市场需求量和可能出口量，造成设备闲置。

二、推进产业"园区化"建设

面对企业分散、集聚效应不强、生态环境破坏严重的现象，广东省应加强镇、村工业园区的改造和整合，推动村级工业园区整合至镇级工业园区。新项目原则上应进入工业园区。同时，严格禁止新设村级工业小区，逐步迁转村办企业到镇工业区集中办厂。已在工业园区外购地而尚未建设的工业项目，应动员其在工业园区内以等值土地置换进入园区建设。同时，对进入产业园区的企业给予相对优惠的土地价格和厂房租金，对属于国家鼓励类、投资密度大、科技含量高，尤其能在本地发展中起龙头和带动作用的项目，还可进一步优惠。

进一步支持园区为企业创造良好的产业发展环境，主要包括法律维护措施、治安保护措施、人才培养措施、技术服务措施、信息服务措施、金融支持措施、市场网络服务措施等。

产业园区化在凸显园区独立运作、区域带动作用的同时，要求小城镇调整行政职能，引入多种组织和分权化办法组织公共服务，即以某一独立产业园区为对象的管理机构代替某些政府管理职能，直接推进园区的产业发展。这就要求镇级政府将行政职能放在为园区及其他地区的服务、协调和营造产业发展的环境上，如地区的文化、卫生、教育、治安、基础设施等公共管理由政府负责，而招商引资、项目投入则由园区主管。

三、设置地区产业准入门槛，建设"产业高地"

为推动要素扩张型发展模式的转型，应进一步提高产业发展的准入门槛，抢占产业制高点，大力发展高新技术产业，改造和提升传统优势产业，加快经济结构的战略性调整。广东省应推动各镇优化投资环境，增加土地附加值，变单纯的"土地成本低地"为"综合成本低地"，以此吸引高档次企业的进入，构建"产业高地"。

各镇的招商引资政策方面，应根据具体条件建立更加严格的产业引进标准，有选择、有重点地引进产业。随着社会经济发展环境日趋成熟，投资者尤其是跨国大公司、高科技企业，已由过去看中投资政策的优劣、基础设施的好坏转向更多地关注以综合成本最低为根本目标的生产和生活环境。珠三角的小城镇也应顺应这一发展变化，努力营造高等级的投资环境，从而在保持招商引资的强劲势头的同时不断优化外商投资结构，从过去的以发展传统产业为主逐渐转向发展高科技含量、高附加值产业为主，从以港澳台投资为主转向港澳台和欧美发达国家投资并重，重点吸引跨国公司、集团公司投资，并扶持发展一批有市场竞争力的高新技术民营企业，建设"产业高地"。同时，地方政府应利用政策工具进行一定干预、扶持，为本地投资环境的优化提供有利的政策环境，建设"综合成本低地"。

四、提升专业镇空间品质，从吸引企业到吸引人才

随着经济产业发展进入新常态、城镇化发展进入品质提升期，从政府层面来看，相对于吸引企业，如何吸引优质人才更加重要，有优秀人才才有优质企业。但在城镇空间品质上，目前的专业镇空间品质尚未形成充分的吸引力。空间品质的关键在于能够吸引并留住优质人才聚居的各类生

活服务性设施和独特、魅力的城市景观与文化传统[1]。在城镇新一轮的发展方向中，进一步提高专业镇的宜居、生态与人文魅力成为新时期城镇化建设的主要着眼点。

五、以平台服务支撑制造业转型升级

制造业是专业镇形成与成长的核心动力，未来则需要进一步提升与转型。一方面需要推进建设协同创新平台，包括技术创新、工业设计、质量检测、知识产权、信息网络、电子商务、创业孵化、投融资、人才培训等多种类型，以促进高校科研院所、企业、中介机构、政府等各创新主体的集聚。另一方面则应加大科技成果转移转化创新服务平台建设，形成高校、科研院所建设专业化、市场化的科技成果转移转化机构，通过联合研发、技术转让、技术许可、作价投资等多种形式，推动科技成果与产业、企业需求有效对接，促进成果应用推广、标准制订、中试熟化与产业化开发[2]。

1 张震宇，魏立华. 转型期珠三角中小城镇产业发展态势及规划对策研究[J]. 城市规划学刊，2011（04）：46-50。
2 周宇英. 广东专业镇产业协同创新体系建设研究[J]. 科技管理研究，2017（24）：113-119。

专栏12-2　中山市小榄镇的生产力服务平台建设经验

中山市小榄镇是广东省五金制品专业镇，2015年全镇生产总值达274.42亿元，有工业企业12504家，其中中小微企业占90%，主要产业包括传统产业如五金制品和电子音响产业以及新兴产业如LED新光源产业。目前，小榄镇已形成了以镇政府为主导，生产力促进中心为中心，行业协会为支撑，高校与科研院所、中介机构等机构共同建设的专业镇协同创新服务体系，将综合服务贯穿企业发展全过程，为中小微企业提供技术创新、信息网络、质量检测、创业孵化、人才培训和企业融资等服务，解决中小微企业成长各阶段的问题。

镇政府发挥统筹规划作用；小榄生产力促进中心、小榄商会、中山市锁业协会、中山市工业设计协会、中山市半导体照明行业协会、小榄个体私营协会等机构与企业负责建设协同创新服务体系，包括十大平台建设、机制建设和人才队伍建设等；中介机构、高校与科研院所、有关国际机构等为协同创新服务体系提供智力、人才、资金等支持。

小榄生产力促进中心是专业镇协同创新服务体系的核心，是以企业法人形式成立的科技服务机构，在建设模式上，通过镇政府前期投入相关硬件设施建设后，下放平台建设权和管理权，在政府监管下实行市场化运作。一是围绕中小微企业发展的共性需求，建立了技术创新、质量检测、信息网络、人才培训、企业融资、科技创业等六大服务平台 43 个服务实体。二是坚持以企业需求为导向，坚持公益性服务与市场化服务相结合，通过市场化运作来检验新项目的服务成效，以市场化服务实现"自我造血"，实现可持续发展。三是建立一套完善的绩效评价激励机制，对加入的科技服务机构或者研发机构给予一定奖励，服务平台每季度对运营成效进行评价，对于成效显著的项目，中心给予支持，促使其发展壮大。

针对小榄五金制品、电子电器音响、食品饮料、化工胶黏、包装印刷、服装制鞋等六大传统产业和LED新光源产业建设十大中小微企业服务平台：技术创新服务平台、信息网络服务平台、企业融资服务平台、人才培训服务平台、电子商务服务平台、创业孵化服务平台、质量检测服务平台、公共展示服务平台、知识产权服务平台、工业设计服务平台，推动产业链从以制造为中心向以服务为中心转变，构建以服务为中心的价值链，以制造业服务化为抓手促进专业镇转型升级，推动产业价值链高端化发展。

第四节　稳步推进特色小镇建设

一、概念与意义

"特色小镇"源自2015年浙江省政府工作报告，提出要加快规划建设一批特色小镇，以新理念、新机制、新载体推进产业集聚、产业创新和产业升级。特色小镇是区别于传统"块状经济"、"中心镇"等概念提出来的一种新的经济发展形态，从实质上可以说是对专业镇进一步发展的创新尝试[1]。

2017年，广东省发布了《关于加快特色小（城）镇建设的指导意见》，将特色小镇作为新型城镇化的重要载体和形态之一。特色小镇是指聚焦特色产业和新兴产业，集聚发展要素，融合产业、文化、旅游、生活和生态等功能，不同于行政建制镇和产业园区的创新创业平台。规划建设

1 江成涛，朱喜钢. 广东专业镇转型新思路初探[C]. 2015中国城市规划年会，中国贵州贵阳，2015。

一批符合广东省实际的特色小镇，有利于推动经济转型升级和发展动能转换，有利于促进大中小城市和小城镇协调发展，有利于从供给侧培育小镇经济，发展新产业、新业态、新模式，推动形成新的经济增长点。

二、培育特色小镇的原则

1. 创新探索、融合发展

创新特色小镇规划建设的理念、方法和机制，促进"产、城、人、文"有机结合，推动新型工业化、城镇化、信息化和农业现代化融合发展，努力走出一条特色鲜明、产城融合、惠及群众的新型小镇之路。

2. 产业兴镇、特色发展

从实际出发，发挥特色优势，体现区域差异性，提倡形态多样性。挖掘本地最具发展基础、发展潜力和成长性的特色产业，做精做强主导特色产业，打造具有持续竞争力和可持续发展特征的独特产业生态，防止千镇一面。

3. 以人为本、科学发展

围绕人的城镇化，统筹生产、生活、生态空间布局，完善城镇功能，补齐城镇基础设施、公共服务、生态环境、文化传承和保护短板，打造宜居宜业环境，提高人民群众获得感和幸福感。

4. 市场主导、政府引导

创新建设模式、管理方式和服务手段，提高多元化市场主体的积极性，共同推动美丽特色小镇发展。发挥好政府制定规划政策、提供公共服务等方面的支持作用，为特色小镇提供良好发展环境。

三、分类指导

特色小镇可分为魅力风景型与特色产业型两个主要类型，各类特色小镇的建设应充分依托其资源条件优势，重点发展其最有基础、最有优势、最具特色的主导产业。按照集产业链、创新链、资金链、人才链、服务链于一体的理念，培育新产业、新业态、新模式，促进产业、文化、社区和旅游融合发展，实现小空间大战略、小平台大产业、小载体大创新。

1. 依托文化、自然、风景资源，建设魅力风景型小镇

基于山水资源与岭南历史文化资源，探索建设魅力特色区，区域性地整体保护自然资源、文化资源与人居环境，建设自然与文化景观、特色城镇、传统村落相结合的广域旅游休闲地区，带动贫困地区发展。积极培育具有生态、文化等特色资源的特色城镇，加强资源保护与利用，发挥传承国家自然和文化遗产、组织休闲旅游服务作用。

结合广东省历史文化名镇名村、传统村落与古驿道的保护建设工作，在历史文化资源丰富的地区及古驿道沿线节点地区，建设文化传承与生态休闲一体的历史型魅力小镇，加强传统风貌保护，提升传统乡镇地区发展活力。依托乡村绿水青山、田园风光、乡土文化等资源，发挥生态保障、水源涵养、绿色产品供给等功能，发展休闲度假、旅游观光、养生养老、创意农业、农耕体验、乡村手工艺等新业态，打造山水景观及乡土文化型魅力小镇，展现山水人文魅力，繁荣乡村、富裕农民。

2. 推动专业镇转型升级，建设各类特色型产业小镇，塑造经济发展新动能

充分依托广东省专业镇发展基础，推动产业转型升级，进一步科学精准定位产业发展方向，选择产业规模、市场份额和产业特色具有明显优势的领域进行重点发展。要注重高端产业、战略新兴产业与传统产业融合发展，突出主导产业、强化传统产业的转型升级。对成长性好、科技含量高的高技术和绿色产业以及传承经典工艺文化的传统产业进行专项扶持。支持以优势企业和行业协会为依托打造区域特色品牌，引入现代要素改造提升传统名优品牌。

鼓励国内外优质企业以转型升级为导向，以市场化方式与小城镇协作共赢、共同发展，以城市综合运营商模式建设企业特色型产业小镇；鼓励向小城镇移植高校、卫生医疗、体育文化、科研、金融等专业机构和生产性服务业，建设大学镇、总部镇和高端产业镇等功能平台型产业小镇；鼓励在环珠三角城市培育建设生态稀缺性、环境高品质、快速轨道高效连接，吸引高端及回国技术人员生活、创业、居住复合功能的科技创新型产业小镇；鼓励传承广东省名匠坚毅专注、精益求精的工匠精神，打造工匠型产业小镇。

四、重点任务

1. 打造产业发展新平台

立足资源禀赋、区位环境、历史文化、产业集聚等特色，做精做强特色小镇主导产业，促进产业跨界融合发展，推动互联网、物联网技术与特色产业深度融合发展，构建小镇大产业，扩大就业和集聚人口，促进特色产业提质增效和转型升级，实现特色产业立镇、强镇、富镇。支持有条件的小城镇特别是中心城市和都市圈周边的小城镇，发展先进制造业和现代服务业，积极发展物联网、大数据、云计算、电子商务等产业。推进专业镇协同创新，通过区域分工合作，推进形成一批产业专业合作区。着力构建特色小镇高端要素集聚平台，支持特色小镇建设孵化器、加速器、工业设计中心、专门化总部基地等新型载体，促进产业发展向微笑曲线两端延伸。建立知识产权、质量检测、工艺设计、品牌策划、市场营销、金融服务、文化创意、文化体验等综合服务平台，促进纺织、服装、珠宝、陶瓷、家居、灯饰、红木、玩具等传统产业转型升级。深化产教融合、校企合作，积极依托高等学校、中等职业学校（含技工院校）建设就业技能培训基地，培养特色产业发展所需各类人才。

2. 培育经济发展新动能

坚持创新驱动发展战略，充分发挥特色小镇创业创新成本低、进入门槛低、各项束缚少、生态环境好的优势，打造大众创业、万众创新的有效平台和载体，促进特色小镇发展动能转换。鼓励特色小镇建设众创、众包、众扶、众筹等低成本、便利化、开放式服务平台，构建富有活力的创业创新生态圈。集聚创业者、风投资本、孵化器等高端要素，吸引大学、科研院所、国家和省工程技术中心、重点实验室、科技交流论坛等科技资源，聚焦研发、设计、营销等高端环节，促进产业链、创新链、人才链的耦合。依托互联网拓宽市场资源、社会需求与创业创新对接通道。营造集聚高端要素、吸引各类人才、激发企业家活力的创新环境，推动形成一批特色鲜明、富有活力和竞争力的新型特色小镇。

3. 强化基础设施新支撑

按照适度超前、综合配套、集约利用的原则，加强特色小镇交通、能源、信息、市政等基础设施建设，提升基础设施支撑发展能力。强化特色小镇与交通干线、交通枢纽城市的连接，提高公路技术等级和通行能力。加强大城市及城际轨道交通在特色小镇的站点（场）设置，高效衔接大中小城市和小镇，促进互联互通。优先发展公共交通，提高公共交通线网密度和站点覆盖率。加强步行和自行车等慢行交通设施建设，积极发展共享交通，推进公共停车场建设，建立微公交系统。积极探索各类新能源技术的应用，在具备条件的地方建设分布式能源和区域供冷设施。鼓励规模化发展绿色建筑。支持在特色小镇建设智慧园区、智慧社区、智慧景区。鼓励综合开发形成集交通、商业、休闲等于一体的开放式小镇功能区。积极推进海绵城市建设，推广建设人工湿地、下凹式绿地、雨水花园、透水性广场和可渗透路面。完善排水防涝、防洪设施，加强污水、垃圾处理等基础设施建设，推进地下综合管廊建设。加强燃气、消防等设施保障。鼓励有条件的特色小镇开发利用地下空间，提高土地利用效率。

4. 增加公共服务新供给

按照统筹规划布局、促进资源共享的原则，健全公共服务设施，推进城乡基本公共服务均等化，增强特色小镇人口集聚能力。根据城镇常住人口增长趋势和空间分布，统筹布局建设学校、医疗卫生机构、文化体育场所等公共服务设施，使居民在特色小镇能够享受高质量的教育、医疗等公共服务。镇区人口10万以上的特大镇按同等城市标准配置教育和医疗等公共资源。实施医疗卫生服务能力提升计划，在条件成熟、人口集中的小镇建设具有县级水平的医院；鼓励在有条件的特色小镇布局建设三级医院。推动省市县知名中小学和特色小镇中小学联合办学。推进土地集约混合使用，增加商业商务、休闲娱乐、创业创新、高端服务等城市功能。推动"一门一网式"政务服务向特色小镇覆盖。加快构建便捷的"生活圈"、完善的"服务圈"和繁荣的"商业圈"，吸引高层次人才到特色小镇就业、创业、生活。

5. 建设美丽宜居新城镇

坚持绿色发展理念，保护特色小镇特色景观资源，加强环境综合整治，统筹规划生产、生活、生态空间，建立多层次生态系统，彰显传统文化和地域特色，打造宜居宜业宜游的优美环境。强化大气污染、水污染、土壤污染及海洋污染防治，促进小镇生态环境质量全面改善。优化产业用地与居住用地、公共用地的配比，控制土地开发强度和围填海规模，将自然山体、河湖湿地、农林草地融入特色小镇建设之中。在有条件的地方创建国家公园、农业公园、森林小镇、海岛特色小镇和渔港风情小镇，推动生态保护与旅游发展互促共融。加强历史文化名城名镇名村、历史文化街区、民族风情小镇等的保护，推进历史文化资源的活化利用，建设有历史记忆、文化脉络、地域风貌、民族特点的美丽小镇。吸收继承岭南传统建筑的风格和元素，探索采取本土材料、新工艺，培育岭南建筑精品。支持特色小镇将特色产业文化融入城镇空间景观与建筑形态，建设历史底蕴丰厚、时代特色鲜明的人文空间，实现"产、城、人、文、景"融合发展。

6. 打造共建共享新模式

坚持协调和共享发展理念，推动政府、社会、市民同心同向行动，逐步形成多方主体参与、区域良性互动的特色小镇建设、治理模式。加强政府规划、政策引导，为特色小镇提供制度供给、设施配套、要素保障、生态环境保护、安全监管等管理和服务，营造更加公平、开放的市场环境。发挥政府资金的引导作用，大力推广运用PPP模式，与社会资本共建基础设施和公共服务项目。充分发挥社会力量作用，最大限度激发市场主体活力和企业家创造力，鼓励企业、社会组织和市民积极参与特色小镇投资、建设、运营和管理。创新特色小镇市场化开发建设运营机制，推行特色小镇开发、建设、运营一体化管理。鼓励和支持企业参与特色小镇土地开发、招商引资，探索成片开发、定制开发、组合开发等多种开发模式。积极调动市民参与特色小镇建设热情，让发展成果惠及广大群众。

7. 拓展要素配置新通道

统筹规划城乡基础设施和服务网络，促进城乡要素合理配置，搭建农村一二三产业融合发展服务平台，推动城乡产业链双向延伸对接，把特色小镇打造成为辐射带动新农村建设的重要载体。健全城乡基础设施建设投入的长效机制，促进水电路气信等基础设施城乡联网、生态环保设施城乡统一布局建设。加快农村宽带网络和快递网络建设，以特色小镇为节点，推进农村电商发展和"快递下乡"。推动城镇公共服务向农村延伸，逐步实现城乡基本公共服务制度并轨、标准统一。推进农业与旅游、教育、文化、健康养老等产业深度融合。引导资金、信息、人才、管理等要素在城乡之间双向流动，促进城乡土地、劳动力、资本等要素高效配置。建立健全进城落户农民农村土地承包权、宅基地使用权、集体收益分配权自愿有偿流转和退出机制。完善城乡劳动力就业市场和人才交流市场。全面放开小城镇落户限制，全面落实居住证制度。健全特色小镇金融服务体系，促进城乡存贷款的合理匹配。

8. 激发城镇发展新活力

加快体制机制创新，建立与特色小镇规划建设相适应的公共服务和行政管理机制，营造扶商、安商、惠商和有利于创新的良好环境。鼓励特色小镇根据国家和省的有关部署先行先试、积极探索，依法推进各项改革试点工作。完善与特色小镇事权相匹配的管理职能和管理权限。深入推进强镇扩权，赋予镇区人口10万以上的特大镇县级管理职能和权限，强化事权、财权、人事权和用地指标等保障，推动具备条件的特大镇有序设市。根据特色小镇工作实际，因地制宜构建简约精干的组织架构，不断创新服务管理方式。允许特色小镇入驻企业实行集群化住所登记，放宽特色小镇内新兴主体名称、经营范围核定条件。深化特色小镇规划体制改革，积极推进"多规融合"或"多规合一"，加快建设基于"一张蓝图"管理的特色小镇空间信息平台。探索建立特色小镇总规划师制度，建立特色小镇规划实施的评估和调整机制。建立规划审批"一站式"电子政务服务平台，试行全程电子化办理。

第四篇

广东新型城镇化的创新机制：

体制创新和实施创新

第一节　农业转移人口市民化机制

一、建立成本分担机制

强化成本测算，全面摸清农业转移人口市民化的成本总量及支出结构，统筹制订农业转移人口市民化成本分担方案。完善由政府、企业、个人共同参与的市民化成本分担机制。政府承担义务教育、就业服务、基本养老、基本医疗卫生、保障性住房以及基础设施等方面的公共成本。企业落实农民工与城镇职工同工同酬制度，加大职工技能培训投入，依法为农民工缴纳职工养老、医疗、工伤、失业、生育等社会保险费用。农民工按照规定承担相关费用，依法参加城镇社会保险，积极参加职业教育和技能培训，提升融入城市社会的能力。

二、合理确定各级政府职能

按照省、设区市、县、镇（含中心村）四级公共财政，建立社会公共设施配给体系。省政府区分城市类别和规模等级，分类确定不同城市的市民化和基本公共服务底线标准，并通过多级政府分担方式保障地方政府有提供最低标准服务的能力，重点强化基础教育均等化配置，提供欠发达县（市）域单元的基本公共服务，推动珠三角与粤东西北地区的教育一体化。市县政府负责制定本行政辖区城市和建制镇农业转移人口市民化的具体方案和实施细则。实现责任和权利统一，通过财政、事权等方面的倾斜增强农业转移人口落户较多地区政府的公共服务保障能力。

三、建立财政转移支付与农业转移人口市民化挂钩机制

围绕"人财挂钩"、"补随人走"，向中央申请设立农业转移人口集中地区的国家专项补助，完善现有的中央财政转移支付方式。以广州、深圳、东莞市为试点，探索跨区域的"基本公共服务补助券"政策。完善社会医疗保险的跨省异地转移接续办法。加快制定完善城镇建设用地增加规模与吸纳农业转移人口落户数量挂钩的政策机制。

专栏13-1　推进农业转移人口市民化的财力供求

推进农业转移人口市民化和基本公共服务均等化，必须有稳定可靠的财力来源保障，并与全省财力状况相适应。

根据《广东省2013年预算执行情况和2014年预算草案的报告》，2013年广东省的财政教育支出1699.64亿元、社会保障和就业支出734.34亿元、住房保障支出206.72亿元、交通运输支出647.21亿元，总和3287.91亿元，根据《广东省基本公共服务均等化规划纲要（2009~2020年）》，广东省一般预算收入年均增长12.9%，则预计2015年至2020年，全省投入到教育、社会保障和就业、住房保障、交通运输的财政资金为34200亿元，平均每年用于该四项的财政支出为5700亿元。

根据上述对农业转移人口市民化政府财政平均每年需投入1670亿元（10038亿元/6）的测算，农业转移人口市民化所带来的政府财政投入约占每年基本公共服务（相应项目总投入）的29.3%。若考虑土地基金收入，则农业转移人口市民化所需的政府财政投入占基本公共服务支出比重将适当有所降低。

总体来看，推进农业转移人口市民化需坚持积极稳妥、有序推进的总体方针，在保证基本公共服务支出增长适当高于一般预算收入增长的前提下，同时通过发展区域经济、加大转移支付力度、推进人口迁移等措施，实现农业转移人口市民化和基本公共服务均等化的目标。

四、完善农业转移人口社会参与机制

推进农业转移人口融入企事业单位、子女融入学校、家庭融入社区、群体融入社会，建设包容性城市。提高各级党代表、人大代表、政协委员中农业转移人口代表和委员的比例，积极引导农业转移人口参加党组织、工会和社团组织，有序参政议政和参加社会管理。加强科普宣传教育，提高农业转移人口科学文化素质。鼓励农业转移人口参与社区公共活动、建设和管理，加强对农业转移人口及其随迁家属的人文关怀，丰富精神文化生活，增强责任感、认同感和归属感。

五、加快农业转移人口市民化信息平台建设

在实有人口信息基础库的基础上尽快充实和完善城乡统筹改革信息平台和数据库。及时准确地记录转户人口的户籍、居住、就业、社保、医保、劳保、教育、土地、生活轨迹等信息，力争尽快全面建成涵盖各级各有关行业的城乡统筹改革信息系统和综合数据库，加快实现各级各有关部门之间的系统互联、信息互通、数据共享、动态查询。确保转户工作有据可查、有章可循，信息系统高效安全。改进和完善户口网上迁移业务，规范专项业务流程，简化办事程序，严格办理时限。

第二节 深化城镇化管理制度改革

一、推进人口管理制度改革，优化户籍制度与人口信息管理

全面推行"一元化"户籍登记管理制度。试点逐步取消农业、非农业以及其他所有户口性质划分，统一称广东省居民户口，实行以居住地划分城镇人口和农村人口，以职业区分农业人口和非农业人口。

拓展居住证社会应用功能，实现流动人口依法享有劳动就业、社会保险、法律援助、计划生育、子女教育、卫生保健、职称评定等权利和公共服务"一证通"制度。简化居住证办理程序、完善居住登记管理，适时推进居住证与社保卡合并，推进来粤外来务工人员综合服务。

加强人口信息平台建设。依托省级政务信息资源共享平台，整合有关部门的人口信息资源，加快建立省级人口综合信息服务管理平台，建成人口基础信息库。进一步拓宽信息采集渠道，加快推广应用流动人口自助申报系统、短信申报平台、从业人员信息采集系统和境外人员"证件通"系统，提升人口基础信息采集率、准确率。

二、深化土地管理制度改革，科学配置，提质增效

1. 科学配置土地资源

划定城镇开发边界城镇开发边界城镇开发边界。结合主体功能区规划、城乡规划和土地利用总体规划等要求，加强对土地利用的用途管制，划定城镇开发边界城镇开发边界，合理控制城市规模。在坚持总量控制的基础上，完善技术方法，将城市近期建设规划、控制线详细规划与土地利用总体规划确定的城镇建设用地规模相结合，科学制订年度实施计划，明确时序安排，增强空间管制的时效性，有效遏止城镇建设的无序蔓延。

开展土地利用总体规划评估修改工作，按照"以人定地[1]、基本公共服务均等化"要求，合理布局建设用地规模，重点加强粤东西北中心城区提质扩容的规划引导、管控。加大对粤东西北等欠发达地区的政策倾斜，在土地利用总体规划、计划指标的管理中逐步增加其指标所占比例，促进城镇化协调发展。全面推进城乡建设用地增减挂钩试点，通过建设用地的结构优化和空间置换，缓解城镇建设用地供需矛盾，促进城乡统筹发展。

建立城乡统一的建设用地市场。在符合规划和用途管制的前提下，允许农村集体经营性建设用地出让、租赁、入股，实行与国有土地同等入市、同权同价。明晰农村集体经营性建设用地流转的范围、方式、主体和条件，加快建立农村集体经营性建设用地产权流转和增值收益分配制度。建立公开透明的规划和权属查询系统，健全公开交易制度和监管服务平台，完善集体建设用地基准地价体系，推动经营性集体建设用地与国有建设用地同等入市。进一步规范集体建设用地使用权抵押的评估、登记和抵押权实现等程序，鼓励开展集体建设用地使用权抵押融资活动。完善有关土地转让条件、土地用途改变、政府优先回购等制度，制定土地增值收益分配等方面的财政配套政策，加快建设城乡一体的土地二级市场。

改革完善征地制度。根据社会经济发展水平和现状，对《广东省征地补偿保护标准（2010年修订调整）》作进一步调整；建立公开透明、可操作性强的征地程序，规范征地行为；改革完善以货币补偿、留用地安置、社保安置为基础的征地补偿安置机制，提高被征地农民保障水平。深化征地制度改革试点，落实多元化征地补偿安置机制，完善留用地管理办法，探索逐年支付征地补贴、安排经营性物业等多种补偿安置途径。

---

1 "以人定地"，即建立城镇建设用地增加规模与吸纳农业转移人口落户数量挂钩机制，实现土地城镇化与人口城镇化相协调。

加强耕地保护，严守耕地保护红线。按照国家新型城镇化发展要求，依据第二次全国土地调查成果，严格划定城镇开发边界城镇开发边界城镇开发边界、永久基本农田和生态保护红线。严格控制城市建设用地规模，确需扩大的，要采取串联式、组团式、卫星城式布局，避让优质耕地。每年进行年度耕地保护责任目标履行情况考核，由省长与21个地级以上市市长及顺德区区长签订年度耕地保护目标责任书，强化各级政府耕地保护责任。全面实施基本农田保护经济补偿，完善资金筹措、分配和监管机制，加大补偿力度。完善耕地占补平衡制度，切实做到占优补优、占水田补水田，严禁占优补劣。以建设促保护，全力谋划推进高标准基本农田建设，安排省级补助资金，努力保障高标准基本农田建设工作。

优化土地利用结构。在确保耕地保有量和基本农田面积不减少的前提下，优化布局，守住耕地保护"红线"，到2020年，基本农田保护面积不少于25560km^2。适当控制工业用地，优先安排和增加居住、生态用地，调整优化微观尺度的用地结构，做好微观空间治理。创新城市土地价格形成机制，有效调节工业用地和居住用地比价，建立符合省情的工业用地定价模式。

2. 提高城镇建设用地利用效率

严控用地增量。实行土地利用计划差别化、精细化管理，统筹新增建设用地、城乡建设用地增减挂钩和围填海计划安排，新增建设用地指标主要用于重大项目、民生工程和基础设施。严格审核人口500万以上的特大城市中心城区新增建设用地指标。以人口密度、产出强度和资源承载力为基准，核定新区建设用地规模，其起步区原则上不超过10km^2。

有效盘活存量建设用地。进一步补充完善"三旧"改造相关政策，对现行"三旧"改造相关政策进行评估，按照新时期要求对关键政策进行补充完善，并按简政放权的要求大力完善相关审批流程。加快完善配套政策，研究制定出台财税、金融、司法、规划等相应的配套政策和操作办法，保障"三旧"改造的顺利实施。建立常态化的"三旧"改造方案批后跟踪工作机制，促进各类项目尤其是经营性项目使用存量建设用地，确保按时完成省下达"三旧"改造年度任务。落实土地利用年度计划分配与"三旧"改造、盘活批而未供土地、闲置土地处置情况相挂钩的机制，促进存量低效用地再开发。建立存量用地二次开发的倒逼机制，广州、深圳市每年新增开发量使用存量用地比例不低于60%，珠三角地区其他城市不低于40%，粤东、西、北各市不低于20%。

优化城镇建设用地结构。珠三角地区优化开发，引导人口、经济要素高效流动，促进城镇集约紧凑发展，重点提高居住和服务业用地比例，控制工业用地比例；粤东、粤西地区重点开发，加快城镇重大基础设施建设，优化城镇空间布局，完善城镇服务功能，适度提高公共服务设施用地比例，优化调整工业用地比例；粤北地区适度控制大规模、高强度的工业化和城镇化开发，以区域中心城市带动组团和其他地区共同发展，提高公共服务设施用地比例，积极优化调整工业用地比例。提高保障性住房的用地比例。优化调整工业用地结构。遵循产业集聚规律，积极引导工业项目向城镇工业园区集聚，通过提高工业项目用地门槛，淘汰用地粗放、污染严重的工业项目，提高高新技术产业、先进制造业等项目用地比例。适当提高人均公共服务设施建设用地标准，提高市政基础设施的用地比例，科学规划、合理布局公共服务设施，为推进基本公共服务均等化提供用地保障。

全面提高土地利用综合效益。探索土地整体出让和整体开发模式。以立体化开发模式，加大城市中心区地下空间开发力度，提升城市中心区的集约程度。完善生活功能配套和创新创业服务配套，促进产业园区"二次开发"，推动其向生产、服务、消费"多点支撑"的产业新城转型。加大对城区低端产业和零散产业用地改造整合力度，提升土地利用综合效益。

建立健全节约集约用地机制。推进节约集约用地示范省建设，建立规划引领、计划调节、标准控制、市场配置、政策激励、考核评价的土地节约集约利用新机制。提升土地节约集约使用效益，与2010年相比，到2020年单位地区生产总值建设用地量降低55%；单位建设用地第二、第三产业增加值到2020年提高一倍，节约集约用地水平居全国前列。探索建设用地弹性出让和租赁制度，合理调整批而未供用地指标。严格各类开发区建设项目用地控制标准和项目准入管理，将节约集约用地评价结果作为其扩区、升级的重要依据。逐步对经营性基础设施和社会事业用地实行有偿使用，对低效利用土地的项目探索实施退出机制。有序推进城乡建设用地增减挂钩试点工作。试点空间开发权转移制度，逐步推动建设用地容积率交易。完善地下空间开发利用机制，明晰产权、用途和使用期限。

三、推进行政管理体制改革，试点"省直管县"，推行强镇扩权

试点"省直管县"。合理划分市、县两级政府事权，逐步调整现行市带县体制，推行强县扩权，试点省直管县。近期重点探索上级转移支付专项资金打包统筹使用、省级直接给县级单位下达土地指标，省级政府全面负责审批县级单位各项规划等多项改革。逐步改变当前土地指标由上级政府层层下拨的分配体制，建立"省保县、市保镇、县保村"的隔层政策保障制度，完善稳定规范的县、镇基本财力、土地保障机制。

推行强镇扩权。大力推进简政强镇事权改革，在范围内分批选择人口数量多、产业基础好、发展潜力大、区位条件优、带动能力强的中心镇，积极开展小城市培育试点。加强研究和科学论证，把城镇群和都市区内吸纳人口多、经济实力强、发展潜力大的镇赋予其相当的经济社会管理权限，按照城市要求合理配置资源和统筹规划建设，实行城市管理。探索国家新型设市模式试点发展。

理顺开发区与行政区管理体制。鼓励开发区根据自身发展实际开展体制机制创新，可从整合资源加快开发的要求出发，适当扩大国家级开发区等重点开发区管委会的管理范围，赋予其对周边街镇进行统筹规划、产业布局和资源整合的职能。同时，通过行政整合、市场化联合等多种手段，妥善处理好开发区与街镇的利益关系。对于部门重点开发区，为提高开发效率，可探索整合开发区和镇街的管理资源，优化运行机制，相对集中行使开发建设和社会管理职能。

四、完善城镇住房制度，实现"住有所居"

健全住房供应体系。形成以商品住房、公共租赁住房和共有产权住房为主的多层次住房供应体系。及时落实国家财税制度改革，探索借助改革后的房地产税制，促进闲置住房出租。探索建立共有产权住房制度，根据定价标准及个人出资数额，确定个人和政府或者个人和有关单位持有住房产权的相应比例产权。

完善住房保障制度。拓宽保障房房源筹集渠道，按"以需定建"的原则逐步增加保障性住房供应量。健全保障房申请登记和轮候保障制度，

完善准入退出机制。建立保障房使用管理购买服务机制、物业服务费补贴和小区公共设施维护更新制度，加强保障房小区属地管理力度，搭建政府和保障对象议事协商平台。

健全房地产市场监管调控机制。合理提高住宅用地比例，增加普通商品住房用地供应，适当提高土地容积率，缓解市场供求矛盾和房价上涨压力。继续实施差别化金融、税收政策，抑制投资投机型住房需求。按照国家部署，配合做好房产税等税制改革工作。大力推进住房信息系统建设，逐步建立不动产联网登记制度，以信息化手段强化公众服务和行业监管，建立健全商品住房交易信息发布制度，稳定市场预期。

全面建立住房公积金和住房补贴的双轨制，扩大住房公积金和住房补贴覆盖面。研究扩大公积金缴存覆盖面的措施，适时启动公积金缴存使用立法，推进住房公积金使用政策调整，完善相关政策，推进住房公积金支付首付款和房租。

拓宽住房发展资金渠道。建立住宅政策性金融机构，为保障房建设提供成本合理、期限匹配的融资服务，为群众提供低息、长期稳定的住房贷款。探索住房抵押贷款证券化，盘活银行沉淀贷款、缓解短存长贷矛盾。按照10%左右面积标准，在住房保障小区配建经营性设施，通过委托经营、资产证券化等方式获取收益，实现住房保障可持续发展。

五、严格生态环境保护制度，建立生态文明治理体系

建立完善生态控制线制度，推动生态线划定和规划管理工作进一步制度化和法制化。生态控制线内实施分区管制，线内土地分为严格保护区、控制开发区，对建设项目实行分区管制。

强化生态文明考核，将资源消耗、环境损害、生态效益等纳入城镇化发展评价体系，对生态发展区域取消地区生产总值考核。加强绿色GDP核算，对现行GDP指标加以修正，把环境容量、环境质量状况和经济生产对环境的影响、对资源的消耗等纳入统计指标。

完善生态保护补偿机制。根据省级财力实际情况，逐步建立生态保护补偿资金稳定增长机制。建立健全生态环境考核指标体系，选取反映水质保护、大气保护、森林保护、节能减排等情况的科学指标，同时，突出公众舆论普遍关注的"可吸入颗粒物（PM_{10}）/细颗粒物（$PM_{2.5}$）年均浓

度"、"跨行政区域河流交界断面水质达标率"等指标，分类整合生态保护考核指标。完善补偿资金分配办法。对于重点生态功能区县，适当调整基础性补偿和激励性补偿两部分资金比重，调动市县保护生态环境的积极性。对禁止开发区，生态补偿资金下达禁止开发区所在县，由县级政府统筹用于指定禁止开发区的保护和建设。加强补偿资金使用管理，县级政府应按规定将生态补偿资金用于生态环境保护和修复、保障和改善民生、维持基层政权运转和社会稳定，并每年年底前将资金使用情况报送上一级市财政部门。进一步推动生态保护补偿机制信息公开。

建立海洋生态文明制度。建立实施海洋生态红线制度，划定重要生态功能区红线、生态脆弱区红线以及生态多样性保育区红线。加强海洋生态红线管理制度设计，以制度化、规范化方式促进海洋生态保护和生态发展。开展重点海域海洋环境容量和总量控制。建立重点海域入海污染物总量控制工作机制和陆海监测信息共享制度，研究制定海洋环境容量和入海污染物总量控制相关标准和实施办法。规范和完善海域使用管理。对现代海洋产业集聚区用海，按照区域用海实行统一规划、统一论证、统一海洋环评、统一用海排污。严格执行海域使用论证和建设项目用海预审制度，提高海域使用审批的科学性。充分集成高分卫星遥感和无人机航空遥感等的新技术，加强对用海区域的动态环境监测，定期评价使用状况，及时发现和制止乱填海等违法行为。

实行资源有偿使用制度。加快自然资源及其产品价格改革，全面反映市场供求、资源稀缺程度、生态环境损害成本和修复效益。按照国家财税改革部署及相关规定配合推进资源环境税费改革，配合开展环境税试点，实行差别化排污费政策。建立健全资源环境产权交易机制，推进碳排放权、排污权、水权、节能量交易试点。

六、完善历史文化资源保护机制

建立专家委员会制度。在城乡规划委员会制度框架下，成立省、市（县）历史建筑与传统村落保护专家委员会，设立由规划、建筑、文化、历史、土地、社会、经济和法律等方面专家组成的专家库，负责历史建筑与传统村落的有关咨询、审议和评定等工作，并建立长效管理机制，制订专家委员会管理制度和工作细则。

　　提高历史文化资源保护的管理力度与管理水平。历史文化资源保护实行属地管理，将历史文化资源保护工作列入重要议事日程，建立健全工作机制，明确责任分工。城乡规划、文物、房产管理部门要积极履行历史文化资源的保护和监督管理责任，城市管理、建设、国土、工商、公安消防和城市管理综合执法部门应按照各自职责协同开展历史建筑保护工作。制定历史建筑、传统村落等历史文化资源保护的配套政策法规，完善历史建筑认定、保护规划实施、日常巡查、现场保护、监督管理、公众参与、资金保障、激励和补偿等体制机制。鼓励有立法权的城市积极推动本地区历史建筑保护的专项立法工作，不断提高依法保护历史建筑的水平。

　　加大资金支持力度。积极争取中央有关历史文化名城名镇名村、不可移动文物保护和传统村落保护等方面的补助资金，用于研究编制历史建筑保护的相关标准和技术指引、研发历史建筑保护修缮技术、抢救具有重大意义的濒危历史建筑等。加大对历史建筑保护工作的资金支持，通过从各级财政资金中安排，在文化专项经费、城市更新改造等土地收益和国有历史建筑活化利用收益中提取，以及其他依法筹集资金等方式，用于历史建筑的普查、名录制定、标志牌制作和设置、保护规划编制、技术研究、修缮维护和补助、档案管理等相关工作。建立多元的融资渠道，积极吸纳社会资金参与历史文化资源保护工作，鼓励公民、法人和其他组织依法设立历史文化资源保护社会基金或以捐赠等形式资助历史文化资源保护。

　　健全监督检查机制。将历史文化资源保护工作列入城乡规划督察的重要内容，加强对历史文化资源保护工作的规划监督。动员社会力量参与历史文化资源保护工作，充分发挥社会监督作用。充实历史文化资源保护执法力量，加大执法力度，依法对违反历史建筑保护相关规定以及因工作不力造成历史文化资源损毁、灭失的单位和个人进行处罚；构成犯罪的，依法追究刑事责任。

　　营造良好社会氛围。强化对历史文化资源保护的宣传，积极传播和普及保护知识，展示保护成果，提升公众对历史文化资源保护的意识，营造全社会高度重视历史文化资源保护利用工作的良好氛围。结合"规划师、建筑师、工程师专业志愿者下乡服务"活动，加强历史建筑、传统村落保护志愿者队伍建设，积极培养和引进专业人才，鼓励有志于历史文化资源保护工作的规划师、建筑师、文保专家、考古学家、文物保护爱好者和普通市民积极参与历史文化资源保护工作，逐步扩大专业志愿者下乡结对服务的覆盖面，推动保护工作全面有效开展。

第三节   推进城乡规划管理体制改革

一、强化城乡规划的引领作用

创新城乡规划理念。以强化城镇开发边界城镇开发边界城镇开发边界、生态控制线的空间管制为抓手，推进城市规划由扩张性向限定城市边界和存量优化转变。加强城市规划的刚性和弹性边界，提倡人本和生态低碳发展理念，结合城镇化发展实际，突出城镇化地域特色、文化特色、山水特色、产业特色、城镇规划布局特色和地方建筑特色等，提高规划科学性和可行性。推动城乡发展在生态保护、土地利用和多领域、多部门、多层次规划整合及建设等层面的同步协调，科学有效指导和推动新型城镇化的发展进程。

完善规划程序。完善城市规划前期研究、规划编制、衔接协调、专家论证、公众参与、审查审批、实施管理、评估修编等工作程序，探索设立城市总规划师制度，提高规划编制科学化、民主化水平。推行城市规划政务公开，加大公开公示力度。

强化城乡规划对空间资源的综合调控作用和公共政策属性，切实加强空间管制和对关键设施布局建设的统筹。落实城乡规划中的"三区四线"（禁止建设区、限制建设区、适宜建设区，公园绿地绿线、河湖水域蓝线、市政基础设施黄线、文保单位紫线）规定，加强城乡生产、生活、生态空间管制。

二、优化城乡空间规划体系

按照"一个空间、层级分明、功能协调、分类管控"的原则，协调主体功能区规划、城乡规划、土地利用总体规划、生态环境保护等规划，构建各类规划定位清晰、功能互补、协调统一的空间规划体系。统筹推进经济社会发展规划、城乡规划、土地利用总体规划的"三规合一"，形成一本规划一张蓝图。

建立与新型城镇化相适应的规划建设管理机制，建立健全与新型城镇化发展相适应的城乡规划编制技术标准体系和管理机制。加强城市总体规划在项目功能布局上的引导和空间管控作用。加强市县域城乡总体规划编制创新，引导县市域城乡统筹发展。加强镇村体系规划与村庄规划，建设美丽乡村特色城镇。积极推进专项行动规划的编制工作，重点开展城市低碳生态建设专项规划，滨海城市岸线利用规划和滨江城市沿江景观带规划，历史文化街区、历史文化村落、历史风貌区保护规划，TOD综合开发规划等专项规划编制。

三、加强规划管理和实施

强化城市总体规划的法律地位。加强规划编制的前期研究和执行情况的监管，完善城乡规划在服务地方经济社会发展和保障民生方面的科学法定和综合调控作用。进一步健全和规范省城乡规划督察员制度，以规划强制性内容为重点，加强规划实施督查，对违反规划行为进行事前事中监管。强化规划执法力度，运用新技术、新手段改进规划督察工作，实现利用卫星遥感技术对规划实施情况开展督察。制订城市规划建设考核指标体系，将城市规划实施情况纳入地方党政领导的考核和经济责任审计。切实强化省、市、县三级城乡规划委员会职能，加强省城乡规划委员会对影响城镇发展重要事项的协调和审议，以及对城市、部门在区域协调方面存在分歧的协调和仲裁职能，建立健全跨区域的统筹协调机制，加强对跨区域基础设施的统一规划管理以及城市间规划建设问题的协调。按照公开透明、社会参与的原则，完善规划委员会的公众参与机制，扩大公众参与力度。建设智慧城乡空间信息服务平台，强化数据库、平台和资料等后台支撑，更好地服务政府决策和社会公众。

四、严格建筑质量管理

制定建筑业发展规划，支持企业延伸产业链、扩大事业面，积极参与新型城镇化建设。培育城市建设综合运营保障型企业，探索复合发展的新模式、新路子。引导规划、设计、科研等相关单位与房地产开发、建筑企业有机整合，提升企业综合竞争力。构建多业态、多层次产业平台，形成产业新格局，提高资本、技术、人才和企业管理实力与水平。培育壮大龙头骨干企业集群，推动广东省在钢结构、装饰、地基基础、建筑幕墙等专业具有传统优势的企业走向高端。扶持企业建立多种装配整体式建筑体系和系列产品体系，构建完善的上下游产业链，加快建筑业由传统业态向现代产业转变。

建设更加开放公平规范有活力的行业市场，探索建立更加开放、符合市场规则、法治原则的建设行业招投标管理体制机制。进一步加大建筑业技师培养力度，扩大技师培训和评审范围，完善技师持证上岗制度和激励机制。健全以建设单位为核心，工程建设各方各负其责的工程质量安全责任分担机制。改革现行的工程建设监理制度，逐步实现由施工监理向项目管理过渡。健全建筑档案登记、查询和管理制度，强化建筑质量责任追究和处罚，实行建筑质量责任终身追究制度。形成主体负责、中介服务、政府监管良性互动的工程质量安全管理体系。

第四节　加强和创新城市社会治理

一、改革社会事务治理

顺应城市社会结构变化趋势，创新社会治理体制，加强党委领导，发挥政府主导作用，鼓励和支持社会各方面参与，实现政府治理和社会自我调节、居民自治良性互动。健全基层综合服务管理平台，及时反映和协调人民群众各方面各层次利益诉求。加强非政府组织、公民组织和行业协会发展，充分发挥工青妇等群众组织的作用，培育壮大社会组织，壮大社会工作专业人员和志愿者队伍，激发社会活力，鼓励和引导社会各方面成为参与社会治理的积极力量。

二、强化城乡社区自治和服务功能

（1）加强城市社区建设，科学合理设置城镇社区，整合社区组织、人群和资源，把社区建设成为团结和凝聚城市居民的社会共同体。加强社区公共服务平台建设，引导政府公共服务资源向基层社区倾斜。健全社区党组织领导的基层群众自治制度，建立群众参与、上下联动、区域协同的基层服务管理模式。强化社区自治服务功能，发动群众共同参与城市管理，建立完善适应社会主义市场经济要求的城市社区管理体制和运行机制。发挥业主委员会、物业管理机构、驻区单位的综合管理作用，推进社区居民依法民主管理社区公共事务和公益事业。

（2）推进城市基层社会治理的民主化、法制化。充分发扬基层民主，加强对基层事务的民主协商，强化基层民主监督，保障群众行使民主选举的权利。加强基层法制建设，推动法律进社区，营造全民学法、懂法、守法的良好氛围，形成办事依法、遇事找法、解决问题用法、化解矛盾靠法的法治环境。

（3）完善农村民主自治机制。在"村改居"地区，推动农村自治事务和集体经济组织经营事务相对分离，引导集体经济组织依法独立开展经营活动，接受村民委员会和民主监督理财小组监管。

三、创新社会治安综合治理

建立健全源头治理、动态协调、应急处置相互衔接、相互支持的治安综合治理体制。加强人口治安管理，统一实行居住证管理制度。创新立体化社会治安防控体系，促进多部门城市管理职能整合，鼓励社会力量积极参与社会治安综合治理。推动社会治理手段创新，引入社区网格化管理、精细化管理，有效防范和化解社会矛盾。及时解决影响人民群众安全的社会治安问题，加强对城市治安复杂部位的治安整治和管理。加大依法管理网络力度，加快完善互联网管理领导体制，确保国家网络和信息安全。完善市、区、镇（街）和食品药品协管员的四级监管体系，强化生产、流通、消费等环节的监管职能。加强社会治安综合治理，尤其要重视运用好信息技术手段，提升对突发事件实时反应和联动处理的能力。加强对珠三角地区一些村镇的集体经济发展和管理，慎重稳妥地处理好集体经济发展和管理中的矛盾和问题。

四、创新行政执法体制

全面深化城乡管理行政执法体制改革，推进相对集中执法和综合执法，着力建立权责统一、权威高效的行政执法体制。明确城乡建设行政执法机构性质、地位和职责范围，完善执法程序，强化执法监督，做到严格规范公正文明执法。

五、强化乡村规划建设与管理

坚持全域规划，加强对乡村的规划建设指导与管理，促进城乡规划管理一体化。开展村庄环境综合整治、宜居村镇建设、名镇名村创建等规划（计划）编制工作，按照生态文明建设要求，大力提升村镇规划建设管理水平，维护生态修复空间和基本农田。继续加大对粤东、西、北地区山区县村庄规划编制工作的支持力度，提高村镇规划覆盖率和编制水平，指导村镇科学发展。

在提升自然村落功能基础上，保持乡村风貌、民族文化和地域文化特色，保护有历史、艺术、科学价值的传统村落、少数民族特色村寨和民居。按照分类指导、因地制宜、突出特色、发挥优势的原则，统筹近期建设和远期发展，妥善处理建设发展与环境保护和土地集约节约利用的关系。

加强村庄居民布点引导，严格控制农村建设用地和宅基地的无序扩张。完善留用地政策，加强各级政府对留用地的管理、开发工作。加快完成农村集体土地确权工作，在符合城乡规划和土地利用总体规划、保证居住功能不变的情况下，鼓励以租赁方式促进宅基地有效利用。探索宅基地统筹分配、交易、腾退补偿机制，在村民集体同意的情况下，鼓励在县城、镇区或乡集镇集中宅基地建设新居或选择保障房。

六、推进村民自治

推进乡村自治，建立农村新型基层治理机制。在村小组一级试点并逐步建立以村民议事会和监事会为核心的民主议事制度，加强对村级事务的民主管理。议事会对村级日常自治事务进行讨论，其成员是由村民从村民代表中直接推选产生的。监事会对村级事务行使监督职能，其成员从未担任村干部或议事会成员的村民代表中选举产生。制定《村民议事会组织规则》，明确议事会和监事会的职责和组成方式。

第五节　建立健全区域协同发展机制

一、深化"泛珠三角"区域合作

推进外联"泛珠三角"地区及内陆腹地的铁路、公路、航空、港口、航运等通道建设，构建互联互通的服务体系，形成联通内外、便捷高效的海陆空综合交通网络。抓紧建设广东省经广西、云南至越南、缅甸、泰国等沿线国家的铁路动脉，构建"粤港澳—西南省份—东盟国家"国际综合物流大通道。重点协调重庆至湛江、包头至茂名、南宁至广州、广州至贺州、贵阳至广州、北京至珠海、二连浩特至广州、大庆至广州（粤赣高速）、济南至广州、梅（州）龙（岩）等出省高速公路，以及南宁至广州、赣韶、洛湛、柳肇等出省铁路，构筑以珠三角地区为核心向周边地区辐射的综合交通运输网络，支撑广东省外联发展。继续实施以"西电东送"为重点的能源合作，完善与广西、贵州、海南、湖南等相邻省（区）的输变电网络建设。

扩大经贸和投资规模。强化与"泛珠三角"各省区的合作，积极参与建设21世纪海上丝绸之路，争取中国—东盟自贸区升级版等相关政策在泛珠区域先行先试。加大市场开拓力度，推进广东省企业到"泛珠三角"各地建立生产基地、营销网络等，合作建设一批跨省合作示范园区和产业转移园，实现区域内的产业转移与承接，形成优势互补、合理分工的区域产业格局。

深化"泛珠三角"区域在生态环境保护、旅游开发、人力资源与劳动力市场建设、社会保障、知识产权保护、运输管理等专项领域的合作，支撑区域多赢发展。重点加强与广西在西江流域、与湖南在南岭山脉、与江西在东江流域、与福建在韩江流域的生态环境保护协调，衔接保护目标和标准，探索生态补偿机制，推进区域生态环境建设、水源保护和污染防治的合作。提高旅游合作水平，促进滨海旅游资源开发合作，共同打造粤桂琼滨海旅游"金三角",建设具有国际影响力的休闲度假旅游目的地。推动各省区共同建设泛珠三角地区旅游区及区域旅游信息网,共同策划和推广区域精品旅游线路、打造区域旅游品牌。

加强省际邻接地区的协作发展。积极推进粤闽赣、粤湘赣、环北部湾、西江经济走廊等邻省经济协作区的建设。发挥潮汕地区民营经济、侨乡和对台交流优势,推进汕头华侨经济文化合作试验区建设,把试验区建设作为汕头经济特区进一步深化改革开放和建设21世纪海上丝绸之路重要门户的重大举措,积极开展先行先试,为新时期全面深化改革、扩大对外开放探索新路。把汕头建设成为海西区域性金融中心,推动粤东城镇群在更大范围、更广领域和更高层次上参与海峡两岸经济合作与竞争。培育湛江区域主枢纽港地位,参与北部湾经济区区域合作,构建"大雷州湾—北部湾全面协作区"。推动肇庆—梧州粤桂合作特别试验区建设,把肇庆建设成为珠三角连接大西南枢纽门户城市。加强韶关与湘赣边区协作,实施国家生态文明试验区发展,共建大南岭生态发展示范区。协同推进珠江—西江经济带建设,努力把珠江—西江经济带打造成为大西南、粤西地区开放发展新的增长极,为区域协调发展和流域生态文明建设提供示范。

构建统筹合作机制。充分利用泛珠合作机制和合作平台,从国家、泛珠区域、省区三个层面同步推进相关工作和合作事宜,强化泛珠三角区域在国家建设21世纪海上丝绸之路中的前沿地和主力军作用。在衔接落实国家规划和政策的同时,统筹泛珠区域各省区重大战略规划及专项规划并形成统一的行动纲领,与海上丝绸之路沿线国家和地区建立紧密合作关系。深入推进以珠三角为中心的交通一体化大通关体制建设。建立健全流域上下游地区互利共赢的饮用水源保护运行机制和生态补偿机制,推进区域生态环境建设、水源保护和污染防治的合作。

二、完善跨市合作共建和区域帮扶机制

以共建产业园区为重点推动产业做强做大。重点推进合作共建产业园区建设,探索建立合作共建园区财税共享机制,形成合作发展的长效机制。设立区域产业调整基金,重点支持城市新区对口帮扶项目建设、合作共建产业园区建设、产业跨区域转移延伸等,对纳入珠三角地区产业转型

升级重大项目和转移产业目录的相关区域合作予以重点扶持（表13-1）。强化深圳、广州等地创新要素与粤东等地的区域共享和产业联动机制，推进粤东地区传统加工制造业转型升级。

积极参与支持交通基础设施和中心城区、新区建设。落实对口帮扶双方共同责任，以产业园区扩能增效、中心城区提质扩容、交通基础设施建设、民生社会事业发展为重点全面推进对口帮扶。加大对交通基础设施和中心城区提质扩容的帮扶力度，帮助被帮扶方加快推进高速公路、港口、航道等重大交通项目建设，推动新区建设尽快"出形象"。

进一步促进对口帮扶全覆盖。大力推进医疗卫生、教育文化、劳动力培训和转移就业、深化改革、社会治理等领域的合作帮扶，助推被帮扶市经济社会发展。鼓励珠三角地区城市与粤东、西、北县城结对合作，推动珠三角地区中心城市三甲医院和重点学校在县城建立分院或分校，加强人才、技术和管理的培训交流，提升粤东、西、北县级单元公共服务建设水平。加强区县间对口帮扶，发展县域经济，全面提升粤东、西、北地区整体发展水平。

广东省内跨市共建合作区　　　　　　　　　　　　　　　　　表13-1

类型	内容及节点	发展要求及指引
跨市合作共建区	深汕特别合作区	（1）加强省推进合作区建设协调小组的支持和协调作用，进一步理顺合作区管理机制，落实合作区行使地级市一级管理权限。
	顺德清远（英德）经济合作区	（2）充分发挥各地比较优势，开创以市场运作为导向、产业协作为核心、管理合作为手段的区域合作新模式，建成区域合作创新示范区。
		（3）深汕特别合作区重点探索"双转移"向产业、财政、科技、人才"四转移"拓展的区域协作纵深发展路径，建设绿色低碳节能示范区和国家级绿色低碳节能云计算产业基地。顺德清远（英德）经济合作区重点发展电子、电器和机械制造主导的现代新型工业。广佛肇（怀集）经济合作区重点发展新材料产业、电子信息产业、生物质能产业、高端装备制造、生态及禅宗文化旅游业、生态农业等
	广佛肇（怀集）经济合作区	
	合作共建示范产业园区	（1）肇庆大旺产业、珠海（阳江）产业园、佛山（云浮）产业园、深圳（河源）产业园、深圳（汕尾）产业园、广州（清远）产业园、东莞（韶关）产业园、惠州产业园、江门产业园要充分发挥区位优势，进一步加强与珠三角地区产业协作，着力承接珠三角地区相关产业和产业链转移，积极引进其他优质项目，将园区打造为珠三角地区产业群、产业链的重要组成部分。 （2）湛江产业园、茂名产业园、广州（梅州）产业园、中山（潮州）产业园、揭阳产业园、汕头产业园要立足区位特点，大力推动本地资源优势项目向园区集聚，积极承接珠三角地区和其他地区优质产业项目，辐射带动区域经济发展，为珠三角经济圈与东盟经济圈、海西经济圈产业互动发挥桥梁纽带作用

续表

类型	内容及节点	发展要求及指引
跨市邻接合作区	广佛同城合作地区	（1）在广佛交界的芳村—桂城、新客站周边、空港、金沙洲、五沙等地区开展广佛同城化综合试验，推动同城化先行先试。 （2）加强邻接地区的空间优化重构、交通体系有效对接、基础设施共建共享、生态环境共保共治，建立健全同城化发展的长效机制群。 （3）积极探索与创新"同城都市区"的行政管理体制
	广清合作区	（1）加强广清交界地区的一体化发展，重点发展清远南部地区、白云空港周边地区，加强规划对接、交通对接、产业协作，围绕公共服务加强合作。 （2）以"双转移"和"退二进三"为契机，积极引导广州汽车、装备、电子等优势产业链向清远延伸。 （3）加快交通基础设施建设和服务一体化进程，大力推进广清城际轨道、广清高速扩建、广乐高速和佛清从高速北段建设。 （4）强化空气污染联合治理，推进北江、巴江等跨界流域河流（涌）的水资源保护及上游的污染治理，共同维护区域环境安全
	深莞惠合作区	（1）加快光明—沙井—长安—虎门、龙华—布吉—凤岗—塘厦、龙岗—坪山—惠阳—大亚湾三大集合城市的建设，促进深港惠交界地区的一体化发展。 （2）光明—沙井—长安—虎门地区重点加快深港机场联络线北延、杭福深高铁口岸、光明口岸等重大基础设施建设，统筹推进深莞西部滨海地区填海工作，协调填海形态。 （3）龙岗—坪山—惠阳—大亚湾地区重点建设深圳国际低碳城，加快深惠城际快轨、深港东部走廊与口岸建设
	揭阳空港经济区	（1）依托揭阳机场，加强与潮汕高铁站的功能衔接，打造粤东商务、休闲中心，形成粤东城镇群专业性服务中心。 （2）建设产业协作区，共同接受广州等珠三角地区发达城市的产业转移，加强与台湾、东盟的产业合作。 （3）打造桑浦山为"都市绿肺"，加强榕江两岸保护与大型区域绿地间的生态廊道控制
	潮安高铁经济区	（1）依托潮汕高铁站整合周边城镇资源，包括庵埠、彩塘、沙溪、金石、东凤、浮洋和龙湖7个镇，形成潮安特色产业示范基地、潮汕站区商贸物流中心和梅林湖旅游商住区并驾齐驱的"金三角"态势，对接揭阳空港经济区，形成粤东新的经济圈。 （2）着力把高铁经济区建设成为一个现代制造和物流商贸集群发展、人居环境适宜优美的城市化特色功能区，打造粤东具有重要影响力的新型城镇化中心区域

第六节　创新城镇化融资模式

完善省以下财政体制机制，促进新型城镇化发展。调整省以下政府间财政关系，在划分省以下事权和支出责任时，适当上移并强化省级事权和支出责任，并在保持收入格局大体不变的前提下，合理调整省以下分税制财政体制，实现省以下事权和支出责任相适应。按照"强激励"和"促基础"相结合的原则，建立健全科学规范的省对市县一般性转移支付体系，保障欠发达地区提供基本公共服务的财力需要。强化底线思维，加大民生投入，完善财政投入"雪中送炭"的托底保障机制。大力压减专项转移支付、扩大一般性转移支付，逐步取消竞争性领域专项和地方资金配套。积极推进省直管县财政改革，健全县级基本财力保障长机制。采取竞争性分配、以奖代补、贷款贴息、股权投资等方式，创新财政资金安排。及时依法推进房产税、资源税等税制改革。

深化民生财政保障制度改革，建立基本公共服务均等化的财力支撑机制。探索财政转移支付同农业转移人口市民化挂钩机制，将常住人口的因素纳入省级财政转移支付中充分考虑，增强农业转移人口落户较多地区的公共服务保障能力。建立公共服务事权与支出责任相适应的财政体制，明确各级政府支出责任、分担资金的比例和标准。完善财政投入体制机制，将财政资金重点投向基础设施、基本公共服务等民生领域，有效保障改善民生，促进形成政府主导、覆盖城乡、功能完善、分布合理、管理有效、可持续的基本公共服务体系。

按照"政府引导、市场运作、规范透明、监管有力"的要求，探索推进财政投融资改革。深化公共资源交易体制改革，构建政府公共资源向各类投资主体公平配置机制，推进公平统一市场建设，提高公共资源配置的效率和公平性。

积极搭建城镇化发展融资平台。加强与国家级金融机构的战略合作，设立城镇化建设基金，建立完善财政手段与金融手段相结合的投入机制。充分发挥广东（人保）粤东、西、北地区振兴发展股权基金的作用，支持粤东、西、北地级市（含肇庆）新区建设及中心城区提质扩容。鼓励支持设立对口帮扶投资基金，加快区域协调发展。

拓宽城市建设投融资渠道。探索发行地方政府一般债券、专项债券，为城市基础设施筹集长期建设资金。以财政购买服务为引导，鼓励采取多种措施探索现有基础设施资产证券化，推广运用政府与社会资本合作模式，吸引社会资金通过特许经营等方式参与城市基础设施投资和运营。支持省属企业有效整合资源，组建城市建设综合服务平台，增强投融资能力。争取成为全国首批发行市政债券试点省份，出台配套市政债券的发行管理制度和风险防控机制，规范市政债券发行管理。建立债务管理和风险预警机制，把地方政府债务纳入政绩考核，规范地方政府举债行为。建立责权发生制的政府综合财务报告制度和政府债务综合偿还机制，做好政府债务期限搭配，防范和化解财政金融风险。

有效调动民间投资积极性。落实"非禁即入"投资政策，支持各种经济成分平等参与城镇化建设。放宽市场准入，细化鼓励民间资本参与建设运营的城市基础设施项目清单和项目库，统一面向社会公布，配套出台优惠政策。制定公开透明的投资政策，事先明确收益成本机制，鼓励民间资本通过独资、与政府合作、购买地方政府债券、设立风险投资基金和私募股权基金等多种方式参与公共服务、市政公用事业等领域的建设和运营。积极采取PPP（公私合作）模式，引导和鼓励民间资本参与城镇化建设。

充分发挥开发性金融的作用，进一步加大棚户区改造力度。按照"合法合规、风险可控、责权明晰"的原则，在省政府的授权、指导和监督下，依托省属有实力的国有企业建立有利于统筹棚户区改造的省级融资平台，专项负责棚户区改造的推进和实施工作，统一向国开行进行融资，集中资金统筹推进纳入棚户区改造规划的项目。

第一节　明确工作指引

一、建立空间政策体系

综合考虑区域资源禀赋条件、现有发展水平和发展条件的差异，统筹国土空间开发，划分为城镇化优化发展地区、城镇化重点发展地区、城镇化适度发展地区、城镇化控制发展地区四类分区，分区范围与省主体功能区规划相衔接。

根据各类分区特征和管制力度的差异，遵循依法行政、有限干预、明晰事权的原则，进一步将政策要求落实到空间。在主体功能区现有配套政策的基础上，从落实新型城镇化的新目标、新理念的角度进一步细化，明确各类分区的城镇化发展方向和政策重点。

1. 城镇化优化发展地区

指经济比较发达、人口比较密集、开发强度较高、资源环境问题更加突出，应该优化进行工业化城镇化开发的城镇化地区。

该区域由省政府提出优化发展的总体目标，依法指导各城市编制下层次规划，加大在科技创新、产业转型、城市设施配套等方面的财政扶持力度。地方人民政府严格落实上层次规划，并加强与相关城市的规划协调，在充分协商的前提下，自主开展日常建设管理，全面提高发展水平，推动城市功能高端化，改善人居环境，完善配套设施，推动产业型城镇和产业聚集区向城市型地区提升、转型。

2. 城镇化重点发展地区

指有一定经济基础、资源环境承载能力较强、发展潜力较大、集聚人口和经济的条件较好，从而应该重点进行工业化城镇化开发的城镇化地区。

该区域由省政府通过土地、人口、产业、财政等政策倾斜，优先安排重大区域性基础设施、重大战略性产业项目、重要产业园区，优先落实符合区域发展总体目标的用地指标，优先保障重大项目的财政资金或加大财政资金扶持力度，给予重点扶持，加快地区的城镇化工业化进程。地方人民政府按照总体要求自主发展，并与其主管部门共同制定本地区规划，确保功能布局、交通设施、市政设施和公共绿地等方面的衔接和协调，在日常建设和管理中充分沟通、合作。

3. 城镇化适度发展地区

包括农产品主产区和重要生态功能区，农产品主产区是指耕地较多、农业发展条件较好，以增强农业综合生产能力作为发展的首要任务的地区；重点生态功能区是指生态系统脆弱或生态功能重要，资源环境承载能力较低，把增强生态产品生产能力作为首要任务的地区。

该区域由省政府通过提出规划和发展指引的手段，明确地区发展类型、基本范围、用地规模和生态环境控制、资源保护、污染排放等要求。建立监察机制，由省级相关行政主管部门对规划建设、土地、环境和资源进行监察，严格控制开发建设与区域发展总体目标不一致、与本规划确定的主要发展职能相矛盾的粗放式开发建设行为。地方人民政府以依法批准的城乡规划为依据，遵守和服从城乡规划，依照法定程序开展一切建设活动。

4. 城镇化控制发展地区

依法设立的各级各类自然文化资源保护区域，以及其他禁止进行工业化城镇化开发、需要特殊保护的重点生态功能区。

该区域由省政府出台管制要求，由省政府及其国土、林业、环保、规划等相关部门按照部门职能，依据相关法律法规进行强制性监督控制。市、县级人民政府负责实施日常建设和管理。省、市、县人民政府均建立保障制度，将禁止开发区的保护纳入用地和城乡规划审批体系，成为用地审批、规划报批和项目报建的重要环节。

二、明确行动计划

为明确工作重点和行动时序，使规划能够分阶段、分步骤、分层次地有效实施，形成区域发展合力，带动各部门和各地市积极推动规划工作，规划提出十大重大行动计划，并相应确定省直部门与地方政府在推进行动计划方面的事权。

推进"珠三角城市升级"。通过以和谐包容为导向的城市社会升级、以绿色低碳为目标的城市生态升级、以多元丰富为指引的城市文化升级、以创新开放为重点的城市经济升级、以紧凑优质为标准的城市空间升级，提升珠三角地区发展水平，构建更具综合竞争力的世界级城市群。

促进"汕潮揭同城化发展"。组建以汕头特区城市为龙头、以潮州、揭阳地级市（双中心）为紧密合作伙伴的同城化发展，同时以汕尾、陆丰、普宁为次中心，多个县级中心镇为网络，形成"1＋2＋3＋X"的多层次、多中心城市—区域空间结构体系格局，推进粤东城镇群建设和汕潮揭同城化发展。

建设"大雷州湾—北部湾全面协作区"。进一步加强与广西北部湾经济区的联系和港口、交通、钢铁石化等的跨界合作协调，加快对外交通基础设施建设，推进与东盟合作，增强湛江集聚区域资源和引领服务能力，成为"珠三角地区—大西南"以及"中国—东盟"合作交流的平台。

设立"生态经济创新发展综合改革试点"。以生态文明为导向，围绕发挥生态优势，在粤北山区进行试点，着力推进生态经济发展、生态环境保护、生态资源资产化等体制改革，进一步强化"绿色生态屏障"功能，建成生态产业创新发展、生态环境和谐优美、生态文明发扬光大的生态经济示范区和全国生态文明建设先行区。

开展"社会事务治理综合改革试验"。以创新社会治理和推进治理能力现代化为目标，积极推进社会事务治理综合改革试验，探索在农业转移人口市民化、基层政府职能转变、社区治理、非政府组织发展等多方面的系统改革，成为我国社会治理改革与创新的先行者。

建设"七大湾区"。以湾区为单元，面向21世纪海上丝绸之路战略，立足湾区生态环境现状，跨越行政界线，对湾区功能定位、产业方向进行统筹考虑；结合各个湾区岸线功能划定和填海区规划，集中集约有序填海，合理布局重点产业区和城市新区，实现岸线空间利用、产业发展布局和沿海城镇空间布局的优化，促进湾区内生态环境的改善和海洋资源的可持续利用。

推动"粤东西北振兴发展"。依托粤东、西、北地区地级市现有建成区及其合理的拓展地域、新区起步区、已经或适当时机可撤县设区的县城及其合理的拓展地域打造中心城区，有序推进中心城区的提质扩容，进一步加强粤东、西、北地区产业园区的扩能增效和基础设施建设，推动全省区域均衡协调发展。

实现"碧水蓝天"和"绿化广东"。通过大气、流域综合整治和森林生态修复改造，重现江河湖库秀美的自然风貌，扩大森林覆盖面，提高森林质量，构建经济繁荣、水体清澈、生态平衡、人水和谐新格局，为全省人民安居乐业提供安全优质的供水保障和良好的生态环境，成为全国绿色生态第一省。

推进"基础设施大投入和基本公共服务均等化"。大力推进交通和城市基础设施建设。以实现城乡、区域和群体间基本公共服务均等化为目标，以公共教育、公共卫生、公共文化体育、公共交通、生活保障、住房保障、就业保障、医疗保障、旅游公共服务等工作为重点，加快建成覆盖城乡、功能完善、分布合理、管理有效、水平适度的基本公共服务体系。率先实现省内各地区基本公共服务财政能力均等化。

加强"城乡规划建设管理和技术引导"。完善城乡规划技术管理法规体系，建立健全与新型城镇化发展相适应的城乡规划建设管理体制机制，全面推进城市设计工作，加强岭南建筑传承保护和创新，加强对城乡建设的管控和引导，推进智慧城市、低碳生态城市、人文城市建设，促进生产空间集约高效、生活空间宜居适度和生态空间山清水秀，提升广东省城镇化发展质量和城市建设水平。

三、建立考核指标体系

构建适合于广东省实际的新型城镇化工作考核评价体系，是更加全面地衡量城镇化发展的质量和效益的重要抓手，也是进一步引导和督促地方各级党委和政府自觉科学有序地推进城市规划建设管理工作，转变城镇化发展理念的重要工具。根据《国家新型城镇化规划（2014～2020年）》，按照2015年中央城市工作会议的新要求，以推动落实《中共广东省委、广东省人民政府关于促进新型城镇化发展的意见》（粤发〔2014〕13号）和广东省城市工作会议要求为目标，建立新型城镇化重点工作绩效考核体系。

考核体系的构建主要关注几方面重点，一是紧扣中央对于新型城镇化和城市工作的要求，以《国家新型城镇化规划（2014～2020年）》为重要依据，围绕"一个规律、五大统筹"，对城市规划建设管理工作目标评价考核的方式、主体、内容、评价标准、组织协调等进行制度规范，发挥评价考核"指挥棒"作用，全面响应、系统落实中央提出的各项具体工作要求；二是转变城镇化考核思路，本次考核改变过去"唯GDP论英雄"的政绩观、"唯大马路大广场大开发论英雄"的发展观，在指标设置上突出城市发展的质量和效益，引导树立政绩考核新导向，这对于促进地方政府树立正确政绩观，着力提高各地城镇化的持续性、宜居性，具有重要意义；三是坚持以人为本，践行以人民为中心的发展思想，在指标设计中突出"提升城市宜居环境"、"提升社会管理和市民化水平"、"提升城市文化活力"等指标内容，同时，提高了公众满意度测评等反映人民群众参与感、获得感指标的权重，引导地方政府把惠民生、听民意作为城镇化的出发点和落脚点；四是注重分区差异，广东省各地的情况不一、差异很大，在强调各地区落实中央和省新型城镇化和城市工作会议总体要求的同时，也对差异化考核进行了考虑，一方面在目标分解上，结合各地区城市发展阶段和经济社会发展水平的差异，将考核目标科学合理分解到珠三角与粤东、西、北等不同城市，另一方面在结果应用上，今后将考核结果纳入地方政府综合考核评价时，应充分考虑各地区的区位特点和发展定位，予以差别对待。

　　新型城镇化工作的具体考核包括工作测评和公众满意度测评两部分。工作测评重点考核做好城市工作"五统筹"主要指标的完成情况和工作进展情况，每个"统筹项"内容由"优化提升指数"及"协调均衡指数"两部分计算形成综合的"统筹度"指标。指标体系包括15项工作任务和47个考核指标，分为指标目标型、指标提升型两类，具体指标及其控制值详见《广东省新型城镇化和城市工作测评指标体系》。①在统筹空间、规模、产业三大结构方面，从合理有序的城镇体系、科学适宜的城市规模、协作协同的产业体系和城乡一体的公共服务出发，设置9项考核指标，对城市工作的全局性进行考核；②在统筹规划、建设、管理三大结构方面，从不断创新的规划理念与方法、系统完善的基础设施和全面保障的城市安全三方面出发，设置8项考核指标，对城市发展的系统性进行考核；③在统筹改革、科技、文化三大结构方面，主要从健全完善的规划建设管理体制、不断深化的城市管理体制、持续改革的城市社会管理、优化提升的创新创业生态链和多元传承的历史文化等出发，设置5项考核指标，对城市发展的持续性进行考核；④在统筹生产、生活、生态三大结构方面，从集约高效的产业空间、宜居适度的生活空间和山清水秀的生态空间出发，设置23项考核指标，对城市发展的宜居性进行考核；⑤在统筹政府、社会、市民三大结构方面，从创新现代的政府治理、蓬勃高效的市场活力出发，设置2项考核指标，对各方推动城市发展的积极性进行考核。

公众满意度测评则重点考察公众对公共服务、基础设施、城市安全、城市管理、人居环境质量等方面的满意度，采用5级评分制。测评结果同样将作为城市工作综合评价考核的重要内容。

考核的程序和方式是考核结果运用的重要保障。推动考核结果作为城市党政领导班子和领导干部综合考核评价、干部奖惩任免的重要参考，体现"奖惩并举"。同时，最终评价考核报告将以新闻发布会形式对社会公布，强化宣传和舆论引导。

第二节　开展试点示范

围绕需要深入研究和解决的重点难点问题，先行先试、寻找规律、以点带面，通过有的放矢的试点示范工作，为新型城镇化提供可复制、可推广的经验和模式，探索具有广东特色的新型城镇化道路。开展"2511"试点工作，即选择2个地级市、5个县（县级市、区）、10个建制镇作为新型城镇化综合试点，选择10类项目作为新型城镇化专项试点。

一、城市、县、镇综合试点

从以下方面系统把握综合试点要求，同时结合地方特点寻找突破口，既兼顾全面又突出重点，有序推进试点工作。

突出以人为本，体现公平共享、包容发展。因地制宜做好农业转移人口和常住异地务工人员的市民化工作，深化户籍制度改革，建立健全由政府、企业和个人共同参与的农业转移人口市民化成本分担机制，促进外来人口融入城市生活。积极破解城乡二元体制和城镇内部二元结构，推进城镇基本公共服务全覆盖，推动养老、医疗等社会福利关系省内无障碍转移和跨省转移接续，以实现"住有所居"为目标，建立以公共租赁住房为主的多元化多层次住房保障体系，完善城镇就业支撑和服务体系，使全体居民共享城镇化发展成果。

突出四化同步，体现产业支撑、就业优先。探索促进工业化和城镇化良性互动、信息化和城镇化深度融合、城镇化和农业现代化相互协调的有效路径。加快新型工业化进程，发展各具特色的城镇产业体系，推动产业向园区集中，园区向城区集聚，调整优化城市产业布局和结构。统筹安排城镇与产业园区的配套服务设施，实现产城人的融合。培育城市创新氛围，改善营商环境，加强职业培训，扩大就业容量，充分发挥服务业作为城镇就业最大容纳器的作用。积极推动农业现代化进程，促进广大农民的收入提高。

突出城乡互动，体现以城带乡、工农互惠。加快城乡统一要素市场建设，促进城乡公共资源均衡配置、生产要素自由流动，推动城乡经济社会融合发展。有序推进城乡基本公共服务和资源配置一体化，建成覆盖城乡、功能完善、分布合理、管理有效、水平适度的基本公共服务体系，缩小城乡基本公共服务水平差距。积极开展"美丽乡村"建设，综合整治农村人居环境，创建幸福村居。

突出科学布局，体现因地制宜、协调有序。优化城镇体系空间结构，以促进大中小城市和小城镇合理分工、功能互补、协同发展为导向，科学引导城镇人口布局，完善城镇功能设施配套。依托县城镇和中心镇建设一批卫星城，引导小城镇专业化、集约化、特色化发展，在条件成熟地区推行强镇扩权，探索建立行政管理创新和行政成本降低的设市模式。严守耕地保护红线，划定城镇开发边界，引导组团式空间生长，倡导集约高效、精明增长的布局模式。

突出绿色低碳，体现承载力强、和谐宜居。加快转变城市发展方式，形成节约资源和保护环境的生产、生活方式，实现绿色低碳发展。减少发展建设对自然生态环境的干扰和损害，增强城市经济、基础设施、公共服务和资源环境对人口的承载能力。通过生产、生活、生态、文化和设施空间的协调统一，有效预防和治理"城市病"，不断提升城镇可持续发展能力。实施最严格的生态保护制度，积极营造绿色开敞空间，把城市放在大自然中，把绿水青山保留给城市居民。

突出传承文化，体现历史文脉、岭南特色。传承和弘扬城市文化，彰显岭南文化特色。以法治化手段加强历史文化名城名镇名村、历史文化街区、历史建筑和传统村落的保护和监督管理，活化利用历史文化资源。促进岭南特色街区和建筑艺术复兴，建设具有鲜明历史文化特色、经得起历史考验的标志性公共建筑和建筑群，切实扭转城市建设"千楼一面"和

"贪大求洋"的倾向。营造传统文化活动公共空间，植入文化活动事件，促进传统文化活动的复兴。传承地域文化，强化城市建设与自然环境和景观资源的协调融合，重塑城镇地域特征。

突出体制创新，体现两手结合、改革配套。充分发挥市场在资源配置中的决定性作用，探索建立多元化、可持续的投融资机制，积极推广政府与社会资本合作（PPP）模式，使社会投资和政府投资相辅相成共同参与城镇化建设。推进城乡规划管理体制改革，创新城乡规划编制实施机制，加快"三规合一"和"多规合一"，确保"一张蓝图干到底"。深化土地管理体制改革，建立城乡统一的建设用地市场，健全节约集约用地制度，改革完善农村宅基地制度，创新土地价格形成机制，推动土地规划和土地开发模式创新，探索建立空间开发权转移机制。推进城市治理体制改革，探索行政创新和行政成本降低的设市模式，完善以党组织为核心的基层治理架构，加强城市社区建设，推动城市基层社会治理的民主化、法制化。

二、项目专项试点

针对重点领域，进行项目专项试点，试点项目采取申报制，原则上在以下10类中选择申报。每类试点在范围内各选2个。

"一张蓝图"工程。编制相关空间规划，建立生态控制线、基本农田控制线、城镇开发边界控制线和产业区块控制线等控制线体系管理，健全与新型城镇化发展相适应的空间管理体制机制，促进"三规合一"或"多规融合"，落实"一张蓝图干到底"的要求。将近期建设规划作为协调国民经济和社会发展五年规划、土地利用总体规划年度计划的重要规划平台，做好近期和长远规划衔接以及建设项目时序安排，充分发挥近期建设规划在城市开发建设中调控作用。

产城融合。强化城市产业就业支撑，统筹城镇与产业园区基础设施和公共服务设施规划建设，完善生活功能配套和创新创业服务配套，实现产业园区与城镇的功能契合、空间融合、交通衔接，推动其从单一生产型向生产、服务、消费"多点支撑"的综合性城区转型。整合城区低端产业和零散产业用地，发展商务园区、创意园区、主题园区、楼宇型园区等新型产业空间，努力改善经营环境和周边服务设施配套，培育都市型产业，提升城市经济活力，推动工业化和城市化协调发展。促进城市产业多元化发展，在培育总部经济和税源经济的同时，打造适合中小微企业和创意产业发展的都市产业单元。

城市更新。在深入推进"三旧"改造和棚户区改造基础上，探索城市有机更新模式，妥善处理更新利益纠纷和历史文化保护等问题，优化旧区人居环境，提升城市土地二次开发综合效益。统筹应用"三旧"改造和棚户区改造政策，创新实施路径和改造方式，重点在城中村、旧住宅区、旧工业区的更新改造、功能置换、产业升级等方面，探索成规模、成单元改造模式，推动城中村"城区化"，促进旧工业区的整合、复兴和升级，鼓励社区自我有机更新，试点空间开发权转移机制。结合老旧建筑和城市闲置空间的活化发展特色楼宇经济，引导高新技术产业、都市型工业、现代服务业和文化创意产业等高端业态的集聚，促进中心城区楼宇经济向专业化、主题化、多极化发展。

绿色建设。转变粗放低效、高污染、高排放的发展方式，积极探索绿色建设模式。构建低碳生态城市、绿色生态城区、绿色生态社区、绿色基础设施、绿色建筑、绿色建造等绿色建设体系。结合实际特别是中心城区提质扩容和新区建设，提高城市形态和建筑布局对气候条件的适应性，合理规划和设置城市通风走廊，培育组团式、紧凑集约、功能复合的城市空间结构和形态，深入推进低碳生态城市建设，打造绿色生态示范城区。规模化建设绿色建筑，开展旧社区低碳化改造，构建气候友好的自然环境、房屋建筑、基础设施、生活方式和管理模式，将低碳理念融入社区规划建设管理和居民生活之中。加强江河水系的治理和岸线、滩涂、湿地保护，推广城市人工湿地、下凹式绿地、雨水花园、透水性广场和可渗透路面等可透水项目建设，提高城市蓄水、滞水和渗水能力，建设"海绵城市"。积极探索各类新能源技术的应用，完善绿色能源和新能源基础设施，试点分布式能源和区域供冷设施建设，推广利用太阳能、空气（地）热能、水电、沼气、垃圾综合利用等可再生能源，配套建设电动汽车充电设施，寻求"城市新动力"。树立循环经济观念，发掘利用"城市矿山"资源，加大对废旧机电设备、电子垃圾、金属及塑料包装废弃物等城市垃圾的有效利用，推广垃圾再利用和生物质能利用，系统降低城市运行负荷。

美丽乡村。围绕建立全面融合、协调发展、共同繁荣的新型城乡关系，优化农村建设布局，推动农村基础设施建设和改造，完善农民基本生活服务，深入开展环境综合整治，将民生改善和特色发展有机结合，创建宜居、宜业、宜游的"美丽乡村"。积极推动乡村风景化建设，加强桑基鱼塘、河网水乡等岭南传统农业景观的保护，以维护乡村自然风貌和塑造聚落景观、农业景观与旅游景观为重点，建设富有乡村自然生态和岭南历史文化特色的乡村旅游景区（点）、特色旅游村和传统村落，促进特色农业、现代农业和休闲旅游，带动农村经济多元化发展和农村产业升级、农民增收、农村人居环境改善。

"骑楼"城市。积极塑造与地方气候特征相适应的城市步行环境，加强岭南特色骑楼街的保护和传承，结合历史文化街区复兴工程，在中心城区合理配置多种形式的步行连廊，着力打造亲切宜人的骑楼街区。大力完善步行和自行车"绿道"等慢行交通系统，串联人的休闲活动空间，全面开展城市、社区绿道网和绿道公共目的地建设，营造安全、便捷、舒适、环保的人性化城市交通出行环境。强化道路标识、座椅、街景小品等设施系统的配置以及过街设施、自行车缓坡、道路林荫绿化等人性化设施的建设。构建以公共交通为主体的城市机动化出行系统，推动BRT、有轨电车、公交专用道的示范线路建设，结合交通枢纽做好多种交通模式的无缝衔接，实现无障碍化交通。

智慧城乡。统筹城乡发展的物质资源、信息资源和智力资源利用，推动物联网、云计算、大数据等新一代信息技术在市政基础设施和公共服务设施领域的建设和创新应用。推进"三网融合"工程，以多种方式推进光纤向用户端延伸，加快新一代广播电视网宽带接入网络建设，依托公共场所和交通设施提高无线网络覆盖面。通过建立公共服务资源档案、食品药品溯源系统和各种终端应用的普及，提升教育、医疗、卫生、养老、社保、就业、交通等服务信息获取的便捷度，提高基本公共服务的质量和透明度。试点开展智慧园区或智慧社区的建设，推广微电网、风光互补路灯系统、建筑节能、智能家居、社区安防等智能系统应用。加快智慧规划、智慧建设、数字城管、智慧市政等智慧应用体系建设，提高城市发展决策和运行综合能力。

城市"良心"工程。完善城市地下基础设施建设，加强电力、通信、供水、排水、污水、燃气等地下管网建设和管理。建立城市地下管网信息管理系统，定期开展地下管线"体检"。推进城市老旧管渠及易涝区域的排水系统和雨污分流改造。开展重污染河流专项截污行动和小河涌水环境整治行动。高起点、高标准推进城市新区地下管线综合管廊建设，结合旧城改造，逐步实施旧城区综合管廊建设，使城市地下基础设施建设与经济社会发展相匹配、与城市气候条件相适应，促进城市繁荣和民生福祉。

记忆岭南。深入挖掘、提炼各类城乡文化要素，强化文化传承创新，建设历史底蕴厚重、时代特色鲜明的人文魅力空间。以历史风貌或人文景观为依托，结合自然山水景观，开展历史文化街区、建筑群与名镇名村文化生态的整体保护，活化利用历史或老旧建筑。吸收继承岭南传统建筑的风格和元素，探索采取新材料、新工艺，繁荣地方建筑创作，培育岭南建筑精品。保护、挖掘和传承乡村特色资源与传统建筑文化，将乡村发展与文化旅游相结合，活化利用乡村历史文化遗存，加强桑基鱼塘、河网水乡等岭南传统风貌地区的保护，延续"乡愁"记忆。

公园生活。对接国家公园制度，推进社区体育公园、城市公园、郊野公园和乡村公园等各类公园建设，形成分布均衡、功能完备，包括风景名胜区、森林公园、海岸线公园、地质公园、湿地公园、城市公园等在内的省域公园体系，建立居民生活与公园体系之间的密切联系。依托海岸河溪湿地，划定滨水空间范围，打造富有岭南特色的人性化滨水空间，建设"阳光海岸带"和"沿江景观带"，便于广大居民享受亲水生活。依托绿道网建设社区体育公园和郊野公园，促进社区体育公园与城市生活的融合，以及郊野公园与城市公园的优势互补，形成保持生态平衡、提高居民休闲生活质量、改善城乡景观的开放活动空间。扎实推进绿道网建设和管理，推动绿道网向绿色基础设施升级，规划建设联系城乡的楔形绿地。将郊野公园建设作为城乡统筹、强化城郊土地精细化管理的重要抓手，统筹解决土地整治与建设用地减量、农田水利建设、产业结构调整等问题，探索建立农村新的"造血"机制和公园管理体制。

第三节　强化工作统筹

综合运用政策、法规、规划、经济、科技多种手段等，多管齐下，进一步健全和完善新型城镇化规划的实施机制，实现协调共进。

政策及法规手段。建立和完善推进新型城镇化的相关法规政策。以地方法规形式明确《广东省新型城镇化规划（2016～2020年）》的相关地位，增强规划的权威性和约束性。健全依法推进新型城镇化的决策机制、执行机制、纷争处理机制和反馈调整机制，把推进新型城镇化纳入依法行政的轨道。制定广东省关于推进新型城镇化的若干配套政策意见，为农业转移人口市民化、区划调整、城镇群协同治理、县级单元综合改革提供战略性政策框架，引导城镇化水平提升和资源要素合理流动。

规划手段。强化新型城镇化规划的统筹地位，加强规划衔接与落实。推进各地市要依据本规划编制实施本市的新型城镇化规划，结合实际，落实规划要求。各部门和各地在修改各部门规划、城市总体规划和重要专项规划时应以《广东省新型城镇化规划（2016～2020年）》为依据，对事关区域重要空间资源、区域基础设施、具有区域性影响的重大事项，应征求都市圈（区）内相邻地区意见，报联席会议审议。在项目建设方面，对需要与周边地区衔接或可能影响到周边地区的项目，应征求相邻地区的意见，并报联席会议进行协调。

经济手段。充分发挥市场作用，逐步建立和完善政府政策引导，企业、个人投资为主的市场投资机制，确保基础设施和公共服务的有效供给。

技术手段。整合及各市基础地理、经济社会、建设现状和城乡规划等空间信息，建设广东省智慧城乡空间信息服务平台，对区域城乡发展建设的现状和趋势进行准确研判和科学规划。

评估手段。加强城镇化统计工作，顺应城镇化发展态势，建立健全统计监测指标体系，规划统计口径、统计标准和统计制度方法。加快制订城镇化发展监测评估体系，实施动态监测与跟踪分析，开展规划中期评估和专项监测，推动规划顺利实施。委托第三方机构，每年对各地城镇化发展水平进行评估，以蓝皮书形式公开发布，接受社会监督。

附录

附录1　广东省新型城镇化工作测评指标体系

广东省新型城镇化工作测评指标体系

附表1-1

目标	工作任务	考核指标	考核要求	评分标准	计算公式/提供材料说明	考核类型	权重	指标来源	责任部门
一、统筹空间、规模、产业三大结构,提高全局性	合理有序的城镇体系	城市辐射指数/首位度 (1)珠三角城市(除肇庆、江门、惠州)辐射指数 (2)肇庆、江门、惠州及粤东西北城市中心城区首位度	(1)逐年稳步提升 (2)逐年稳步提升	年度考核: (1)考核指标提升与优化情况,算法详见备注1。 (2)考核指标提升与优化情况,取入口及经济首位度的平均值。算法详见备注1。 期末考核:算法同年度考核	计算公式: (1)根据各城市常住人口总数、常住城镇人口总数、地区生产总值、固定资产投资额、进出口贸易总额、城市之间距离等数据参照相关研究计算得出。 (2)入口首位度=地级市辖区常住人口/全市入口规模第二的县(市)常住人口。经济首位度=地级市辖区GDP/全市经济规模第二的县(市)GDP	提升型	2	(1)《广东省新型城镇化规划(2016~2020年)》 (2)《推动粤东西北地区地级中心城区提质扩容工作方案》	省统计局,交通运输厅
		市域常住人口城镇化率	逐年稳步提升	年度考核:考核指标提升与优化情况,算法详见备注1。 期末考核:同年度考核	计算公式:市域城镇常住人口/市域全部常住人口×100%	指标提升型	1	《广东省国民经济和社会发展第十三个五年规划纲要》	省统计局
	科学合理的城市规模	城市新增开发量使用存量建设用地比例	广州、深圳年度新增开发量使用存量建设用地比例达到60%以上;珠三角其他地级市年度新增开发量使用存量建设用地比例达到40%以上;粤东、西、北各城市年度新增开发量使用存量建设用地比例达到20%以上	年度考核:考核指标目标达成度,算法详见备注2。 期末考核:同年度考核,统计五年累计值	计算公式:全市新增开发量所使用存量建设用地面积(属于进行再开发的建设用地面积,具体由各市自行核定并举证)/全市新增开发量使用建设用地总面积×100%	指标目标型	2	《中共广东省委、广东省人民政府关于促进新型城镇化发展的意见》	省国土资源厅

续表

目标	工作任务	考核指标	考核要求	评分标准	考核类型	权重	指标来源	责任部门
科学合理的城市规模		城市新增人均城镇建设用地规模	每年度新增人均城镇建设用地不大于100m²	年度考核： 达到考核要求，得1分；否则不得分。本指标为反向指标。 期末考核： 同年度考核，统计五年累计值	指标目标型	2	《国家新型城镇化规划（2014~2020年）》	省国土资源厅、统计局
一、统筹空间、规模、产业三大结构，提高全局性 协作协同的产业体系		先进制造业增加值占规模以上工业增加值比重	逐年稳步提升	年度考核： 完成年度目标得基础分0.8分，未完成目标得0.6分；余下0.2分为速度分，按指标完成速度分（完成值/目标值×100%）排序，最后由基础分和速度分相加得总分。 期末考核： 同年度考核	指标提升型	1	计算公式： 先进制造业增加值/规模以上工业增加值×100% 《广东省经济和信息化委 广东省发展改革委关于印发广东省先进制造业发展"十三五"规划的通知》（粤经信规划〔2017〕32号）	省经济和信息化委
		第三产业增加值占GDP比重	逐年稳步提升	年度考核： 考核指标提升与优化情况，算法见备注1。 期末考核： 同年度考核	指标提升型	1	计算公式： 第三产业增加值/GDP总值×100% 《广东省国民经济和社会发展第十三个五年规划纲要》	省发展改革委

计算公式：全市新增城镇建设用地面积/全市新增城镇常住人口
计算说明：新增城镇建设用地面积以考核年度土地利用变更调查数据为准

续表

目标	工作任务	考核指标	考核要求	评分标准	计算公式/提供材料说明	考核类型	权重	指标来源	责任部门
一、统筹空间、规模、产业三大结构，提高全局性	城乡一体的公共服务与基础设施	市域常住人口基本社会保障覆盖率	基本养老保险参保率达到98%；基本医疗保险覆盖率达到98%	年度考核：考核指标目标达成进度，算法详见备注2。期末考核：同年度考核	计算公式：基本养老保险参保率＝（企业养老保险参保人数＋企业养老保险离退休人数＋机关事业单位离退休人数＋城乡居民养老保险领取待遇人数）／（16周岁以上常住人口数－16周岁以上在校学生人数－所在市本省首参保的中央和省属单位职工人数－所在市省户籍出境、出国经商就业、定居、参军、服刑等人员）×100% 计算公式：基本医疗保险参保人数/常住人口×100%	指标目标型	1	《广东省人力资源和社会保障事业发展"十三五"规划》	省人力资源社会保障厅、民政厅
	市域基础设施现代化水平	城乡污水处理率达到90%。城乡生活垃圾无害化处理率达到98%		年度考核：考核指标目标达成进度，算法详见备注2。期末考核：同年度考核	计算公式：经过城镇污水处理厂二级或二级以上处理且达到排放标准的污水量（m³）×100%城镇生活污水排放总量（m³）/城镇生活垃圾无害化处理量（t）/城镇生活垃圾产生总量（t）×100%数据审核单位为省环保厅	指标目标型	2	《广东省人民政府关于加快推进城市基础设施建设的实施意见》	省住房城乡建设厅、环保厅
	空间、规模、产业三大结构统筹度			计算说明：根据统筹空间、规模、产业三大结构单项指标的得分情况，通过备注4计算得出					
二、统筹规划、建设、管理三大环节，提高系统性	持续完善的规划管理体系	城市总体规划编制情况	启动总体规划编制2030或2040的城市总体规划并通过审批	年度考核：启动总规编制并报送省政府审查，得0.5分；总规获国务院或省政府批准实施，得1.0分。期末考核：同年度考核	提供材料：（1）总规编制合同；（2）规划成果资料；（3）总规审查意见；（4）总规批复文件；（5）其他相关工作证明材料	指标目标型	1		省住房城乡建设厅

目标	工作任务	考核指标	考核要求	评分标准	计算公式/提供材料说明	考核类型	权重	指标来源	责任部门
二、统筹规划、建设、管理三大环节，提高系统性	持续完善的规划管理的规划管理体系	控制性详细规划覆盖率	实现"十三五"近期建设规划范围内地用地范围内控制性详细规划全覆盖	年度考核：考核指标目标达成度，算法详见备注2。期末考核：同年度考核	计算公式：已经编制完成且通过审批的控制性详细规划或法定图则覆盖的区域面积/"十三五"近期建设规划中所划定的建设用地面积×100%	指标目标型	1	《中共广东省委、广东省人民政府关于进一步加强城市规划建设管理工作的实施意见》	省住房城乡建设厅
		建成区新增违法图斑数量	控制新增违法图斑数量为0	年度考核：考核指标目标达成度，算法详见备注2。期末考核：同年度考核	提供材料	指标目标型	1		省住房城乡建设厅
	完善的基础设施系统性	年径流总量控制率	20%以上城市建成区面积达到将70%的雨水消纳和利用的目标要求	年度考核：考核指标目标达成度，算法详见备注2。期末考核：同年度考核	计算公式：城市建成区达到将70%的雨水消纳和利用要求面积/城市建成区面积×100%	指标目标型	2	《国务院办公厅关于推进海绵城市建设的指导意见》	省住房城乡建设厅
		建成区道路网密度	城市建成区道路网密度不小于8km/km²	年度考核：达到考核要求，得1分；否则不得分。期末考核：同年度考核	计算公式：城市建成区快速路、主干路、次干路和支路道路中心线长度/城市建成区面积	指标目标型	2	《中共广东省委、广东省人民政府关于进一步加强城市规划建设管理工作的实施意见》	省交通运输厅、住房城乡建设厅
		城区高峰小时全网平均车速	达到25km/h。	年度考核：考核指标目标达成度，算法详见备注2。期末考核：同年度考核	指标说明：中心城区范围内，早高峰（7:30~9:30）及晚高峰（17:00~19:00）时间段内的平均车速	指标目标型	1	参考《广州交通发展白皮书（征求意见稿）》拟定	省交通运输厅

续表

目标	工作任务	考核指标	考核要求	评分标准	计算公式/提供材料说明	考核类型	权重	指标来源	责任部门
二、统筹规划、建设、管理三大环节，提高系统性	绿色低碳的城市建筑	装配式建筑占新建筑比例	珠三角城市达到20%以上。常住人口超过300万的粤东西北地区地级市中心城区达到15%以上。其他地区达到10%以上	年度考核：考核指标目标达成度，算法详见备注2。期末考核：同年度考核，统计五年累计值	计算公式：新建装配式建筑面积/全部新建建筑面积×100%	指标目标型	1	《广东省住房城乡建设事业"十三五"规划纲要》	省住房城乡建设厅
		既有建筑节能改造推进情况	城镇每年完成既有建筑节能改造面积比例	年度考核：考核指标提升与优化情况，算法详见备注1。期末考核：同年度考核，统计五年累计值	计算公式：完成既有建筑节能改造面积/建成区建筑总面积×100%	指标提升型	1	《中共广东省委、广东省人民政府关于进一步加强城市规划建设管理工作的实施意见》	省住房城乡建设厅
		绿色建筑占新建建筑比例	每年度城镇新建绿色建筑占新建民用建筑比例达到100%以上	年度考核：考核指标目标达成度，算法详见备注2。期末考核：同年度考核，统计五年累计值	计算公式：每年新建绿色建筑面积/全部新建建筑面积×100% 计算说明："绿色建筑"的认定标准为《广东省绿色建筑评价标准》DBJ/T15-83—2011	指标目标型	1	《广东省新型城镇化规划（2016~2020年）》	省住房城乡建设厅
	系统全面的城市安全保障	城镇人均紧急避难场所面积	达到1m²	年度考核：考核指标目标达成度，算法详见备注2。期末考核：同年度考核	计算公式：城镇紧急避难场所面积/城镇常住人口	指标目标型	1	住房和城乡建设部城市总体规划核心指标一览表	省住房城乡建设厅

目标	工作任务	考核指标	考核要求	评分标准	计算公式/提供材料说明	考核类型	权重	指标来源	责任部门
二、统筹规划、建设、管理三大环节，提高系统性	全面的城市安全保障	因城市基础设施缺失或建设运营导致的生产安全特别重大事故、重大事故和较大事故数量	杜绝因城市基础设施缺失或建设运营导致的生产安全特别重大事故发生，重大事故、重大事故和较大生产安全事故考核指标基数	年度考核：达到考核要求，得1分；否则不得分。期末考核：同年度考核，统计五年累计值	指标说明："特别重大事故"、"重大事故"和"较大事故"定义依据国务院《生产安全事故报告和调查处理条例》	指标目标型	2	参考《广东省安全生产"十三五"规划》拟定	省安全生产监督管理局
	规划、建设、管理三大环节统筹性				计算说明：根据统筹规划、建设、管理三大环节各单项指标的得分情况，通过备注4计算得出				
三、统筹改革、科技、文化三大动力，提高持续性	优化提升的创新创业生态链	每万人科技企业孵化器面积	（1）珠三角城市每万人科技企业孵化器面积达到3000m²。（2）粤东、西、北城市每万人科技企业孵化器面积逐年增加	年度考核：（1）考核指标目标达成程度，算法详见备注2。（2）考核指标提升与优化情况，算法详见备注1。期末考核：同年度考核	计算说明：经省科技厅登记（认定）的科技企业孵化器建筑面积	（1）指标目标型（2）指标提升型	2	参考《珠三角国家自主创新示范区建设实施方案（2016~2020年）》	省科技厅
	多元传承的城市文化	历史文化保护规划覆盖率	省级文物保护单位规划编制启动率达到50%	年度考核：考核指标目标达成度，算法详见备注2。期末考核：同年度考核	计算公式：省级以上历史文化名城、名镇、名村和街区已批准保护规划数/全部应编规划数×100%	指标目标型	1	《中共广东省委、广东省人民政府关于进一步加强城市规划建设管理工作的实施意见》	省住房城乡建设厅

续表

目标	工作任务	考核指标	考核要求	评分标准	计算公式/提供材料说明	考核类型	权重	指标来源	责任部门
三、统筹改革、科技、文化三大动力,提高持续性	多元传承的城市文化	人均公共文化设施用地面积、百万人口拥有大型文化设施数量	逐年稳步提升	年度考核:考核指标提升与优化情况,算法详见备注1。期末考核:同年度考核	计算公式:城镇公共文化设施用地面积/城镇常住人口	指标提升型	2	住房和城乡建设部城市总体规划核心指标一览表	省住房城乡建设厅、文化厅
		改革、科技、文化三大动力统筹度			计算说明:根据统筹改革、科技、文化三大动力各单项指标的得分情况,通过备注4计算得出				
四、统筹生产、生活、生态三大布局,提高宜居宜业性	集约高效的产业空间	单位城镇工业用地增加值	逐年稳步提升	年度考核:考核指标提升与优化情况,算法详见备注1。期末考核:同年度考核	计算公式:城镇工业增加值/工业用地面积 计算说明:工业用地面积以考核年度土地利用变更调查数据为准,统计范围为市域	指标提升型	2	住房和城乡建设部城市总体规划核心指标一览表	省国土资源厅、统计局
		城市职住平衡差异系数	逐年减少	年度考核:考核指标提升与优化情况,算法详见备注1。该指标为反向指标	计算公式:各区职住平衡系数=各区就业岗位数/常住人口,职住平衡差异系数=各区职住平衡系数的最大值-各区职住平衡系数的最小值;统计范围以镇为单位计算。东莞、中山以镇为单位计算	指标目标型	1	参考韩国首尔2030战略规划相关指标拟定	省人力资源社会保障厅
	宜居适度的生活空间	城镇社区综合服务设施步行15分钟覆盖率	达到100%	年度考核:考核指标达成程度,算法详见备注2。期末考核:同年度考核	计算公式:以城镇社区综合服务设施为中心步行15分钟覆盖的范围/城镇化居住社区范围×100%	指标目标型	1	住房和城乡建设部城市总体规划核心指标一览表	省住房城乡建设厅

续表

目标	工作任务	考核指标	考核要求	评分标准	计算公式/提供材料说明	考核类型	权重	指标来源	责任部门
		棚改安居居改造完成比例	完成"十三五"棚户区住房改造目标	年度考核：考核年度指标目标达成程度，算法详见备注2。期末考核：同年度考核，统计五年累计值	计算公式：棚户区改造实际完成户数/棚户区改造目标完成户数×100%	指标目标型	1	《中共广东省委、广东省人民政府关于进一步加强城市规划建设管理工作的实施意见》	省住房城乡建设厅
四、统筹生产、生活、生态三大布局，提高宜居适度的生活空间		基础教育设施千人用地面积	逐年提升	年度考核：考核指标提升与优化情况，算法详见备注1。期末考核：同年度考核	计算公式：全市基础教育设施用地面积/全市常住人口×1000	指标提升型	1	住房和城乡建设部城市总体规划核心指标一览表	省住房城乡建设厅、省教育厅
		医疗卫生机构千人床位	达到6	年度考核：考核年度指标目标达成程度，算法详见备注2。期末考核：同年度考核	计算公式：全市医疗卫生机构床位数/全市常住人口×1000	指标目标型	1	住房和城乡建设部城市总体规划核心指标一览表	省住房城乡建设厅、省卫生计生委
		养老机构百名老人床位数	达到3.5	年度考核：考核年度指标目标达成程度，算法详见备注2。期末考核：同年度考核	计算公式：全市养老机构床位数/全市常住人口×100	指标目标型	1	住房和城乡建设部城市总体规划核心指标一览表、《广东省养老服务体系"十三五"规划》	省住房城乡建设厅、省民政厅
		社区体育公园覆盖率	建有多功能运动场的社区比例达到90%	年度考核：考核指标目标达成度，算法详见备注2。期末考核：同年度考核	计算公式：建有社区体育公园的社区数量/社区总数量×100%	指标目标型	2	《广东省社区体育公园试点实施方案》、《广东省社区体育公园规划建设指引》	省体育局、省住房城乡建设厅

续表

目标	工作任务	考核指标	考核要求	评分标准	计算公式/提供材料说明	考核类型	权重	指标来源	责任部门
四、统筹布局，提高宜居性	宜居宜业适度的生产生活生态三大空间布局，提高宜居性	城镇公园和公共开敞空间（400m²以上）步行5分钟覆盖率	逐年稳步提升	年度考核：考核指标提升与优化情况，算法详见备注1。期末考核：同年度考核	计算公式：总城镇公园和公共开敞空间(400 m²以上半径400米范围内覆盖居住居住用地面积/城镇总居住用地面积×100%	指标提升型	1	住房和城乡建设部城市总体规划核心指标一览表	省住房城乡建设厅
		人均公园绿地面积	达到17m²/人	年度考核：达到考核要求，得1分；否则不得分。期末考核：同年度考核	计算公式：城市建成区公园绿地面积/城镇常住人口	指标目标型	1	《关于印发全国城市生态保护与建设规划(2015~2020年)的通知》《中共广东省委、广东省人民政府关于进一步加强城市规划建设管理工作的实施意见》	省住房城乡建设厅
		万人城市绿道、古驿道长度	逐年提高	年度考核：考核指标提升与优化情况，算法详见备注1。期末考核：同年度考核	计算公式：（绿道建设长度+古驿道建设长度）/城镇常住人口数量	指标提升型	1	参考《广东省新型城镇化蓝皮书(2015)》	省住房城乡建设厅
		城区主次干道设置自行车道比例	达到60%	年度考核：考核指标目标达成度，算法详见备注2。期末考核：同年度考核	计算公式：中心城区设置有自行车道的主次干道长度/中心城区主次干道总长度×100%	指标目标型	1	《广东省城市基础设施建设"十三五"规划》	省交通运输厅、住房城乡建设厅
		城区公共交通分担率（含轨道）	超大城市、特大城市达到40%，大城市达到30%，中小城市达到20%	年度考核：考核指标目标达成度，算法详见备注2。期末考核：同年度考核	计算公式：中心城区公共交通出行总人次/中心城区出行总人次×100%	指标目标型	1	《中共广东省委、广东省人民政府关于进一步加强城市规划建设管理工作的实施意见》	省交通运输厅

目标	工作任务	考核指标	考核要求	评分标准	计算公式提供材料说明	考核类型	权重	指标来源	责任部门
四、统筹生产、生活、生态三大布局,提高宜居性	山清水秀的生态空间	建成区公交站点500m覆盖率	达到100%	年度考核: 考核指标目标达成程度,算法详见备注2。 期末考核: 同年度考核	计算公式: 建成区公交站点500m半径覆盖盖面积建成区面积×100%	指标目标型	1	《中共广东省委、广东省人民政府关于进一步加强城市规划建设管理工作的实施意见》	省交通运输厅
		生态空间面积占市域面积比重	控制生态空间面积占市域面积比重	年度考核: 考核指标提升与优化程度,算法详见备注1。 期末考核: 同年度考核	计算公式: 市域生态空间面积(包括森林、田地、水域)/市域面积×100%	指标提升型	1	住房和城乡建设部城市总体规划核心指标一览表	住房城乡建设厅
		黑臭水体整治进展	广州、深圳市于2017年底前黑臭水体消除率达到91%以上,其他城市于2020年底前城市建成区黑臭水体消除率达到90%以上	年度考核: 考核指标目标达成程度,算法详见备注2。取两项指标平均值。 期末考核: 同年度考核	计算公式: 黑臭水体消除率=城市建成区现状黑臭水体数量2015年底排查上报住房和城乡建设部的城市黑臭水体数量×100%	指标目标型	2	《国务院关于印发水污染防治行动计划的通知》《中共广东省委、广东省人民政府关于进一步加强城市规划建设管理工作的实施意见》	省住房城乡建设厅

生产、生活、生态三大布局统筹度

计算说明:
根据统筹生产、生活、生态三大布局各单项指标的得分情况,通过备注4计算得出

续表

目标领域	工作任务	考核指标	考核要求	评分标准	计算公式/提供材料说明	考核类型	权重	指标来源	责任部门
五、统筹政府、社会、市民三大主体，提高各方积极性	创新现代的政府治理	基本公共服务支出占全市一般公共预算支出比例	逐年提升	年度考核：考核指标提升与优化情况，算法见备注1。期末考核：同年度考核	计算公式：城市政府支出任教育、社会保障、医疗卫生等基本公共服务方面的投入/政府一般公共预算支出×100%	指标提升型	2	根据《广东省国民经济和社会发展第十三个五年规划纲要》相关要求	省财政厅
	蓬勃高效的市场活力	房地产去库存周期	（1）商品住房去库存期基本控制在16个月以内。（2）非商品住房去库存周期明显缩短	年度考核：（1）考核指标目标达成程度，算法见备注2。该指标为反向指标。（2）考核指标提升与算法情况，算法见备注1。该指标为反向指标。注1.这两项指标为反向指标。取两项指标平均值。期末考核：同年度考核	—	（1）指标目标型（2）指标提升型	1	根据《中共广东省委、广东省人民政府关于进一步加强城市规划建设管理工作的实施意见》相关要求	省住房城乡建设厅
	政府、社会、市民三大主体统筹度				计算说明：根据统筹政府、社会、市民三大主体各单项指标的得分情况，通过备注4计算得出				

备注：1. 正向指标得分计算方法：指标得分=（该城市指标值-所有城市该项指标最低值）/（所有城市该项指标最高值-所有城市该项指标最低值）×权重值，如无特别注明均为正向指标。反向指标评分为（1-正向指标计算值）。

2. 正向指标得分计算方法：指标得分=该城市指标值/目标值×权重值，指标计算值不超过权重值，无特别备注均为正向指标。反向指标计算方法：指标得分=（2-该城市指标值/目标值）×权重值，指标计算值小于0则指标评分取0。

3. 单项考核指标评分取值范围不小于0且不大于权重值。

4. 统筹度计算公式：

$$U_i = 0.7P_i + 0.3C_i$$

$$P_i = \frac{100}{\sum w_{ij}} \sum_{j=1}^{N} d_{ij} w_{ij}$$

$$C_i = 100\left(1 - \sqrt{\frac{1}{N} \sum_{j=1}^{N} (d_{ij} - \mu_i)^2 \div \mu_i}\right)$$

式中： U_i ——各"统筹项"的"统筹度"，由"优化提升指数"及"均衡协调指数"加权计算形成；

P_i ——各"统筹项"的"优化提升指数"，表示统筹目标下各项指标的综合发展水平，各项指标评分加权总和越高，则"优化提升指数"越高；

C_i ——各"统筹项"的"均衡协调指数"，表示统筹目标下各项指标发展的均衡性与协调性，城市在各项指标上不存在明显短板，则"均衡协调指数"较高；

d_{ij} ——考核指标得分；

w_{ij} ——考核指标权重；

μ_i ——各"统筹项"的指标得分平均值；

i ——各"统筹项"的序号；

j ——各统筹目标下各项指标的序号。

附录2　广东省新型城市建设项目指引

"人文城市"建设项目指引

附表2-1

类别	建设项目	珠三角地区			粤东、西、北地区			建设要求与政策指引
		城市	城镇	乡村	城市	城镇	乡村	
岭南文化	岭南文化遗产	△	●	●	△	●	●	1. 信息入库；2. 修旧如旧；3. 维护原住民的生活方式；4. 坚持保护性开发；5. 保证多级政府为保护和修复历史建筑物所使用的历史保护指南相互之间协调
	岭南非物质文化遗产	△	●	●	△	●	●	1. 加强政府支持；2. 培训传承人才；3. 加强宣传、营造氛围；4. 推动非物质文化遗产的生产性保护
	岭南文化创意产业	△	●	—	●	●	—	1. 明确产业重点；2. 将文化创意产业与历史建筑保护相结合；3. 开发模式"五变三不变"；4. 提供一个整合的指路系统，采用传统的公路标志和现代电话系统以及移动电话技术来促进历史、文化和景观资源的可获得性与营销
城市特色	城市紫线管理	●	●	△	●	●	△	1. 编制历史文化名城和历史文化街区保护规划；2. 加强历史建筑和历史文化街区的整治和维护；3. 重点保护民国建筑
	岭南老街复兴	●	●	—	●	●	—	1. 规划先行；2. 正确处理好保护、更新与开发的关系；3. 实施"岭南特色老街复兴工程"
	岭南建筑	●	●	●	●	●	●	1. 吸收广府、潮州、客家等传统建筑的优秀元素；2. 应用现代新技术、新材料、新工艺
	传统村落保护	●	△	△	△	△	●	1. 编制传统村落保护规划，加强传统村落保护；2. 保育具有特色的岭南文化村落，再现岭南水乡风格
绿道	省立绿道	△	△	△	●	●	●	1. 包括生态型绿道、郊野型绿道、都市型绿道；2. 以构建区域生态安全格局，优化城乡生态环境为目标，充分挖掘和突出地方人文特色

续表

类别	建设项目	珠三角地区			粤东、西、北地区			建设要求与政策指引
		城市	城镇	乡村	城市	城镇	乡村	
绿道	城市绿道	●	●	—	●	●	—	1. 建设绿廊系统、人工系统、交通衔接系统、服务设施系统、标识系统）。公共目的地等; 2. 突出以人为本，以慢行交通为主，避免与机动车冲突; 3. 加强绿道网与公共交通网的衔接，完善换乘系统
人性化公共服务设施	公共教育设施	△	△	△	△	△	△	完善农民工学校，完善特殊教育，提升义务教育和职业教育、培训学校
	公共卫生设施	△	△	△	△	△	△	发展心理健康教育咨询中心，完善疾病预防控制中心，完善社区卫生服务中心，发展乡镇卫生监督站
	公共文化设施	△	△	△	△	△	△	建设博物馆、图书馆、文化馆、社区活动中心等文化设施
	公共体育设施	△	△	△	△	△	△	1. 完善公共体育设施; 2. 推动户外体育的发展; 3. 加大对体育设施建设运营的财政支持力度
	综合性社区服务平台	△	△	△	△	△	△	1. 完善软硬件设施; 2. 形成综合功能; 3. 鼓励多种经营模式
	环境卫生设施	△	△	△	△	△	△	建设垃圾桶、饮水器、洗手池、公共厕所等设施
慢行交通	慢行交通系统	△	△	△	△	△	△	1. 建设完善的人行道系统; 2. 规范人行道路面铺装建设; 3. 提升商业步行街道的舒适性; 4. 建设立体行步行交通网络; 5. 构建完善的非机动车交通系统; 6. 建设水上客运交通
	多层次公交体系	●	△	△	●	△	△	1. 城市推行TOD模式，大力发展轨道交通和常规公交; 2. 城镇大力发展规公交，适度发展轨道交通; 3. 乡村实现规常公交全覆盖; 4. 推进交通和用地规划的协调与整合，以实现更加紧凑多样的城市或社区形态
	城市中心区立体步道	●	△	△	●	△	△	1. 科学规划，积极推动; 2. 确立原则，建立机制; 3. 明确定位，分步实施; 4. 多元投资，政策支持; 5. 加强监督，注重实效

续表

类别	建设项目	珠三角地区			粤东、西、北地区			建设要求与政策指引
		城市	城镇	乡村	城市	城镇	乡村	
畅行交通	人行过街设施	△	△	—	△	△	—	1. 行人过街安全岛；2. 人行天桥和地道的人性化设计；3. 人行横道预警标线
保障性住房	公共租赁住房	△	△	—	△	△	—	多种方式推动公共租赁住房建设：1. 政府投资；2. 社会投资；3. 单位自筹；4. 开发项目配建；5. 产业园区集中配建；6. 利用集体建设用地建设。鼓励多居住密度及住宅类型。创建紧凑且适于步行的有公共交通服务的中心社区和社区
城市公共空间	公园	△	△	△	△	△	△	结合城乡滨河地区、自然景观、历史地区或废弃工业设施进行，注重突显城市生态或文化主题
	社区绿道、小广场	△	△	△	△	△	△	1. 依托城市绿地，开展社区体育公园建设；2. 老城区通过"拆违建绿"、"拆墙见绿"、"见缝插绿"等手段，增加社区绿地，改善社区环境；3. 城市社区绿地结合社区文化活动中心布置
	街旁绿地	△	△	—	△	△	△	对于土地比较紧张的老城区，利用街道旁边角地块和通过拆除街旁违建等见缝插针地布置街旁绿地。还应充分考虑行人及社区居民的休憩要求，适当增加休憩设施
	优质滨水空间	△	△	—	△	△	△	1. 以自然生态为主，人工为辅；2. 强调人的参与性，娱乐性和舒适性；3. 强调人对生态的体验和认知；4. 结合广东省海岸线长，江河发达，水网密布的自然基地，建设"阳光海岸带"和"水乡风貌带"、"沿江景观带"
	景观风貌	△	△	△	△	△	△	1. 融合自然环境；2. 结合地形地貌；3. 体现滨水特色；4. 结合城市特点选取标志物；5. 塑造独特优美的城市标志形象；6. 定位城市整体色彩基调；7. 城市雕塑配置设置城市水系景观带，重大历史事件发生地点、广场及重要景点，公共活动场所等位置
环境治理	废弃排放治理	○	○	—	○	○	—	1. 结合城市主导风向布局工业；2. 逐步推动产业"退二进三"；3. 倡导新能源、新工艺
	油气污染治理	○	○	—	○	○	—	推进城市加油站、油罐车和储油库的污染治理改造，建设油气回收系统

续表

类别	建设项目	珠三角地区			粤东、西、北地区			建设要求与政策指引
		城市	城镇	乡村	城市	城镇	乡村	
环境治理	水环境治理	○	○	○	○	○	○	1. 清理污染源；2. 实行雨污分流；3. 建立健全污水处理设施系统；4. 提高再生水回用率
	河涌、水道、湖泊治理	○	○	○	○	○	○	1. 清淤补水；2. 拆违建绿；3. 整治堤岸；4. 增设设施；5. 利用外江水
	防洪排涝设施	△	△	△	△	△	△	1. 防洪工程建设宜与城市景观、航运布局和水环境综合治理紧密结合；2. 要体现生态化；3. 自排为主、泄蓄结合、泵排为辅的建设方式；4. 及时整治已有防洪排涝设施
公共安全	防灾抗震设施	△	△	△	△	△	△	1. 建筑物抗震设防；2. 抗震基础设施；3. 应急避难场所建设
	消防设施	△	△	△	△	△	△	公共消防设施、消防装备不足或者不适应实际需要的，应当增建、改建、配置或者进行技术改造
	人防设施	△	△	△	—	△	—	人防工程的布局、规模、防护等级、战时和平时的用途，应当根据城市政治、经济、军事目标的分布情况和发展需求，统筹考虑
无障碍设施	公共建筑无障碍设施	●	●	●	—	●	—	1. 无障碍入口；2. 无障碍通道和电梯；3. 无障碍厕所；4. 无障碍停车位；5. 无障碍标志和地图；6. 低位服务设施；7. 提示盲道
	城市道路和广场无障碍建设	●	●	●	—	●	—	1. 缘石坡道；2. 无障碍标志和地图；3. 盲道；4. 人行横道；5. 标志

注：1. ●提升型项目；△完善型项目；○治理型项目；—不宜建设项目。

2. 提升型项目——为提高城镇化质量而需提高建设水平的新型项目；完善型项目——为提高城镇品质而建设的新型项目；治理型项目——为解决生态环境问题而建设的项目；不宜建设项目——城镇化水平未达到一定阶段时，不宜建设的项目。

"绿色城市" 建设项目指引

附表2-2

类别	建设项目	珠三角地区			粤东、西、北地区			建设要求与政策指引
		城市	城镇	乡村	城市	城镇	乡村	
区域绿地	生态保护区	○	○	○	○	○	○	1. 划定生态保护区; 2. 加强生态保护区的建设管理和开发利用
	生态走廊	○	○	○	○	○	○	1. 明确生态走廊的范围; 2. 加强生态走廊的管理; 3. 提高生态走廊绿化树种的种类; 4. 推进生态走廊与旅游相结合
	生态公园	○	○	—	○	—	○	1. 加强生态公园的选址, 与区域内各级斑块、廊道有机联系; 2. 考虑地域差异, 体现本地特色; 3. 加强生态公园的维护管理
	环城绿带	○	○	—	○	—	—	1. 最小宽度不应低于500m; 2. 加强环城绿带管理, 严格控制一般性开发项目进入
	饮用水源保护区	○	○	○	○	○	○	划分一级保护区、二级保护区, 必要时可增设准保护区
绿色能源	太阳能光伏发电系统和太阳能光热系统	△	△	●	△	●	●	主要利用方式包括太阳能光伏发电系统和太阳能光热系统
	风能利用系统	●	●	—	●	—	△	各城市应积极组织专家对风能的利用进行评估, 有条件的地区鼓励建设风力发电厂, 一般地区鼓励使用风能路灯
绿色建筑	绿色住宅建筑	●	●	●	●	●	●	参考绿色建筑相关标准
	绿色公共建筑	●	●	—	●	—	—	参考绿色建筑相关标准
	绿色建筑技术	●	●	●	●	●	●	1. 使用光电设备; 2. 采用光伏建筑一体化; 3. 使用太阳能热水; 4. 使用风力涡轮; 5. 应用建筑节能技术
绿色市政	节约型给水工程系统	●	●	●	●	●	●	1. 多渠道开拓水源; 2. 采用分质供水; 3. 制订节水措施; 4. 乡村地区安全、节约供水
	低冲击开发式的排水工程系统	△	△	△	△	△	—	主要通过推广屋顶绿化、可渗透地面、雨水花园、植物草沟等自然排水系统, 减少城市建设对生态环境的冲击。此外, 硬化河道堤岸改造和生态型水处理系统也是自然排水系统的重要内容

续表

类别	建设项目	珠三角地区			粤东、西、北地区			建设要求与政策指引
		城市	城镇	乡村	城市	城镇	乡村	
	垃圾分类收集和处理系统	△	●	●	●	●	●	1. 城市建筑垃圾无害化、减量化和资源化; 2. 一般工业固体废物综合使用, 变废为宝; 3. 危险固体废物集中处理, 减少危害; 4. 乡村地区垃圾收集池（站）处理
	垃圾焚烧发电站	△	—	—	—	—	—	由于垃圾焚烧发电站造价较高, 可优先在经济发达的大城市建设, 实现垃圾处理资源化、无害化、减量化的三化目标
	市政走廊	△	●	—	●	—	—	遵循"安全、合理、经济、简单, 并为远期发展留有余地"的原则建设

注：
1. ●提升型项目; △完善型项目; ○治理型项目; 一不宜建设项目。
2. 提升型项目——为提升城镇品质而建设的新型项目; 完善型项目——为提高城镇化质量而需提高建设水平的已有项目; 治理型项目——为解决生态环境问题而建设的项目; 不宜建设项目——城镇化水平未达到一定阶段时, 不宜建设的项目。

"智慧城市" 建设项目指引

附表2-3

类别	建设项目	珠三角地区 城市	珠三角地区 城镇	珠三角地区 乡村	粤东、西、北地区 城市	粤东、西、北地区 城镇	粤东、西、北地区 乡村	建设要求与政策指引
智慧空间	智慧区域	●	—	—	—	—	—	（1）加快智能化系统应用；
	智慧城市	●	●	—	●	—	—	（2）加快信息基础设施和网络数据基地建设；
	智慧社区	●	●	—	●	—	—	（3）建设智能家居服务体系
	三网融合	●	●	●	●	●	●	培育强有力的三网运营主体
	智能电网	●	●	—	●	●	●	（1）加快智能电网基础设施建设；（2）加强输变电智能化管理
智慧网络	智能交通系统	△	●	—	—	—	—	（1）试点并推广 "绿波交通"；（2）加快智能交通技术的普及应用；（3）实现公交 "一卡通"
	智能医疗系统	●	●	—	—	—	—	实现医疗系统与 "三网" 融合
	数字化城管系统	●	●	—	—	—	—	利用互联网等信息技术提高城镇管理效率
	三规融合平台	△	●	—	△	●	—	利用互联网信息技术、地理信息技术，建设 "三规融合" 平台
智慧管理	规划管理信息平台	△	●	—	△	●	—	（1）大力应用GIS技术；（2）实现规划管理 "一张图"
	地理信息公共服务平台	△	●	—	△	●	—	建设面向居民的地理信息公共服务平台
	智能行政服务平台	△	●	—	△	●	—	推广面向企业和居民的智能行政服务平台
智慧产业	创意产业	●	●	—	●	●	—	（1）合理布局创意产业圈；（2）打造重点文化创意产业；（3）培育创意产业领军
	战略性新兴产业	●	●	—	●	●	—	（1）培育战略性新兴产业龙头项目；（2）加强招商引资、招商引技

注：
1. ●提升型项目；△完善型项目；○治理型项目；●新型项目；—不宜建设项目。
2. 提升型项目——为提升城镇化质量而建设的新型项目；完善型项目——为提升高建设水平的已有项目；治理型项目——为解决生态环境问题而建设的项目；不宜建设项目——城镇化水平未达到一定阶段时，不宜建设的项目。

参考文献

［1］ 胡序威. 有关城市化与城镇体系规划的若干思考[J]. 城市规划, 2000, (1).

［2］ 罗震东, 耿磊, 何鹤鸣. 价值与方法——省域新型城镇化规划的探索[J]. 西部人居环境学刊, 2000, 30 (1): 32-37.

［3］ 罗彦, 孙文勇, 邱凯付. 供给侧结构性改革视角下的城乡规划转型[J]. 规划师. 2017, (6).

［4］ 罗彦等. 珠三角新型城镇化与城乡统筹规划[M]. 中国建筑工业出版社, 2014.

［5］ 珠江三角洲全域空间规划项目组. 珠江三角洲全域空间规划（2014~2020年）（征求意见稿）, 2015.

［6］ 全省城市工作会议专题调研报告. 尊重城市发展规律, 研判广东城市发展趋势. 广东省住房和城乡建设厅调研组, 2016.

［7］ 广东省住房和城乡建设厅. 树立城市思维, 践行城市模式, 打造城市广东——以城市发展方式回归转型实现广东新常态新发展新优势研究报告, 2016.

［8］ 李晓江. "钻石结构"——试论国家空间战略演进[J]. 城市规划学刊, 2012 (02): 1-8.

［9］ 张军扩. 东京都市圈的发展模式、治理经验及启示[N]. 中国经济时报, 2016-08-19 (005).

［10］ 日野正辉, 刘云刚. 1990年代以来日本大都市圈的结构变化[J]. 地理科学, 2011, 31 (03): 302-308.

［11］ 徐颖. 世界城市发展经验及对北京发展的启示[C]//中国城市规划学会. 城乡治理与规划改革——2014中国城市规划年会论文集（13区域规划与城市经济）. 中国城市规划学会: , 2014: 13.

［12］ 仝德, 戴筱颖, 李贵才. 打造全球城市一区域的国际经验与借鉴[J]. 国际城市规划, 2014, (2): 83-88.

［13］ 求是. 实现中华民族海洋强国梦的科学指南——深入学习习近平总书记关于海洋强国战略的重要论述, 2017.

［14］ 广东省人民政府. 广东省沿海经济带综合发展规划（2017~2030年）, 2017.

［15］ 谭歆瀚, 杨景盛, 洪婉仪. 城镇化视角下的岭南传统村落保护与利用浅析[J]. 城市建筑, 2016, (24): 328-328, 330.

［16］ 城镇化视角下的岭南传统村落保护与利用浅析[J]. 城市建筑, 2016 (24): 328-328.

［17］ 张小川. 综合发展规划的社区视角解读——以深圳市龙岗区综合发展规划为例[C]//中国城市规划学会. 城乡治理与规划改革——2014中国城市规划年会论文集（09城市总体规划）[C]. 中国城市规划学会, 2014: 9.

[18] 国际欧亚科学院中国科学中心等. 中国城市状况报告2016/2017全球视野与中国实践：谋划城市的未来[M]. 中国建筑工业出版社，2017. 3.

[19] 马学广. 全球城市区域的空间生产与跨界治理研究[M]. 科学出版社，2016.

[20] 易千枫，张京祥. 全球城市区域及其发展策略[J]. 国际城市规划，2007，22（5）：65-69.

[21] 王兰，叶启明，蒋希冀. 迈向全球城市区域发展的芝加哥战略规划[J]. 国际城市规划，2015，（4）：34-40.

[22] 田冬. 新时期政策调整下的小城镇演变特征与趋势研究[J]. 小城镇建设，2017（09）：68-72.

[23] 广东省人大常委调研组，关于广东省促进县域经济发展情况的调研报告，2015.

[24] 广东省专业镇发展促进会. 广东专业镇工作开展历程[N]. 科技日报.

[25] 周轶昆. 广东专业镇发展现状与转型对策[J]. 南方农村，2012（03）：53-56.

[26] 沈静，陈烈. 珠江三角洲专业镇的成长研究[J]. 经济地理，2005（03）：358-361.

[27] 路平. 广东的"簇群"（专业镇）经济（下：2000~2002）[J]. 广东科技，2003（Z1）：25-30.

[28] 珠江三角洲城镇群协调发展研究专题：小城镇产业发展研究。广东省住房和城乡建设厅，2003.

[29] 江成涛，朱喜钢. 广东专业镇转型新思路初探：2015中国城市规划年会，中国贵州贵阳，2015[C].

[30] 张震宇，魏立华. 转型期珠三角中小城镇产业发展态势及规划对策研究[J]. 城市规划学刊，2011（04）：46-50.

[31] 周宇英. 广东专业镇产业协同创新体系建设研究[J]. 科技管理研究，2017（24）：113-119.